Gymnasium Niedersachsen

Deutschbuch

Arbeitsheft 5

Arbeitstechniken
Texte schreiben
Lesetraining
Grammatik
Rechtschreibung
Lernstand testen

Herausgegeben von
Cordula Grunow und
Bernd Schurf

Erarbeitet von
Jan Diehm, Cordula Grunow,
Angela Horwitz, Angela Mielke,
Kerstin Muth, Vera Potthast, Irmgard Schick,
Sandra Simberger und Andrea Wagener

Name: _____

Klasse: _____

Inhaltsverzeichnis

Die Übersicht auf diesen Seiten hilft dir, **die Arbeit mit dem Arbeitsheft zu planen und zu überprüfen**. Nach dem Bearbeiten einer Übung musst du deine Ergebnisse sorgfältig mit dem Lösungsheft abgleichen. Trage ein, wann du die Seiten bearbeitet hast, und kreuze an, wie dir die Übungen gelungen sind:

🙂 Gut gelungen!   😐 Das Meiste richtig.   🙁 Manchmal unsicher.

Rechtschreibung	bearbeitet am	☺ ☺ ☹

Kennzeichnungen in diesem Arbeitsheft:

 **1** Aufgabe

 ●●● knifflige Aufgabe oder Aufgabe für die Schnellen

Information Zusammenfassung des Grundwissens

⌐ Tipps und Arbeitshilfen

► Der Pfeil sagt dir, auf welcher Seite du etwas nachschlagen kannst.

Mit dem beiliegenden Lösungsheft kannst du deine Ergebnisse selbst überprüfen.

Richtig lernen – Ordnung halten

Methode	Den Arbeitsplatz ordnen

Ein gut organisierter Arbeitsplatz erleichtert dir das Lernen und die Erledigung der Hausaufgaben:
- Arbeite an einem festen Platz, an dem du ungestört bist und dich konzentrieren kannst.
- Achte darauf, dass dein Arbeitsplatz hell und gut zu beleuchten ist.
- Sorge dafür, dass dein Arbeitsplatz genug Platz für alle Arbeitsmittel bietet (z. B. Schulbücher, Hefte …).
- Räume alle Gegenstände fort, die dich vom Lernen ablenken.

1 Auf und neben diesem Schreibtisch liegt vieles herum.
Umkreise alle Gegenstände, die du nicht für deine Arbeit benötigst.

2 Kreuze an: Welche Arbeitsmittel benötigst du zur Arbeit am Schreibtisch?

☐ Schmusetier	☐ Stundenplan	☐ Wörterbuch
☐ Schulbücher	☐ Lineal	☐ Schere
☐ Hausaufgabenheft	☐ Wasser/Saft zum Trinken	☐ Teller mit Sahnetorte
☐ Computermaus	☐ Sporttasche	☐ Papierkorb
☐ MP3-Player	☐ Lernkartei (z. B. für Rechtschreibung)	☐ Schultasche
☐ Monitor	☐ Arbeitsheft(e)	☐ Textmarker
☐ Computertastatur	☐ Schreibstift(e)	☐ Jugendzeitschriften
☐ Schreibtischlampe	☐ Mäppchen	☐ Klebestift oder Kleber
☐ Uhr	☐ Comics	☐ Anspitzer
☐ Schreibunterlage	☐ Ordner zum Einsortieren der losen Blätter	

3 Wie sollte dein Schreibtisch am besten aussehen? Formuliere einen Tipp.

| **Methode** | **Das Heft übersichtlich gestalten** |

Im Unterricht Gelerntes kannst du dir besser einprägen, wenn du sauber und gut lesbar schreibst.
Wichtiges muss sofort ins Auge springen. Dann erkennst du schnell, was inhaltlich zusammengehört.

4 **Arbeite die Checkliste zur sauberen Heftführung aus.
Die Wörter rechts helfen dir dabei.**

> Absätze   Datum   Arbeitsblätter
> Seitenzahl   Tafelanschriebe
> Überschrift   Heftrand   Lineal
> Fehler   Stift

1. Zu jedem Eintrag notiere ich das _____

   und eine _____ .

2. Überschriften unterstreiche ich mit einem _____ .

3. Bei Hausaufgaben aus einem Schulbuch schreibe ich die _____

   und die Aufgabennummer auf.

4. Ich beginne auf der Seite links zu schreiben, beachte aber auch den _____ .

5. Den Text gliedere ich durch sinnvolle _____ .

6. Wichtige Wörter/Sätze (z. B. Regeln) unterstreiche ich farbig mit einem _____ .

7. _____ , die im Unterricht verteilt wurden, hefte ich ab.

8. _____ aus dem Unterricht schreibe ich sauber und fehlerfrei auf.

9. _____ streiche ich sauber durch und verbessere sie.

5 **Lies die Hausaufgaben von Mareile. Gib ihr Tipps, wie sie sauberer arbeiten kann:
Notiere am Rand, welcher Hinweis aus Aufgabe 4 ihr hilft.**

6 **Schreibe den Hefteintrag sauber und übersichtlich ab. Schreibe in dein Heft.**

Texte lesen und verstehen

Einen Sachtext erschließen

Besonders beim Lesen von Sachtexten kommt es darauf an, die wichtigsten Informationen zu entnehmen. Dabei hilft es, **Schlüsselwörter** zu erkennen, den Text in **Sinnabschnitte** zu gliedern und den **Inhalt zusammenzufassen**.

1 a Lies zunächst nur die Überschrift und die ersten Zeilen des Textes. Betrachte dann die Bilder.
   b Worum geht es in dem Text? Notiere deine Vermutung.

2 Lies den gesamten Text sorgfältig.

Höher, schneller, weiter! Die Welt der Tier-Rekorde

Menschen vergleichen gern ihre Stärken und treiben sich zu Höchstleistungen an. Ob im Fußball, beim Pizza-Wettessen oder beim Luftanhalten – wir jagen nach Rekorden. Unsere schärfsten Konkurrenten
5 kämen jedoch aus der Tierwelt, wenn wir sie mitspielen ließen. Tiere sind zwar keine großen Ballkünstler und sie schlagen sich auch nicht den Bauch mit Ungesundem voll, nur um zu gewinnen. In Schnelligkeit und Kraft sind sie uns aber um Längen
10 voraus. Bei den Olympischen Spielen würden sie jede Goldmedaille gewinnen.

Beim Springen ist ein kaum sichtbarer Winzling dem Menschen weit voraus: Der Floh
15 kann einen halben Meter weit springen. Wäre er so groß wie ein Mensch, entspräche das einer Weite von 340 Metern! Das ist viel mehr als z. B. der Weltrekord von 7,5 Metern bei den Frauen.

20

25 Und wer geht beim Sprinten als Erster ins Ziel? Das Wildschwein, der Feldhase, das Faultier, der Gepard oder der Mensch?
Der schnellste Mensch läuft knapp 40 km/h (Stundenkilometer). Der Gepard, bei dem schon 110 km/h
30 gemessen wurden, hängt ihn locker ab. Mit um die 60 km/h sind sogar Wildschwein und Hase viel schneller als der Mensch. So schnell darf man in der Stadt nicht Auto fahren! Das Faultier spaziert übrigens als Letztes mit 0,12 km/h über die Ziellinie.

Wer ist wohl in der Disziplin Schwimmen Welt-
35 meister? In dieser Sportart siegt natürlich ein Fisch. Der Segelfisch prescht mit 110 Kilometern in der Stunde durchs Meer. Die schnellste Schwimmerin gewann im Freistilschwimmen über 100 Meter mit gerade einmal 6,8 km/h Gold, der schnellste Mann
40 mit 7,6 km/h.
Auch im Gewichtheben sind die Tiere Weltklasse. Wieder lässt ein kleines Insekt den Menschen schwach aussehen: der Rhinozeros-Käfer. Die Amei-
45 se schleppt schon das 50-Fache ihres eigenen Körpergewichtes, ohne zu stöhnen. Aber der Käfer schafft das 850-Fache. Und der Mensch? Ein ausgewachsener Mann müsste im Vergleich glatt 68 000 Kilo tragen. Das sind etwa 4 000 Kästen Wasser! Der stärkste Gewichtheber der Welt schaffte bei der Olympiade
50 2008 immerhin an die 230 Kilo – etwas mehr als das 2-Fache seines Körpergewichts.
Der Mensch unterliegt zwar in einzelnen Disziplinen, aber er ist eindeutiger Sieger in der Kombination von Laufen, Springen, Schwimmen und Heben.
55 Denn das kann er im Gegensatz zu den Tieren alles!

Methode   **Schlüsselwörter markieren**

Schlüsselwörter helfen, einen Text zu „erschließen". Sie enthalten die **wichtigsten Informationen** eines Textabschnittes.
Markiere Schlüsselwörter beim zweiten **gründlichen Lesen**. Willst du später wissen, worum es im Text geht, musst du nur die Schlüsselwörter überfliegen: Das genügt, um den Inhalt auf einen Blick zu erfassen.

---

3   **Lies den Methodenkasten aufmerksam. Kreuze die <u>falsche</u> Antwort an.**

Schlüsselwörter …

A ☐   enthalten die wichtigsten Informationen.   C ☐   stehen immer am Satzanfang.

B ☐   helfen, Wichtiges später wiederzufinden.   D ☐   beantworten W-Fragen.

---

4   **a**   **Überfliege den folgenden Textabschnitt.**

Beim 🔑 ist ein kaum sichtbarer Winzling dem Menschen weit voraus: Der 🔑 kann einen halben Meter weit springen. Wäre er so groß wie ein Mensch, entspräche das einer Weite von 🔑! Das ist viel mehr als z.B. der Weltrekord von 🔑 bei den 🔑.

b   **Der Text ist nicht verständlich, denn es fehlen die wichtigsten Wörter.
Nur das erste Schlüsselwort kannst du aus dem Zusammenhang klären.
Sieh im Text (▸ S. 6, Z. 12–24) nach und trage die Schlüsselwörter ein.**

Beim _____ ist ein kaum sichtbarer

Winzling dem Menschen weit voraus: Der _____ kann einen halben Meter weit springen. Wäre er so

groß wie ein Mensch, entspräche das einer Weite von _____! Das ist viel mehr als z. B.

der Weltrekord von _____ bei den _____.

---

5   **Lies nun den gesamten Text auf Seite 6 ein zweites Mal gründlich.
Hinweis: Im ersten Absatz des Textes auf Seite 6 sind die Schlüsselwörter schon markiert.
Markiere beim Lesen alle Schlüsselwörter in den folgenden Absätzen.**

---

6   **Jan hat im Text unten ungeeignete Schlüsselwörter unterstrichen.**
● ● ●
    a   **Lies den folgenden Text: Kläre, worum es geht (Thema) und
welche Informationen zu diesem Thema wichtig sind.**
    b   **Markiere im Text geeignete Schlüsselwörter farbig.**

Großer Andrang beim tierischen Schönheitswettbewerb: Wer hat die längsten Ohren?

<u>Natürlich</u> sind es die <u>Elefanten</u> mit ihren zwei Meter <u>langen Lauschern</u>. Dafür haben sie aber <u>die runzeligste Haut</u>. Auf Platz zwei kommt <u>der Hase mit seinen Löffeln</u> von immerhin zwölf Zentimetern Länge. <u>Papagei</u> und Schmetterling gehen diesmal gänzlich leer aus. Dabei sind sie doch so <u>schön bunt</u>!

Methode	Den Text in Sinnabschnitte gliedern

Längere Sachtexte lassen sich in **Sinnabschnitte** gliedern.
- Ein neuer Sinnabschnitt beginnt dort, wo ein neues **Unterthema** angesprochen wird: Oft ist hier im Text ein Absatz gesetzt.
- Gib jedem Sinnabschnitt mit Hilfe der **Schlüsselwörter** eine treffende Überschrift. „Treffend" ist eine Überschrift, wenn sie den Inhalt eines Sinnabschnitts knapp und genau zusammenfasst.

7 Der erste Sinnabschnitt (▶ S. 6, Z. 1–11) beschreibt das Thema des Textes.
Worum geht es? Kreuze an.

A ☐ Tiere sind schlauer als Menschen.

B ☐ Tiere sind schneller als Menschen.

C ☐ Tiere machen den Menschen in sportlichen Wettbewerben Konkurrenz.

D ☐ Tiere lieben es, Menschen in sportlichen Wettbewerben zu besiegen.

8 Wie weit reicht im Text auf Seite 6 der zweite Sinnabschnitt?
Sieh dir deine Schlüsselwörter in diesem Sinnabschnitt an. Notiere, worum es geht.

Der Floh

9 Unterteile in weitere Sinnabschnitte und gib jedem Sinnabschnitt eine treffende Überschrift.
Ergänze die Zeilenangaben.
Tipp: Die Schlüsselwörter helfen dir, den Sinnabschnitten treffende Überschriften zu geben.

1. Sinnabschnitt (Z. *1* – *11*): *Tiere als sportliche Konkurrenten des Menschen*

2. Sinnabschnitt (Z. *12* – ____): _____

3. Sinnabschnitt (Z. ____ – ____): *Gepard*

4. Sinnabschnitt (Z. ____ – ____): _____

5. Sinnabschnitt (Z. ____ – ____): _____

6. Sinnabschnitt (Z. ____ – *56*): *Mensch*

10 Überlege, worin sich der erste und der letzte Sinnabschnitt von den anderen Abschnitten unterscheiden.
Kreuze die richtige Antwort an.

A ☐ Sie sind nicht so lustig.

B ☐ Sie haben ein ganz anderes Thema.

C ☐ Sie bilden Einleitung und Schluss.

D ☐ Sie enthalten keine Schlüsselwörter.

Methode	Wichtige Informationen zusammenfassen

Wenn du einen Text kurz **mit eigenen Worten** zusammenfassen kannst, hast du ihn gut verstanden.
Du kannst wichtige Informationen auch anschaulich in einer **Tabelle** oder **Grafik** zusammenfassen.

11 Fasse die wichtigen Informationen in einem Satz zusammen. Schreibe ihn ins Heft.

„Der schnellste Mensch läuft knapp 40 km/h (Stundenkilometer). Der Gepard, bei dem schon 110 km/h gemessen wurden, hängt ihn locker ab." (▸ S. 6, Z. 28–30)

Gehe beim **Zusammenfassen** so vor:
– Markiere die Schlüsselwörter.
– Streiche durch, was nicht wichtig ist.
– Formuliere mit den Schlüsselwörtern **einen Satz**, der die wichtigen Informationen enthält.

12 Fasse den folgenden Sinnabschnitt mit eigenen Worten in einem Satz zusammen. Schreibe ins Heft.
Tipp: Überlege, was wichtig ist. Musst du z. B. alle Tiere einzeln nennen?

„Und wer geht beim Sprinten als Erster ins Ziel?
Das Wildschwein, der Feldhase, das Faultier, der Gepard oder der Mensch?
Der schnellste Mensch läuft knapp 40 km/h (Stundenkilometer). Der Gepard, bei dem schon 110 km/h gemessen wurden, hängt ihn locker ab. Mit um die 60 km/h sind sogar Wildschwein und Hase viel schneller als der Mensch. So schnell darf man in der Stadt nicht Auto fahren! Das Faultier spaziert übrigens als Letztes mit 0,12 km/h über die Ziellinie." (▸ S. 6, Z. 25–34)

13 a) Der Text auf Seite 6 informiert über Leistungen in vier Disziplinen.
Ergänze in der linken Spalte der Tabelle die drei noch fehlenden Disziplinen und gib die Zeilen an, in denen darüber informiert wird.
b) Trage für jedes Tier bzw. den Menschen ein, welche Leistung in welcher Disziplin erbracht wird.
Setze einen Strich, wo der Text keine Informationen gibt.

Disziplin	Floh	Gepard	Segelfisch	Rhinozeros-Käfer	Mensch
Springen (Z.12–24)	0,5 m	-	-		
					ca. 7 km

14 Beantworte mit Hilfe der ausgefüllten Tabelle folgende Fragen in Stichworten.

●●●

A Welche Tiere sind gleich schnell? _____ *und* _____

B Wer beherrscht die meisten Sportarten? _____

15 Fasse nun mit Hilfe der Tabelle den Inhalt des gesamten Textes auf Seite 6 in deinem Heft zusammen.
Hinweis: Die Informationen aus dem ersten und dem letzten Textabschnitt sind in der Tabelle nicht enthalten.

Ein Erlebnis spannend erzählen

Information	Den Aufbau einer Erzählung planen

Eine gelungene Erzählung braucht einen roten Faden, der den Leser durch die Geschichte leitet.
- Die **Einleitung** führt in die Handlung ein: Informiere über Ort (Wo?) und Zeit (Wann?) des Geschehens und stelle mindestens eine Hauptfigur (Wer?) vor.
- Im **Hauptteil** wird die Spannung Schritt für Schritt bis zum Höhepunkt der Geschichte gesteigert. Die Leser sollen „mitfiebern", was weiter geschehen wird.
- Zum **Schluss** hin wird die Spannung aufgelöst: Du kannst erzählen, wie die Handlung ausgeht, oder absichtlich den Ausgang offenlassen.

Das Schreiben einer Erlebniserzählung kann Aufgabe in einer Klassenarbeit sein.

1 Schau dir das folgende Bild genau an und überlege, was geschehen könnte.

2 Ordne die folgenden Textbausteine sinnvoll.
Trage die Buchstaben richtig auf der Lesefieber-Kurve ein, dann ergibt sich ein Lösungswort.

G nächster Morgen, Sonnenschein   U alles nass, Zelte beschädigt, Kinder gesund

A Zeltlager, Wiese beim Kanu-Klub, Klassenlehrer, zwei Mütter als Begleitung

U Wetterbericht: sonnig   E sintflutartiger Regen, Zelte unter Wasser

G Flucht ins Kanu-Klub-Haus   R mitten in der Nacht aufgeschreckt, Donner und Blitze

N Gewitter abgezogen, Lehrer beruhigt alle

F abends: Lagerfeuer mit Würstchengrillen, Gitarrespielen, todmüde ins Bett

Lesefieber-Kurve

Höhepunkt

Einleitung
Neugier wecken

Hauptteil
Spannung schrittweise steigern

Schluss
Spannung lösen

Information   Die Einleitung gestalten

Geübte Erzähler fesseln die Leser gleich mit der Einleitung. Sie verraten nicht schon am Anfang, wie die Geschichte ausgeht, sondern machen die Leser neugierig. Dazu gibt es einige **Erzähltricks**:

– Erzähle von einer harmlosen Situation, die plötzlich ungewöhnlich oder gar gefährlich erscheint, z. B.: *Ich schlief wie ein Murmeltier. Plötzlich weckte mich ein unglaublich lauter Donner. Es klang wie …*

– Deute ein Geschehen an, das alles verändern wird, z. B.: *Wir ahnten nicht einmal, was auf uns zukam.*

– Lege falsche Fährten. Bereite den Leser auf ein Geschehen vor, das dann gar nicht so stattfindet, z. B.: *Wir freuten uns auf ein sonniges Hochsommerwochenende. Doch es kam ganz anders.*

– Schreibe als **Ich-Erzähler**: Die Ich-Form eignet sich besonders gut zum Erzählen von Erlebnissen.

– Gib deinen Figuren **Namen,** dann wird die Erzählung lebendiger.

3 Beantworte diese drei wichtigen W-Fragen für die Ausarbeitung der Einleitung.

Wer war beteiligt? (Figuren) _____

Wo hat das Geschehen stattgefunden? (Ort) _____

Wann ist es passiert? (Zeit) _____

4 Prüfe die beiden Vorschläge für Einleitungen:
Werden die drei wichtigen W-Fragen beantwortet? Wird die Neugier der Leser geweckt?

VORSICHT FEHLER!

A Alle zusammen am See zelten – konnte es Besseres an einem Sommerwochenende geben? Tagsüber Action und abends am Lagerfeuer sitzen, Würstchen grillen, Geschichten erzählen. Das Feuer gut ablöschen, dann todmüde in die Schlafsäcke einrollen. Und morgens ein erfrischendes Bad im See. Keiner ahnte, dass das Wochenende doch so ganz anders werden sollte.

Welche W-Fragen wurden beantwortet? _____

Was macht neugierig? _____

B Zum Schuljahresausklang hatte unser Klassenlehrer Herr Ziegel eine hervorragende Idee: Zelten mit der ganzen Klasse 5c von Freitag bis Sonntag. Wir jubelten, zwei Mütter wollten uns begleiten. Der Wetterbericht war sommerlich, noch war pure Sonne angesagt. Noch …

Welche W-Fragen wurden beantwortet? _____

Was macht neugierig? _____

5 Schreibe den folgenden Text in dein Heft ab.
Setze die Verben im Präteritum ein.

> Eine Geschichte wird meist **im Präteritum** (1. Vergangenheit) **erzählt**, z. B.: *ich trat, ich schwamm, …*

| entfachen   sein   fahren   dämmern   herumtollen   frühstücken   baden   aufräumen |

Am Samstag **?** es morgens sonnig und warm. Wir **?** zunächst ausgiebig. Anschließend **?** wir Tretboot.

Und dann **?** wir im See. Wir **?** den ganzen Tag **?** . Als es **?** , **?** wir **?** und **?** ein Lagerfeuer.

| **Information** | **Den Hauptteil spannend und anschaulich erzählen** |

- Verwende ausdrucksstarke, **treffende Verben**, z. B.: *toben, prasseln.*
- Finde anschauliche, **genau beschreibende Adjektive**, z. B.: *sonnig, finster.*
- Teile die **Gefühle und Gedanken** einer Figur mit, z. B.: *Ich erstarrte zu Eis, als ...*
- Setze **wörtliche Rede** ein, z. B.: *„Gebt Gas!", feuerte unser Lehrer uns an.*
- Baue **Spannungsmelder** ein, z. B.: *mit einem Mal, plötzlich, aus heiterem Himmel.*

6 **In diesem Erzählschritt aus dem Hauptteil sind die Adjektive durcheinandergeraten.**
a Lies den Text aufmerksam und unterstreiche die Adjektive, die an der falschen Stelle stehen.
b Schreibe den Text ab und setze dabei die Adjektive an die richtige Stelle.
   Tipp: Du musst zehn Adjektive vertauschen. Schreibe ins Heft.

Unsere Mütter hatten müde Würstchen eingepackt und wir formten Teig zum Stockbrotbraten. Wir waren alle gruselig und schlugen zu, als alles fertig gegrillt war. Inzwischen war es sorgfältig geworden. Das Feuer loderte und wir musizierten ein bisschen. Max hatte seine Gitarre mitgebracht und wir sangen dazu. Dann erzählte unser Lehrer uns von Seegeistern und es wurde recht nachdrücklich. Gegen Mitternacht meinte er brav: „Morgen ist auch noch ein Tag. Löscht das Feuer gemütlich! Im Sommer kann es leicht zu Bränden kommen. Geht jetzt schlafen, ich will nichts mehr hören. Gute Nacht!" Da wir alle recht lecker waren, murrte auch keiner und wir machten leicht, was er gesagt hatte. In den Zelten war es hungrig und nach einigem Flüstern und Kichern hörte man hier und da ein dunkles Schnarchen.

7 **Bereite die nächsten Erzählschritte vor:**
Erzähle anschaulich vom Aufziehen und der Heftigkeit des Gewitters, um die Spannung zu steigern.
a Ordne den Nomen passende Verben zu. Verbinde: Es passt zu jedem Nomen ein Verb.

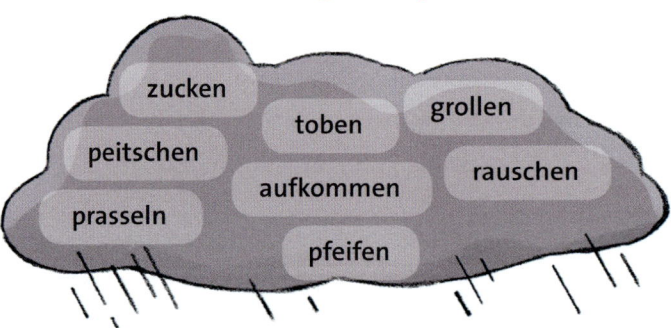

| Blitze |
| Regen |
| Windböen |
| Tausende von Tropfen |

zucken · toben · grollen · peitschen · aufkommen · rauschen · prasseln · pfeifen

| Wind |
| Donner |
| Sturm |
| Bäume |

b Zeichne Blitzzeichen in dein Heft und notiere darum herum stichwortartig Gedanken und Gefühle des Ich-Erzählers.

Herzklopfen   *21 ... 22 ... 23 ...*

c Beschreibe mit Hilfe deiner Vorarbeiten das Gewitter anschaulich und erzähle auch von den Gefühlen des Ich-Erzählers. Wähle eine der beiden Überleitungen für diesen Erzählschritt aus und setze sie im Heft fort.

| A | Als auf einmal schwere Regentropfen auf das Zeltdach prasselten, wurde mir ziemlich mulmig. Würde die Zeltplane halten? |

| B | Auch ich musste rasch eingeschlafen sein. Plötzlich wurde ich von einem lauten Knall aufgeschreckt. Hatte da jemand geschossen? |

8 Der Höhepunkt ist die spannendste Textstelle einer Geschichte. Hier geschieht das Unerwartete, die Notsituation oder das Unglück.
Gestalte die folgenden Notizen mit Hilfe der „Spannungsmelder" zu einem Höhepunkt aus. Nutze auch anschauliche Vergleiche, z. B.:
Es goss wie aus Eimern. Schreibe ins Heft.

Spannungsmelder

aus heiterem Himmel   aus dem Nichts
unangekündigt   ohne Voranmeldung
binnen Sekunden   unmittelbar   plötzlich
Sekunden später   kaum zu glauben!

Blitze und Donner   unmittelbar aufeinander   ängstliche Blicke aus Zelten

erste Tropfen   sintflutartiger Regen   Wasser überall

Wasser im Zelt   mit Bechern hinausgeschöpft   Zelte unter Wasser

zusammengebrochen   nichts mehr zu retten   Flucht ins Kanu-Klub-Haus

9 Ergänze den Höhepunkt durch wörtliche Rede:
a Ordne die Aussagen, Ausrufe oder Fragen auf der linken Seite den jeweils passenden Redebegleitsätzen auf der rechten Seite zu.
b Ergänze die fehlenden Anführungszeichen an der richtigen Stelle.

Wörtliche Rede hilft, den Höhepunkt dramatisch zu schildern. Lasse die Figuren sprechen. Redebegleitsätze können vor, nach oder innerhalb der wörtlichen Rede stehen. ▶Hinweise zur Zeichensetzung findest du auf Seite 104.

Aussagen/Ausrufe/Fragen	Redebegleitsätze
A Meidet Metallstäbe! Da kann der Blitz einschlagen! ,	1 jammerte Max.
B Lasst alles stehen und liegen! Lauft! ,	2 wollte Isa wissen.
C Aber meine Gitarre ist noch im Zelt! ,	3 warnte Herr Ziegel.
D Und was ist mit meinem MP3-Player? ,	4 forderte Frau Siebke uns auf.
E Beeilt euch! ,	5 stöhnte ich.
F Ich kann nicht so schnell ,	6 schrie meine Mutter wieder und wieder.

c Formuliere selbst passende Redebegleitsätze.

A „Ins Klubhaus! Rasch! Ich hab den Schlüssel!", _____

B „Sind alle da? Fehlt jemand?", _____

C „Lasst uns durchzählen", _____

D _____ : „Max fehlt!"

E „Ich bin doch da", _____

> **Information**   Den Schluss schreiben
>
> Der Schluss rundet die Geschichte ab. Es gibt verschiedene Möglichkeiten:
> **1** Erzähle ein **gutes Ende,** welches das Erlebnis abschließt.
> **2** Lasse **Fragen offen,** um den Ausgang des Erlebnisses im Ungewissen zu halten.
> **3** Greife **auf die Einleitung zurück,** sodass eine Art Rahmen um den Hauptteil entsteht.
> **4** Äußere einen **abschließenden Gedanken,** der zum Nachdenken anregt.

10 **a** Welche Möglichkeit wurde für diesen Schlussteil gewählt: 1, 2, 3 oder 4? Notiere: _____.

Am nächsten Morgen bot sich ein Bild der Verwüstung: ungezählte Pfützen und eingestürzte Zelte.
Der Zeltplatz war durch das Unwetter völlig zerstört worden. Nun war Aufräumen angesagt. Wir arbeiteten Hand in Hand, und schließlich fanden wir, dass es doch noch ein gelungenes Wochenende mit der Klasse war.

b Schreibe einen Schluss.

_____

_____

_____

11 **a** Umkreise, welche Überschrift du passend findest.
b Begründe deine Entscheidung.

> Jede Erzählung braucht eine **Überschrift.**
> Sie soll die Leser neugierig machen, aber noch nicht alles verraten.

A Gewitter über den Zelten	B Zelte ade
C So ein Reinfall	D Noch einmal Glück gehabt
E Verflixte Wetterberichte	F Land unter!

Ich habe die Überschrift   gewählt, weil

_____

12 Schreibe die ganze Geschichte über die Erlebnisse im Zeltlager in dein Heft.
Verwende deine Vorarbeiten und orientiere dich an der Lesefieber-Kurve (▸ S. 10).

13 Die Gestaltung des Höhepunktes ist im folgenden Textausschnitt nicht ganz gelungen.
●●● Überarbeite den Text. Schreibe eine verbesserte Fassung ins Heft.

Ich träumte gerade vom Essen, als ich aufwachte. Ich hörte Stimmen. Und ich hörte Donner-
schläge. Ich sah aus meinem Zelt hinaus und sah Blitze. Da wusste ich, dass es ein Gewitter war.
Hatte der Wetterbericht nicht etwas anderes gesagt? Egal. Das Gewitter war da. Es regnete auch stark. Ich hörte
wieder Stimmen. Da hörte ich die Stimme von Herrn Ziegel. Er meinte, wir sollten alle ins Klubhaus gehen. Das war
eine gute Idee, denn langsam lief das Wasser in unser Zelt. Ich ging mit Max aus dem Zelt. Max wollte noch seine
Gitarre holen, durfte das aber nicht. Ich ging hinter Isa zum Klubhaus. Da dachte ich, dass ich meinen MP3-Player
vergessen hatte. Den durfte ich natürlich auch nicht mehr holen. Nun saßen wir im Klubhaus. Da war es wenigstens
trocken.

Nach Bildern erzählen

– Betrachte das Geschehen auf den Bildern genau und erschließe den **roten Faden der Handlung**:
  Wo spielt die Geschichte (Ort), **wann** findet sie statt (Zeit), **welche Figuren** kommen vor?
  Welches Bild zeigt den **Höhepunkt**?
– Lege den **Erzähler** fest: Aus wessen Sicht willst du erzählen?
– Gestalte die Erzählung sprachlich **lebendig** und **anschaulich** aus: Schildere auch die Mimik (Gesichts-
  ausdruck) und Gestik (Körpersprache) der Figuren. Gib ihnen Namen.
In einer Klassenarbeit kann diese Aufgabe vorkommen:
„Erzähle spannend und anschaulich eine Geschichte zu den folgenden Bildern.“

Vogelspinne guckt „dumm aus der Wäsche"
Köln. Eine entlaufene Vogelspinne schaute am Freitag zwei Kindern aus der Waschmaschine entgegen. Die 11-jährige Sophie fackelte nicht lange und …
Später wurde das für den Menschen ungefährliche Tier von der Polizei abgeholt und in den Zoo gebracht.

1 In der Aufgabenstellung für die Klassenarbeit heißt es: „Erzähle die Bildergeschichte in der Ich-Form
aus Bens Sicht." Lege den Erzähler fest: Kreuze an.

☐ A Er-/Sie-Erzähler   ☐ B Ich-Erzählerin (Sophie)   ☐ C Ich-Erzähler (Ben)

2 Welche Einleitung passt zur Aufgabenstellung
von Aufgabe 1? Schreibe den Buchstaben auf: _____

> Schreibplan: **Einleitung** – Neugier wecken!
> *Wer? … Wo? … Wann? …*

A Ben bekam oft Ärger, wenn er sich beim Spielen allzu
schmutzig machte. Als er neulich, es war Freitag, der 13.,
wieder völlig eingedreckt nach Hause kam, beschloss er darum, seine Jeans schnell in die Waschmaschine zu stecken, bevor die Eltern sie sehen würden.

B Letzten Freitag, es war der 13., spielte ich mit Sophie auf dem Bolzplatz Fußball. Der Boden war
regennass, wir rutschten ständig aus, aber das Spiel war klasse! Als wir nach Hause kamen,
waren unsere Jeans schwarz vor Dreck. Das gibt oft Ärger mit den Eltern, darum schlug ich vor,
die Sachen schnell in die Waschmaschine zu stecken.

3 Verfasse eine eigene Einleitung. Schreibe ins Heft.

4 Schau dir die Bilder zum Hauptteil genau an und mache dir zunächst zu jedem Bild Notizen. Ergänze, was vor den Bildern, was dazwischen und was danach geschieht.

Schreibe nicht einfach drauflos. Plane den Aufbau deiner Erzählung und lege einen Schreibplan an:
Hauptteil – Was passiert?
1. Erzählschritt: ...
2. ... (ein oder mehrere weitere Erzählschritt/e)
  Höhepunkt
  ...

_____

_____

_____

_____

_____

_____

_____

_____

_____

5 Wecke Spannung: Erzähle anschaulich, wie die Vogelspinne auf Ben wirkt.

a Umkreise Sätze, die Bens Panik lebendig wiedergeben.

| Ich war starr vor Schreck. | Ich blieb stehen. | Mein Herz schlug bis zum Hals. |

| Ich dachte, mein Herz bleibt stehen. | Ich war zur Salzsäule erstarrt. | Da sah ich geradeaus. |

| Es stellte sich mir ein Problem. | Ich wünschte mich ans andere Ende der Welt! |

b Gestalte den Höhepunkt der Geschichte aus: Beschreibe Bens Schrecken bildlich. Schreibe ins Heft.

Während das ekelige Tier mir entgegenkrabbelte, jagte eine Schreckensfantasie nach der anderen durch meinen Kopf ...

6 Was könnte Sophie zu Ben sagen?
Verwende treffende Verben aus dem Wortfeld
sagen, z.B. *beruhigen, besänftigen, trösten,
ermuntern*. Schreibe auf, was sie sagt.

> **Wörtliche Rede** hilft, den Höhepunkt lebendig
> zu schildern. Lass die Figuren sprechen.
> Redebegleitsätze können vor, nach oder innerhalb
> der wörtlichen Rede stehen. Hinweise zur Zeichen-
> setzung findest du auf Seite 104.

_____

_____

_____

7 **a** Setze die Verben im folgenden Schluss
ins richtige Tempus. Streiche Falsches durch.

> Eine Geschichte wird meist im **Präteritum**
> (1. Vergangenheit) erzählt, z.B.: *ich kam, ich sah sofort, …*

Am nächsten Tag 〔 titelt/titelte 〕 die Zeitung:

„Vogelspinne guckt dumm aus der Wäsche!" Gut, dass sie nicht 〔 berichten/berichteten 〕 , wie dumm ich erst

〔 dreinblicke/dreinblickte 〕 . Aber etwas Gutes 〔 gibt/gab 〕 es – ich 〔 lerne/lernte 〕 viel über Vogelspinnen!

b Schreibe einen eigenen Schluss in dein Heft.

> Löse am **Schluss** die Spannung auf: Erzähle, wie die
> Handlung ausgeht, oder lasse den Schluss offen.

8 Dieses Bild deutet einen anderen Ausgang an
als der Zeitungsartikel auf Seite 15.
Verfasse einen dazu passenden Schluss.
Schreibe ins Heft.

9 Finde eine treffende Überschrift für deine
Geschichte. Wähle eine der beiden angebotenen
Überschriften aus oder schreibe eine eigene.

> Die **Überschrift** soll die Leser neugierig machen,
> aber noch nicht alles verraten.

〔 Freitag, der 13! Pfui Spinne! 〕

〔 Sophie – die Heldin des Tages 〕

10 Verfasse mit Hilfe deiner Vorarbeiten eine vollständige Bildergeschichte.
Lege fest, zu welcher Idee für einen Schluss (Zoo oder Tierhandlung) du erzählen möchtest.

11 Wähle aus:
● ● ● **a** Erzähle die Geschichte aus Sophies Sicht. Wähle dafür die Erzählform Er-/Sie-Erzähler.
b Schriftsteller können auch Tiere erzählen lassen. Wähle die Spinne als Ich-Erzählerin. Erzähle im Heft.

Ein Tier beschreiben

Suchmeldung – Anschaulich und genau beschreiben

1 Schreibe einen **Einleitungssatz,** in dem du sagst, um was es geht, z. B.:
Wann ist **welches** Tier **wo** entlaufen?

2 Beschreibe dann das Tier möglichst genau. Achte auf eine **sinnvolle Reihenfolge:**
– Beginne mit dem **Gesamteindruck des Tieres** (z. B. Tierart, Name, ungefähre Größe und
Gewicht sowie Alter).
– Beschreibe anschließend die **besonderen Merkmale** (z. B. Farbe und Länge des Fells, Kopfform,
Form der Ohren, Augenfarbe ...) von oben nach unten, also vom Kopf bis zu den Beinen.

3 Formuliere zum **Schluss** die Bitte, sich zu melden, wenn jemand das Tier gefunden hat.
Gib eine Adresse oder eine Telefonnummer an, unter der sich der Finder melden kann.

Das Meerschweinchen als Haustier

Hausmeerschweinchen (zoologischer Gattungs-
name: *Cavia porcellus*) kommen ursprünglich aus
Südamerika. Sie können je nach Geschlecht und Art
ca. 800 bis 1300 Gramm wiegen und werden zwi-
5 schen 20 und 35 Zentimeter lang. Meerschweinchen
werden in der Regel sechs bis acht Jahre alt und
leben gern zu mehreren Tieren. Es gibt viele verschiedene Rassen, wobei man zwischen Kurzhaar-
und Langhaar-Meerschweinchen unterscheidet. Das
10 abgebildete Rosetten-Meerschweinchen ist eine Son-
derform. Tiere dieser Züchtungsform haben insgesamt acht Rosetten (= Wirbel), welche sich folgen-
dermaßen verteilen: vier Körperrosetten, zwei
Hinterhand- und zwei Hüftrosetten. Meerschwein-
15 chen sind Nagetiere, ihre Zähne wachsen beständig
nach. Um diese abzureiben, müssen sie ständig nagen (sonst können sie sterben, weil die Vorderzähne
zum Fressen zu lang werden), das heißt, sie nehmen
täglich 80- bis 90-Mal Nahrung auf, darunter Gras,
20 Löwenzahn, Gemüse und etwas Obst. Das Nagen
und Fressen von Heu gehört zu ihren wichtigsten
Tätigkeiten. Zudem benötigen Meerschweinchen
ständig frisches Wasser. Zu den Lieblingstätigkeiten
eines jeden Meerschweinchens gehört das Dösen, es
kratzt, knabbert und putzt sich auch gern. Meer- 25
schweinchen sind tagaktiv, sie können aber durch-
aus auch nächtliche Aktivitäten entfalten. Dabei helfen ihnen auch ihre empfindlichen Schnurrhaare,
mit denen sie sich im Dunkeln orientieren und vor
Hindernissen ausweichen. 30

1 **a** Lies die Informationen über „Das Meerschweinchen als Haustier".
b Stelle über das Meerschweinchen auf dem Foto oben die wichtigen Informationen kurz und
in sinnvoller Reihenfolge zusammen. Nutze dazu den folgenden Steckbrief.

Tiersteckbrief

Rasse: _____

Aussehen – Größe/Gewicht (ungefähr): _____

Farbe/Fell: _____

Körperbau: _____

Lebensweise/Verhalten: _____

_____

_____

Besondere Merkmale: _____

_____

2 Bringe die folgenden Abschnitte einer Suchmeldung in die richtige Reihenfolge. Nummeriere.

☐ A Genaue Informationen über das Tier in sinnvoller Reihenfolge, z. B. von oben nach unten oder von links nach rechts: Fell, Farbe, Größe, Gewicht, wo sinnvoll: Alter und Name

☐ B Name und Adresse oder Telefonnummer des Tierhalters

☐ C Allgemeine Informationen über das Tier (z. B. die Rasse) und wo und wann es entlaufen ist

☐ D Ergänzende Informationen, z. B.: besondere Merkmale oder Verhaltensweisen, Lieblingsfutter

3 Ilka ließ ihre Meerschweinchen im Gartengehege laufen. Der vorwitzige Paul biss ein kleines Loch in die Käfigwand und lief unbemerkt davon. Ilka schreibt sofort eine Suchmeldung für die Nachbarn. Lies die folgende Suchmeldung.

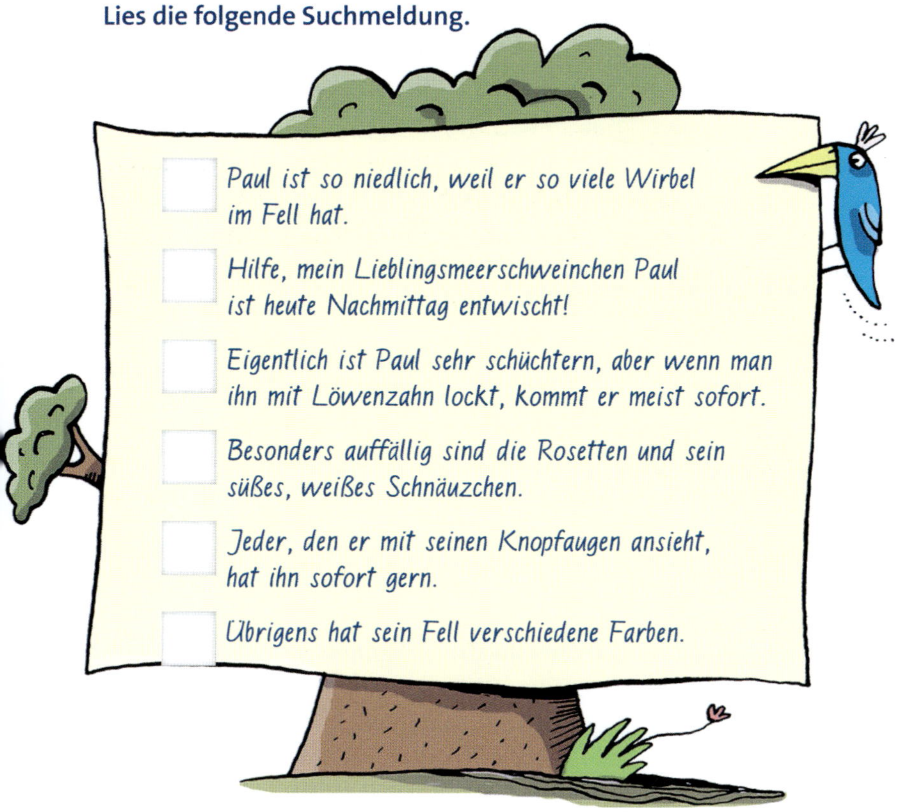

Notizen zu Aufgabe 6a (S. 20)

☐ Paul ist so niedlich, weil er so viele Wirbel im Fell hat.

☐ Hilfe, mein Lieblingsmeerschweinchen Paul ist heute Nachmittag entwischt!

☐ Eigentlich ist Paul sehr schüchtern, aber wenn man ihn mit Löwenzahn lockt, kommt er meist sofort.

☐ Besonders auffällig sind die Rosetten und sein süßes, weißes Schnäuzchen.

☐ Jeder, den er mit seinen Knopfaugen ansieht, hat ihn sofort gern.

☐ Übrigens hat sein Fell verschiedene Farben.

4 Prüfe die Reihenfolge in Ilkas Suchmeldung von Aufgabe 3.
Ordne die Informationen sinnvoll: Trage dazu die Nummern aus Aufgabe 2 links neben Ilkas Sätzen ein.

Information	Eine Suchmeldung sprachlich gestalten

- Verwende **passende Adjektive,** die das Tier anschaulich und genau beschreiben, z. B.:
  schneeweiß, etwa so groß wie, kräftig, schlank.
- Verwende anstelle der Wörter „ist", „sind" und „hat", „haben" **treffende Verben,** z. B.:
  tragen, besitzen, sich befinden, aufweisen, verfügen über, durch … gekennzeichnet sein.
- Schreibe im **Präsens** (Gegenwartsform).

5 Kreuze an: Welches dieser Meerschweinchen ist Paul?

A ☐

B ☐

C ☐

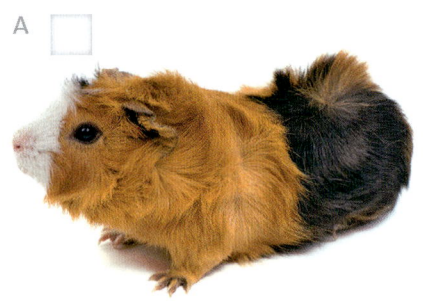  

6 Du kannst dich zwischen zweien nicht entscheiden?
Kein Wunder, denn Ilka hat Paul nicht genau genug beschrieben.
Lege fest, welches der beiden Rosetten-Meerschweinchen Paul sein soll: _____
a Notiere rechts neben Ilkas Suchmeldung in Aufgabe 3 (▶ S. 19), welche der Beschreibungen zu ungenau sind.
b Trage Ausdrücke zusammen, die Paul anschaulich und genau beschreiben.

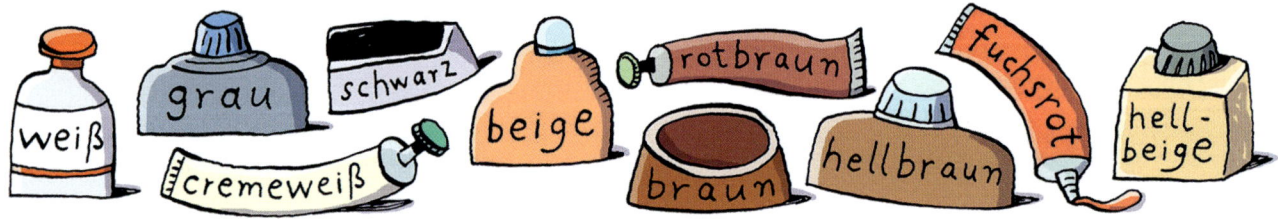

Farbe: _____

Fell: *flauschig,* _____

_____

Besonderheiten: *gut sichtbare, etwas ausgefaserte Ohren,* _____

_____

7 Beschreibe Paul nun so genau und anschaulich, dass Ilkas Nachbarn ihn zweifelsfrei erkennen
und zurückbringen können. Übernimm, wo sinnvoll, Besonderheiten aus Ilkas Suchmeldung.
Achte auf treffende Verben, ergänze den Schluss und schreibe die Überarbeitung in dein Heft.

8 Beschreibe Meerschweinchen B:
●●● a Fertige einen Steckbrief mit wichtigen Informationen über das Meerschweinchen an.
Ergänze dabei Informationen aus Aufgabe 1 (▶ S. 18).
b Verfasse eine genaue Suchmeldung des Tieres in deinem Heft.

Einen Vorgang beschreiben

Information	Verständlich und genau beschreiben

In einer Vorgangsbeschreibung beschreibst du einen Vorgang – z. B. ein Tier versorgen – so **genau** und **verständlich**, dass andere ihn leicht verstehen und selbst ausführen können. Prüfe zunächst sorgfältig, welche Arbeitsschritte für den Vorgang nötig sind, und beschreibe diese dann in der **richtigen Reihenfolge**.

1 **Bringe die Informationen in die richtige Reihenfolge, die Fotos helfen dir dabei.**

a zweite Hand sofort danach stützend unter das Hinterteil legen, dabei die Brust abstützen

b Hand drehen, sodass das Meerschwein bequem sitzt, Meerschweinchen-Hinterteil am tiefsten Punkt halten

c in die Hocke gehen – Meerschweinchen z. B. mit Gurke anlocken

d Meerschweinchen behutsam unter der Brust anfassen

e zum Tragen das Meerschwein eng vor die Brust halten

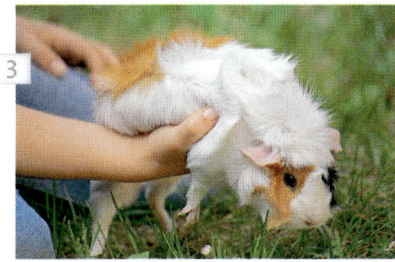

f Meerschweinchen leicht anheben

g Meerschweinchen fest greifen, Pfoten unterstützen

Information | **Aufbau einer Vorgangsbeschreibung**

1 Formuliere eine **Überschrift,** die den Vorgang zusammenfasst, z. B.:
Ein Meerschweinchen richtig hochheben.

2 Nenne in der **Einleitung** die notwendigen Materialien und Vorbereitungen (mit genauer Anzahl und Mengenangaben), die du benötigst. z. B.: *ein Stückchen Gurke, ein Meerschweinchen.*

3 Beschreibe im **Hauptteil** Schritt für Schritt den Ablauf des Vorgangs genau und vollständig, z. B.:
Zunächst sollte man das Meerschweinchen vorsichtig mit einem Stückchen Gurke anlocken …

4 Zum **Schluss** kannst du einen **Tipp** zur Benutzung geben, z. B.:
Auf diese Weise trägt man jedes Meerschweinchen, aber auch andere kleine Tiere richtig.

---

2 Kathrin hat ihrem Freund Ben beschrieben, wie sie ihr Meerschweinchen Merle hochhebt. Prüfe ihre Informationen und verbessere die Einleitung und den Schlussteil: Streiche Überflüssiges durch, verbessere oder ergänze Fehlendes in der Randspalte.

VORSICHT
FEHLER!

Überschrift: *Ein Meerschweinchen ~~locken~~ und hochheben*

tragen

Einleitung: *Manchmal möchte man ein Meerschweinchen aus dem Käfig heben. Meerschweinchen sind so süß, dass man sie gern streichelt und trägt. Ich mache das am liebsten mit meiner kleinen Merle. Zum Hochheben benötige ich viel Zeit und gute Laune, weil Merle dann immer wegrennen will. Das macht sie, weil sie ein Fluchttier ist, aber nett ist es trotzdem nicht.*

Schluss: *Wenn du genau so vorgehst, kann man das Meerschweinchen sicher und ohne es zu verletzen tragen. Du kannst auch versuchen, es zu streicheln. Aber leider kuscheln Meerschweine nicht gern und lassen sich nicht gern hochheben, weil sie Fluchttiere sind, aber das sage ich nicht zum ersten Mal. Manchmal muss man sie aber dennoch aus dem Käfig heben, z. B. wenn du mit dem Tier zum Arzt gehen willst.*

3 Kathrin hat keine einheitliche Ansprache verwendet. Entscheide dich für eine Form (man benötigt oder du benötigst) und markiere alle anderen Formen als falsch.

Sprachliche Mittel (1)
– Verwende nur **eine Form der Ansprache**:
Man nehme … oder *Nimm …*
– Schreibe die Vorgangsbeschreibung im **Präsens** (Gegenwartsform).

4 Prüfe, ob Kathrin im richtigen Tempus geschrieben hat. Kreuze an.

☐ A Nein, Kathrin hat das Tempus falsch verwendet.

☐ B Ja, Kathrin hat das Tempus richtig verwendet.

> **Sprachliche Mittel (2)**
> – Beschreibe die einzelnen Arbeitsschritte im Hauptteil **genau und verständlich**, z. B.:
>   *Als Erstes nimmst du <u>ein Stückchen Gurke</u> in die Hand und lockst das Meerschweinchen <u>vorsichtig</u> an.*
> – Wähle passende Wörter, die die **Reihenfolge** der einzelnen Arbeitsschritte **deutlich machen**,
>   z. B.: zuerst, anschließend, danach, zum Schluss …

5 Beschreibe im Hauptteil mit Hilfe der Fotos und der Informationen auf Seite 21, wie du ein Meerschweinchen sicher hochheben und tragen kannst, ohne es zu verletzen. Vervollständige dazu die Satzanfänge.

Hauptteil:

Als Erstes nimmst du _____

Danach _____

Nun _____

Im Anschluss _____

Jetzt _____

Dann _____

6 Fertige eine vollständige Vorgangsbeschreibung für das Hochheben und Tragen eines Meerschweinchens in deinem Heft an.

7 Dieser Hauptteil einer Vorgangsbeschreibung erklärt die Fütterung eines Meerschweinchens. Schreibe ihn ab.
●●●
– Ergänze Wörter, die die Reihenfolge der einzelnen Schritte deutlich machen.
– Trage die Verben in Klammern ein und verwende für die Verben Personalform und Tempus richtig.

> ❓ als Erstes   anschließend   später   abends   am Schluss   im Anschluss   zunächst   danach   dann

❓ einmal benötigen die Meerschweinchen ständig frisches Heu. ❓, also morgens, (füttern) du entweder Grün- oder Saftfutter. Achte bitte darauf, dass das Grünfutter nicht feucht (sein), sonst werden die Meerschweinchen krank. Reste des Saftfutters musst du ❓ entfernen. ❓ wechselst du das Wasser. Dazu (nehmen) du den Wassernapf aus dem Käfig, spülst ihn ❓ unter fließendem Wasser aus und (setzen) ihn ❓, gefüllt mit frischem Wasser, wieder in den Käfig. ❓, nämlich mittags und nachmittags, (benötigen) die Meerschweinchen noch einmal frisches Grün- oder Saftfutter, du kannst die Mahlzeiten etwas abwechseln. ❓ bekommen sie eine letzte Mahlzeit. ❓ an das Füttern solltest du noch ein zweites Mal für frisches Wasser sorgen. Einmal in der Woche (dürfen) du anstelle einer anderen Mahlzeit auch Obst füttern.

Argumentieren – Schriftlich Stellung nehmen

Eine Meinung sprachlich ausdrücken

Zu vielen Themen und Fragen haben unterschiedliche Menschen unterschiedliche Ansichten.
- Um sich zu verständigen, ist es wichtig, die **eigene Meinung klar auszudrücken.** Dazu verwendet man Formulierungen wie: *Das finde ich …; Meiner Meinung nach …; Ich bin der Ansicht, dass …; Ich denke, dass …*
- Auch **Wünsche oder Vorschläge** drücken eine eigene Meinung aus und sollten sprachlich verdeutlicht werden, z. B.: *Ich schlage vor, dass …; Mir wäre es lieb, wenn …; Ich wünsche mir …; Ich stelle mir vor, dass …*

1 Was ist deine Meinung zu folgenden Fragen? Wende verschiedene Formulierungen aus dem Informationskasten an und formuliere deine Meinung in einem vollständigen Satz.

Soll es in der Schule eine Kantine mit warmem Mittagessen geben?

Ich finde es gut, wenn man mittags _____

Sollte eine Lehrerin/ein Lehrer die Sitzordnung in der Klasse regeln, ohne die Schüler zu fragen?

_____

Sollte man Samstagsunterricht einführen, um an den übrigen Schultagen die Unterrichtsstunden zu verringern?

_____

2 **a** Drei Kinder klären, wie sie die Mittagspause verbringen wollen. Unterstreiche im Text ihre Wünsche und Vorschläge. Unterstreiche die Formulierungen doppelt, die eine Meinung sprachlich einleiten.

Es klingelt – die sechste Stunde ist geschafft! Riko, Pauline und Lilly packen ihre Sachen ein und schlendern langsam aus der Klasse. „Meine Frühstücksdose ist ganz und gar leer – totales Vakuum!", seufzt Riko. „Ich schlage vor, wir gehen in die Schulkantine!" „Das finde ich doof, ich habe keine Lust auf warmes Essen", antwortet Pauline. „Ich auch nicht", stimmt Lilly zu, „mir wäre es lieber, heute Abend zu Hause mit meinen Eltern zu essen. Ich mag das Essen hier nicht." „Also, ich finde, ihr könntet Mitleid haben mit einem armen hungrigen Wolf! Was soll ich denn jetzt essen?" „Okay, ich denke, wir gehen mit dir in die Kantine und leisten dir Gesellschaft. Was meinst du,

Lilly?", fragt Pauline. Lilly lacht: „Meiner Meinung nach ist das ein ziemlich tierlieber Vorschlag – also komm, du armer hungriger Wolf, bevor du uns noch in die Beine beißt!"

b Aus dem Gespräch wird bei zwei Kindern klar, warum sie in die Kantine gehen wollen oder nicht. Lies noch einmal nach und ergänze die folgende Aussagen:

Riko möchte in die Kantine gehen, weil _____

Lilly möchte nicht in die Kantine gehen, weil _____

c Welchen Grund könnte Pauline dafür haben, nichts Warmes essen zu wollen?

Pauline möchte nichts Warmes essen, weil _____

Information   Die eigene Meinung begründen

– Gute **Begründungen** (Argumente) helfen zu überzeugen. Leite sie mit *weil, da* oder *denn* ein, z. B.:
  Eine längere Mittagspause ist wichtig, weil man ausgeruhter in den Nachmittagsunterricht geht.
– Auch mit dem Wort *nämlich* kannst du eine Begründung ausdrücken, z. B.:
  Ich esse heute nicht in der Schule, ich habe nämlich nur sechs Stunden.
– Du kannst auch zuerst die Begründung anführen und dann deine Meinung daraus ableiten.
  Sprachlich verwendest du dazu die Wörter *deshalb* oder *darum*, z. B.:
  Nach dem Essen bin ich erst einmal müde. Deshalb mache ich meine Hausaufgaben später.

Die Sportlehrer/innen diskutieren mit den fünften und sechsten Klassen, welche vier Sport-AGs in diesem Schuljahr angeboten werden sollen: Fußball, Ballspiele, Turnen, Tanzen, Leichtathletik oder Schwimmen? Da gibt es ganz unterschiedliche Ansichten!

1
a Verbinde jeweils eine Meinung links mit einer passenden Begründung rechts.
b Unterstreiche in jeder Begründung das Wort, das sie einleitet.

„Tanzen darf meiner Ansicht nach auf keinen Fall gestrichen werden, ..."	„... da man dann verschiedene Spiele ausprobieren kann, nicht nur eine Ballsportart."
„Mir persönlich ist die Fußball-AG nicht so wichtig, ..."	„... weil man das doch nur im Sommer draußen machen kann."
„Ich halte Ballspiele für besser als Fußball, ..."	„... denn das ist das einzige Angebot mit Musik!"
„Meiner Meinung nach bietet sich Leichtathletik nicht an, ..."	„... ich spiele nämlich sowieso im Verein."

c Welche Sport-AG wäre dir am liebsten? Formuliere deine Meinung und begründe sie im Heft.

2 Ergänze die folgenden Standpunkte um jeweils ein überzeugendes Argument.

An jeder Schule sollte es einen Schulchor geben, _____

Auch eine Theater-AG ist ein wünschenswertes Angebot, _____

Im Schulorchester können nicht alle mitspielen, _____

Eine Kunst-AG ist eine gute Ergänzung, _____

3 Die Klasse 5a diskutiert mit ihrem Lehrer:
Markiere in den Äußerungen die Argumente.

A Malte meint: „Ich will unbedingt in eine Sport-AG, weil mich alle anderen AGs nicht interessieren."
B Nina entgegnet: „Ich will auf keinen Fall Sport machen, das ist mir nämlich viel zu anstrengend."
C „Ich finde, AGs sind überflüssig, denn ich habe nachmittags schon andere Hobbys", sagt Amal.
D „Ihr sollt aber an der Schule die Möglichkeit nutzen, nicht nur im Unterricht etwas zusammen zu machen. Deshalb finden wir es richtig, dass alle an einer AG teilnehmen", erklärt der Lehrer.

Information	In einem Brief (einer E-Mail) die eigene Meinung begründen

1 In einer schriftlichen Stellungnahme erklärst du **einleitend** das **Thema** (Problem), um das es geht.

2 Du bildest dir eine **Meinung** und formulierst sie in einem vollständigen Satz.

3 Dann führst du drei **überzeugende Begründungen** (Argumente) für deine Meinung an.

4 Zum Schluss **fasst** du deine **Meinung** (als Vorschlag oder Bitte) noch einmal **zusammen.**

Beispielbrief zum Thema: *Sollte es Samstagsunterricht geben?*

Ort und Datum	*Waldstadt, 4. Oktober 20..*
Anrede	*Liebe Schülervertreterinnen und Schülervertreter,*
Einleitung	*wir sollten euch erklären, wie wir über Samstagsunterricht denken.*
Hauptteil: Meinung und	*Wir sind der Meinung, dass es Samstagsunterricht geben soll.*
– Begründung 1	*Wir befürworten ihn, weil ...*
– Begründung 2	*Außerdem ...*
– Begründung 3	*Ein weiterer Grund für unsere Ansicht ist ...*
Schluss: Bitte oder Wunsch	*Wir würden uns sehr freuen, wenn ihr unseren Vorschlag, den Samstagsunterricht einzuführen, unterstützen würdet.*
Grußformel	*Mit freundlichen Grüßen*
Unterschrift	*Riko (Klassensprecher 5 a)*

1 Lies diesen Antrag von Klasse 5 c: Er ist nicht gelungen.

a Prüfe, ob es zu den Punkten 1 bis 4 im Informationskasten im folgenden Brief eine passende Textstelle gibt.

Liebe Schülervertreterinnen und Schülervertreter,

samstags ist Wochenende und da haben alle frei.

Deshalb wollen wir auch frei haben. Wir finden die Idee mit dem Samstagsunterricht auch deshalb nicht gut, weil einige von uns Geschwister in anderen Schulen haben. Außerdem bringt das auch nicht so viel an den anderen Tagen. Die meisten von uns sind also dagegen.

Mit freundlichen Grüßen
Klasse 5 c

b Kreuze für jede Aussage an, ob sie in Bezug auf die Stellungnahme der Klasse 5 c zutrifft oder nicht.

		trifft zu	trifft nicht zu
zu 1:	Das Thema wird einleitend erklärt.	☐	☐
zu 2:	Die Meinung ist in einem vollständigen Satz formuliert.	☐	☐
zu 3:	Die Begründungen sind überzeugend und gut nachvollziehbar.	☐	☐
zu 4:	Am Schluss wird ein Vorschlag oder eine Bitte zusammengefasst.	☐	☐

2 **a** Begründe überzeugender: Ergänze den folgenden Satz mit einem Argument.

Für Familien mit mehreren Kindern an verschiedenen Schulen kann Samstagsunterricht

problematisch sein, weil _____

_____

b Im Brief der 5c steht: „Außerdem bringt das auch nicht so viel an den anderen Tagen."
Kreuze an, welches Argument damit gemeint ist.

- ☐ A Man muss dann während der Woche insgesamt mehr Hausaufgaben machen.
- ☐ B Von montags bis freitags denkt man dann immer schon an den lästigen Samstagsunterricht.
- ☐ C Die Unterrichtszeit an den übrigen Schultagen verkürzt sich durch den Samstagsunterricht nur wenig.
- ☐ D Die übrigen Schultage sind genauso lang, weil der Unterricht später beginnt.

c Formuliere selbst ein weiteres Argument gegen Samstagsunterricht.

_____

_____

3 Schreibe nun den Hauptteil des Briefes von Aufgabe 1 verbessert auf.
Nutze deine Ergebnisse aus den Aufgaben 1 und 2.

Meinung	
– Begründung 1	_____
	_____
	_____
– Begründung 2	_____
	_____
– Begründung 3	_____
	_____
Zusammenfassung: Bitte oder Wunsch	_____
	_____

4 Das unvollständige Briefbeispiel im Informationskasten (▸ S. 26) stammt von der Klasse 5a,
●●● die Samstagsunterricht befürwortet. Schreibe die schriftliche Begründung dieser Klasse vollständig in dein Heft.
Verwende dazu die folgenden Stichworte.

zu lange Schultage	Zeit für Hobbys	samstags 14-tägig	in der Woche späterer Unterrichtsbeginn

Einen Sachtext lesen und verstehen

Methode	Die Fünf-Schritt-Lesemethode

1 Lies zunächst nur **die Überschrift** und die ersten drei bis fünf Zeilen des Textes. **Betrachte** dann **die Abbildungen.** Überlege, worum es in dem Text gehen könnte, und rufe dir ins Gedächtnis, was du vielleicht schon über das Thema weißt.

2 **Lies den gesamten Text zügig durch,** ohne dich mit Einzelheiten aufzuhalten, die dir vielleicht noch unverständlich sind. Mache dir klar, was das **Thema** des Textes ist.

3 Lies den Text **ein zweites Mal** sorgfältig durch. Kläre unbekannte oder schwierige Wörter.

4 **Markiere die wichtigsten Schlüsselwörter** (Wörter, die für die Aussage des Textes besonders wichtig sind) und **gliedere den Text in Sinnabschnitte.** Gib jedem Abschnitt eine **treffende Überschrift.** Ein neuer Sinnabschnitt beginnt dort, wo ein neues Unterthema angesprochen wird.

5 **Fasse** die wichtigsten **Informationen** des Textes in wenigen Sätzen **zusammen.** Beantworte hierbei die W-Fragen: Was ...?; Wo ...?; Wie ...? usw.

1 **a** Lies die Überschrift und die ersten Zeilen des folgenden Sachtextes und sieh dir die Abbildungen an.
b Notiere in Stichworten, was du vielleicht schon über das Thema weißt.

_____

_____

2 **a** Lies den Text „Tödliche Gefahr aus dem Berg" zügig durch.
b Notiere nach dem ersten Lesen das Thema des Textes. Schreibe in vollständigen Sätzen.

_____

_____

_____

c Lies ein zweites Mal sorgfältig und unterstreiche unbekannte Wörter. Schlage sie nach und schreibe sie mit Erklärungen in dein Heft.
Tipp: Fachbegriffe zu Vulkanen findest du auch im Internet (z. B. mit der Suchmaschine *www.blinde-kuh.de*).

> Die Bedeutung **unbekannter Wörter** kannst du meist aus dem Textzusammenhang klären.
> Gelingt dies nicht, solltest du **in einem Wörterbuch oder Lexikon nachschlagen**.

3 Im ersten Abschnitt sind zwei Schlüsselwörter **gelb** markiert. Markiere weitere wichtige Schlüsselwörter im gesamten Text.

Tödliche Gefahr aus dem Berg

Am Morgen des 8. Mai 1902 scheint alles ruhig in Saint-Pierre, der Hauptstadt der Karibikinsel Martinique. Die Gewitter der Nacht sind vorbei und die Bürger beginnen den Tag unbesorgt. Um kurz vor
5 acht Uhr erschüttert der Knall dreier Explosionen die Luft. Zwei Minuten später sind nahezu alle 28 000 Einwohner der Stadt tot – nur drei überleben. Als Stunden später die ersten Helfer eintreffen, bietet sich ihnen ein schreckliches Bild. Die Stadt und der Hafen, alle Häuser und Schiffe sind vollständig 10

verbrannt und zerstört. Eine glühend heiße Ascheschicht bedeckt das Gelände. Nur hier und da ragen
noch brennende Balken und Mauerreste aus der
Glut.

15 Die Bürger von Saint-Pierre hatten den nahe lie-
genden Vulkan Montagne Pelée leichtsinnig unterschätzt. Der Berg ließ schon mehrere Wochen vor
seinem Ausbruch an diesem Morgen deutliche Anzeichen erkennen, die auf das bevorstehende Natur-
20 ereignis hindeuteten. Mehrfach hatte Ascheregen
aus einer großen Rauchwolke die Insel mit feinem
Bimssteinstaub überzogen, kleinere Erdbeben er-
schütterten den Untergrund. Schließlich strömten
gewaltige Schlammlawinen von den Berghängen ins
25 Tal, hunderte giftiger Grubenottern tauchten unver-
mittelt in den Straßen der Hauptstadt auf, bissen
Menschen und Haustiere. Die Schlangen hatten die
Gefahr gespürt und waren vom Berg geflohen. Auch
die Blitze und Donnerschläge in der Nacht vor dem
30 Ausbruch gehörten nicht zum normalen Wetter,
sondern zu einem Eruptionsgewitter, das die kom-
mende Katastrophe ankündigte.

Damals wussten die Einwohner von Martinique
noch nicht, dass ihr Vulkan zu dem gefährlichen Typ
35 der Stratovulkane gehört, ebenso wie die Vulkane
Vesuv, Ätna und Pinatubo. Bei einem Ausbruch verhalten sich Stratovulkane wie gigantische Sektfla-

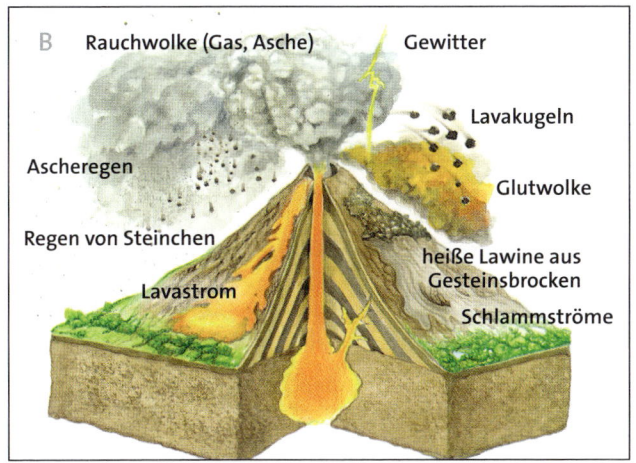

B Rauchwolke (Gas, Asche) Gewitter
Lavakugeln
Ascheregen
Glutwolke
Regen von Steinchen
heiße Lawine aus
Gesteinsbrocken
Lavastrom
Schlammströme

schen, die man plötzlich entkorkt. Das geschmol-
zene Gestein in diesen Vulkanen enthält nämlich
viel Gas, gleichzeitig fließt es besonders zäh. Dieses 40
sogenannte Magma verstopft im Laufe der Zeit oft
den Vulkanschlot, wenn es langsam aufsteigt. Dann
baut sich in der Kammer darunter ein hoher Druck
aus Gasen auf. Schließlich hält der Schlot dem Druck
nicht mehr stand und zerbirst in einer ungeheuren 45
Explosion. Dabei mischen sich Magmagase und Vulkanasche zu einer glühend heißen Wolke. Dieser sogenannte pyroklastische Strom ist schwerer als Luft
und jagt mit unglaublicher Geschwindigkeit (400 bis
1 000 Stundenkilometer) den Vulkanhang hinab. 50
Solch eine Glutwolke wurde auch Saint-Pierre
zum Verhängnis. Heutzutage haben Vulkanologen
Stratovulkane und ihr Verhalten gut erforscht. Dennoch bleiben sie hochgefährlich und bis heute unberechenbar. Als 2010 in Indonesien der Mount 55
Merapi ausbrach, starben mehr als 100 Menschen.
Die Opfer hatten die Gefahr falsch eingeschätzt und
waren von einem ungeheuren pyroklastischen Strom
überrascht worden.

4 **a** Gliedere den Text in Sinnabschnitte.

b Formuliere mit Hilfe der Schlüsselwörter Zwischenüberschriften für die einzelnen Sinnabschnitte.

Z. *1* – *14* : *1902 in Saint-Pierre: nach Explosionen fast alle Einwohner tot,*

Stadt zerstört

Z. *15* – _____ : _____

Z. _____ – _____ : _____

Z. _____ – *59* : _____

5 Fasse die Informationen mit eigenen Worten so in deinem Heft zusammen,
dass dabei alle wichtigen W-Fragen beantwortet werden. Gehe so vor:
Schau dir das nachfolgende Beispiel zum ersten Sinnabschnitt an. Gib zu jeder weiteren Zwischenüberschrift aus Aufgabe 4 die wichtigsten Informationen in gleicher Weise zusammengefasst wieder.

Zwischenüberschrift: 1902 (wann?) in Saint-Pierre (wo genau?): nach Explosionen (wodurch genau?) fast alle Einwohner (wie viele?) tot, Stadt (was?) zerstört
Zusammengefasste Informationen: Saint-Pierre, die Hauptstadt der Karibikinsel Martinique, wurde 1902 nach Explosion infolge des Ausbruchs des Vulkanes Montagne Pelée völlig zerstört. Dabei starben fast alle 28000 Einwohner.

Methode	**Grafiken entschlüsseln**

Eine Grafik stellt Zahlen (z. B. Größenverhältnisse, Zeitangaben), Vorgänge (wie etwas funktioniert)
oder Orts- bzw. Lageangaben (z. B. die Lage eines Berges) bildlich dar.
Beim Entschlüsseln einer Grafik kannst du so vorgehen:

1 Stelle fest, worum es in der Grafik geht. Hierbei hilft dir die Überschrift, sofern es eine gibt.

2 Untersuche, was in der Grafik dargestellt wird: Erklärt sie einen Vorgang, gibt sie ein Größenverhältnis an
oder verdeutlicht sie eine Lage, wie z. B. eine Landkarte?

3 Prüfe, ob die Grafik Farben, Beschriftungen oder Symbole enthält, die erklärt werden.

4 Schreibe auf, worüber die Grafik informiert.

6 Lies den Informationskasten und überlege, was die Grafiken im Sachtext (▶ S. 29) darstellen.

A: _____ B: _____

7 Sieh dir die Grafiken auf Seite 29 genau an.
<u>Grafik A:</u> Notiere, auf welches Ereignis sich die Grafik bezieht und welche Auswirkungen sie darstellt.

Ereignisse: _____

Auswirkungen: _____

<u>Grafik B:</u> Der Text beschreibt die Anzeichen und Auswirkungen des Montagne-Pelée-Ausbruchs.
Die Grafik ergänzt Ereignisse bei Ausbrüchen von Stratovulkanen, die im Text nicht erwähnt werden.
Welche sind dies? Notiere.

_____

_____

Einen Erzähltext lesen und verstehen

Information Schelmengeschichte (Schwank)

Eine Schelmengeschichte (auch Schwank genannt) ist eine **kurze, lustige Erzählung**. Sie handelt von einem witzigen Ereignis oder von einem Streich, der jemandem gespielt wird. Die **Helden sind Schelme und Narren**, die ihre Mitmenschen mit einer **List** hereinlegen und ihnen damit eine **Lehre** erteilen.

Wie ein Witz hat auch die Schelmengeschichte **einen lustigen Höhepunkt (Pointe)**, der meist darin besteht, dass der Schwächere (z. B. der Schelm, der Knecht) den Stärkeren (z. B. den Gelehrten, den Reichen, den Herrn oder den König) an der Nase herumführt.

Besonders bekannt sind die Streiche von **Till Eulenspiegel**, der seine Aufträge oft wörtlich nimmt und damit nicht im gemeinten Sinne ausführt.

1 Lies die Schelmengeschichte über Till Eulenspiegel.

Thomas Ostwald

Eulen und Meerkatzen

Eulenspiegel wollte es einmal mit einem andern Handwerk versuchen. Als er nun eines Abends durch das Tor in der Stadt Braunschweig wanderte, da traf er auf einen Bäckermeister. Der hatte schlech-
5 te Laune, denn er arbeitete nicht besonders gern und hatte noch keinen Gesellen, der ihm half.

Der Bäcker hielt Till für einen wandernden Handwerker und rief: „He, du, was für ein Geselle bist du?" „Ich bin ein Bäckerknecht", antwortete Eulen-
10 spiegel. Da freute sich der Meister und nahm ihn sofort in seinen Dienst.

Damit war Eulenspiegel zufrieden und ließ sich von dem Meister gleich in dessen Haus führen.

Als er zwei Tage bei ihm gewesen war, meinte der
15 Meister, nun könne er die Arbeit wohl allein verrichten. Eulenspiegel aber fragte: „Ja, was soll ich denn backen?" Darüber ärgerte sich der Meister und er spottete: „Du bist ein Bäckerknecht und fragst noch, was du backen sollst? Was pflegt man denn zu ba-
20 cken? Eulen und Meerkatzen."

Der Meister verließ die Backstube. Kaum war Till allein, da knetete er den Teig und formte daraus nur Eulen und Meerkatzen. Darauf brachte er sie in den Ofen und buk sie.

25 Als der Meister am anderen Morgen zurückkam, war er sprachlos. Brot und leckere Semmeln, die er seinen Kunden am frühen Morgen liefern musste, fand er nämlich nirgends. Dafür standen überall, auf dem Tisch, auf dem Ofen, sogar auf dem Fensterbrett, Eu-
30 len und Meerkatzen.

Da kam der Meister in Wut. „Was hast du denn gebacken?" – „Was Ihr mich geheißen[1] habt, Meister: Eulen und Meerkatzen", erwiderte Till. Da packte und schüttelte ihn der Meister: „Was soll ich mit dem Narrenkram machen? Dieses Brot nimmt mir doch kein 35 Kunde ab. Bezahle mir meinen Teig!"

„Gut", meinte Eulenspiegel. „Ich will den Teig bezahlen, aber dann soll das, was ich gebacken habe, auch mir gehören." „Mir ist es recht", gab der Meister zurück. „Eulen und Meerkatzen machen meinen 40 Laden nur zum Spott der Leute." Da bezahlte Eulenspiegel dem Bäcker seinen Teig, packte die gebackenen Eulen und Meerkatzen in einen Korb und verließ das Haus.

Auf der Straße angekommen, stellte er sich mit sei- 45 nen Eulen und Meerkatzen am Marktplatz auf, wo gerade die Kinder aus der Schule kamen. Als diese die gebackenen Leckereien sahen, da liefen sie nach Hause und quälten ihre Eltern so lange, bis diese ihnen Eulen und Meerkatzen kauften. 50

So war Eulenspiegel im Umsehen[2] die Ware los und hatte dabei noch ein gutes Geschäft gemacht.

1 heißen: hier: befehlen

2 im Umsehen: in kurzer Zeit

2 Sind dir beim Lesen Wörter und Wendungen aufgefallen, die du nicht auf Anhieb verstanden hast? Kläre ihre Bedeutung.

3 Die folgenden Aussagen fassen jeweils einen Sinnabschnitt zusammen. Wähle für jeden Sinnabschnitt die richtige Aussage aus und trage den Buchstaben dazu links ein: Wie lautet das Lösungswort?

1 Zeile 1 bis 13:   **A** Till ist ein Bäckergeselle, der bei einem Bäckermeister in Braunschweig eine neue Anstellung findet.
E Till ist ein Schelm und lässt sich als Bäckergeselle in Braunschweig anstellen, obwohl er das Bäckerhandwerk nicht beherrscht.

2 Zeile 14 bis 24:   **U** Der Bäckermeister ist faul und verlangt, dass Till am dritten Tag die Arbeit allein macht. Deshalb legt Till den Bäcker herein.
D Der Bäcker arbeitet ständig mit Till zusammen und unterstützt ihn. Deshalb wird Till schnell zu einem wahren „Backkünstler".

3 Zeile 25 bis 36:   **L** Als Rache dafür, dass Till den Auftrag des Bäckers nicht so ausführt, wie der Bäcker es wollte, muss er den verbrauchten Teig bezahlen.
F Als Rache dafür, dass Till den Auftrag des Bäckers nicht so ausführt, wie der Bäcker es wollte, muss Till noch länger in der Backstube arbeiten.

4 Zeile 37 bis 50:   **G** Till lässt den Bäcker dumm dastehen, indem er der Braunschweiger Bevölkerung von der ungerechten Strafe des Bäckers erzählt.
E Till lässt den Bäcker dumm dastehen, indem er seine Backwaren erfolgreich verkauft und ein gutes Geschäft macht.

5 Zeile 51 bis 52:   **J** Am Ende ist der Meister der Gewinner, weil Till ihm den entstandenen Schaden ersetzen muss.
N Am Ende ist Till der Gewinner, weil er dem Meister eine Lehre erteilt hat und zusätzlich ein gutes Geschäft gemacht hat.

4 Fasse den Inhalt der Schelmengeschichte mit wenigen Sätzen zusammen. Deine Ergebnisse von Aufgabe 3 helfen dir dabei. Verwende beim Schreiben die folgenden Formulierungen.

| In der Einleitung der Geschichte erfährt man … | Im Hauptteil wird erzählt, dass … |

| Der Schluss zeigt, dass … | Deshalb überlegt Till sich folgende List … |

Methode   Eine Figurenskizze erstellen

In einer Figurenskizze kannst du darstellen, welche Eigenschaften Figuren haben und in welcher Beziehung sie zu anderen Figuren stehen.
- Trage alle wichtigen Informationen über jede Figur zusammen. Achte auf das, was sie redet, denkt und fühlt, und darauf, wie sie handelt.
- Zeichne für jede Figur/Figurengruppe einen Kasten: Trage Namen und Eigenschaften der Figuren ein.
- Verbinde die Kästen durch Pfeile. Notiere daneben, in welcher Beziehung die Figuren zueinander stehen.

5   a   Markiere im Text mit zwei Farben alle wichtigen Informationen, die du über Till und den Bäcker erhältst.

     b   Übertrage die folgende Figurenskizze vergrößert in dein Heft und trage die Informationen in die Kästen ein.

     c   Beschreibe für jeden Pfeil die Beziehung zwischen den Figuren.

> **Till Eulenspiegel**
> - kommt nach Braunschweig.
> - gibt sich als Bäckergeselle aus.
> - ...

> **Till legt den Bäckermeister herein, weil ...**

> **Bäckermeister**
> - Bäckerei in Braunschweig
> - Bäckermeister sucht einen Gesellen
> - ...

> **Der Bäckermeister behandelt Till ...**

6   Beschreibe die Figuren und ihre Beziehung in wenigen Sätzen.
Deine Ergebnisse aus Aufgabe 5 b und die folgenden Formulierungen helfen dir. Schreibe ins Heft.

> In dieser Schelmengeschichte gibt es zwei Hauptfiguren, nämlich ...

> Über den Bäcker wird schon am Anfang der Geschichte erzählt, dass er ...

> Till ist ein Schelm und führt ... an der Nase herum.

7   a   Die Komik dieser Schelmengeschichte entsteht aus einem absichtlichen Missverstehen.
        Beschreibe im Heft, auf welche Weise Till die Anweisung des Bäckers falsch versteht.

Der Bäcker sagt:	Der Bäcker meint:	Das macht Till daraus:
„Du bist ein Bäckerknecht und fragst noch, was du backen sollst? Was pflegt man denn zu backen? Eulen und Meerkatzen." (Z. 18–20)	*Till soll...*	*„Ich will..."*

     b   Beschreibe die Komik mit eigenen Worten. Setze den Satz im Heft fort.

Till nimmt die Anweisung des Bäckers wörtlich. Er...

8   Till erzählt einem Freund, wie er den Bäcker in Braunschweig
●●●   hereingelegt hat.
Versetze dich in Till und teile auch seine Gedanken und Gefühle mit.
Greife den Erzählkern auf und schreibe ins Heft, was Till erzählt.

Eines Tages, als ich meine Anstellung bei einem Schuster verloren hatte, wanderte ich dennoch gut gelaunt weiter nach Braunschweig, um ein neues Handwerk auszuprobieren. Kaum hatte ich das Stadttor durchschritten, da kam mir auch schon ein wohlgenährter Bäcker entgegen. Ich erkundigte mich nach dem Weg. Der Bäcker gab mir Auskunft und fragte mich geschwind: „Junger Mann,...

Ein Gedicht gestaltend vortragen

1   **a** Lies das Gedicht von Jutta Richter.
  b Suche für jeden Vers ein Adjektiv, das das Verhalten der Katze beschreibt. Notiere es daneben.
  c Welche Textstellen könnten durch Pausen betont werden? Markiere sie durch ein Pausenzeichen: | .
  d Übe den Gedichtvortrag. Beachte dabei deine Ergebnisse aus Aufgabe 1b und c sowie die Methode oben.

Jutta Richter

Die Katze

Auf der Mauer sitzt die Katze *bewegungslos*   Von der Mauer sprang die Katze _____

auf der Lauer, hebt die Tatze _____   ist jetzt sauer, leckt die Tatze *wehleidig,* _____

da im Gras bewegt sich was _____   da im Gras der Igel saß _____

2   Lies das Gedicht von James Krüss.

James Krüss

Küken-Kindergarten

Das huschelt und kuschelt
Und trippelt und kippelt
Und kribbelt und wibbelt,
Das pickt und das piept,
5 Das huselt und wuselt.
Man wird ganz beduselt,
Wenn man auf dem Hofe
Die Küken erblickt.

Aufs Picken und Nicken
10 Der Küken zu blicken
Macht Kinder nicht minder
Wie Große konfus.
Das schlägt sich, verträgt sich,
Das ziept sich, das liebt sich
15 Und kommt mit Gerenne
Zur Henne am Schluss.

Doch friedlich und niedlich
Hockt schließlich gemütlich
Die flauschige, bauschige,
20 Lauschige Schar,
Geborgen vor Sorgen,
Im Schutze der Glucke,
Die früher genauso
ein Kükenkind war.

3   Fasse in je einem Satz zusammen, was der Dichter beschreibt:

Strophen 1 + 2: _____

Strophe 3: _____

> Mache dir durch einen **Sprechbogen** deutlich, was als eine Einheit zwischen zwei Pausen gelesen werden soll. Häufig ist das ein Satz oder Teilsatz. Am Ende einer solchen Einheit senkst du die Stimme.
>
> *Zwischen ein Uhr und halb zwei | tönt aus dem Garten groß Geschrei.*

4 **a** Notiere, mit welchem Sprechtempo du den unterschiedlichen Inhalt der Strophen verdeutlichen kannst.

Sprechtempo Strophen 1 + 2: _____ Sprechtempo Strophe 3: _____

b Unterstreiche im Gedicht von James Krüss (▶ S. 34) Wörter, die sich reimen, in derselben Farbe.

c Wie kannst du die Wirkung der Reimwörter verstärken? Probiere es beim lauten Lesen aus.

d Markiere die Satzenden. Setze das Zeichen ⌒ dort, wo du über das Zeilenende hinweglesen musst.

e Lies jeden Satz einzeln in einem Sprechbogen. Achte auf Sprechtempo und Reimwörter.

5 **a** Bereite den Vortrag des Gedichts von Boy Lornsen vor.
Tipp: Kennzeichne hier die wörtliche Rede durch Redezeichen (vgl. Vers 6).

b Trage das Gedicht jemandem vor und bitte um eine Rückmeldung (Feedback).

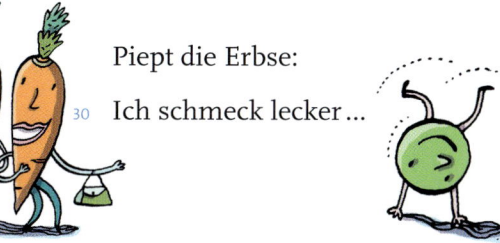

Boy Lornsen

Nachts im Gemüsegarten

Zwischen ein Uhr
und halb zwei
tönt aus dem Garten
groß Geschrei.

5 Meint der Spargel:
„Ich bin teuer.“
Und die Zwiebel:
Brenn wie Feuer.

Und was wäre
10 der Mensch wohl
ohne mich?! ,
knurrt der Kohl.

Uns isst man roh
sowie gesotten,
15 plappern fröhlich
die Karotten.

Ich bin würzig! ,
ruft die Bohne.
Und ich auch! ,
20 schreit der Lauch.

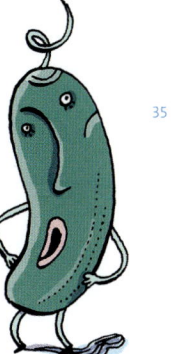

Sagt die Gurke
noch genauer:
Mich genießt man
süß und sauer.

25 Brummt die Rübe:
Und von mir
nährt sich der Mensch
und auch das Tier!

Piept die Erbse:
30 Ich schmeck lecker ...

Schluss mit dem Gemecker! ,
schreit
das Radieschen
Lieschen
35 laut:

Ob Schote, Knolle, Kraut,
ob oberirdisch,
unterirdisch,
ob mit, ob ohne Kern –
40 uns alle hat man gern.

In einem sind wir alle gleich:
Wir sind an Vitaminen reich:
und darum sind wir
nämlich
45 auch alle gleich
bekömmlich.

Was kannst du schon? – Grammatik

1 Um welche Wortart handelt es sich? Kreuze an. (9 Punkte)

	Tasche	gewinnen	das	schnell	ein	wir	springen	mir	Sport
Nomen (Hauptwort, Substantiv)	☐	☐	☐	☐	☐	☐	☐	☐	☐
Verb (Tätigkeitswort)	☐	☐	☐	☐	☐	☐	☐	☐	☐
Adjektiv (Eigenschaftswort)	☐	☐	☐	☐	☐	☐	☐	☐	☐
Artikel (Begleiter)	☐	☐	☐	☐	☐	☐	☐	☐	☐
Pronomen (Fürwort)	☐	☐	☐	☐	☐	☐	☐	☐	☐

2 Ergänze zu jedem Wort den richtigen Artikel und trage den Plural (die Mehrzahl) ein. (4 Punkte)

_____ Stab – _____   _____ Fest – _____

_____ Stoppuhr – _____   _____ Ergebnis – _____

3 a Markiere im folgenden Satz die drei Adjektive. Trage sie in der Grundform in die Tabelle ein. (3 Punkte)
  b Ergänze in der Tabelle die noch fehlenden Formen. (6 Punkte)

Die interessanteste Frage ist, wer in diesem Jahr die berühmte Schulfrisbeescheibe am weitesten wirft.

Positiv (Grundform)	**Komparativ** (1. Steigerungsstufe/ 1. Vergleichsstufe)	**Superlativ** (2. Steigerungsstufe/ 2. Vergleichsstufe)
_____	_____	_____
_____	_____	_____
_____	_____	_____

4 Setze die Verben im Präteritum (in der einfachen Vergangenheit) ein. (8 Punkte)

Beim Sportfest im letzten Jahr _____ (passieren) die Sache mit Hanna.

Sie _____ (wollen) eigentlich nur einen Hochsprung durchführen. Dafür _____

_____ (nehmen) sie in einem gekonnten Bogen Anlauf. Frau Freund, die Biologielehrerin, _____

_____ (schlendern) nichts ahnend über den Platz. Hanna _____ (rennen) mit vollem Schwung

auf sie zu und _____ (prallen) gegen sie. Sie _____ (sein) dabei so konzentriert auf

den Hochsprung, dass sie nach dem Aufprall plötzlich auf der Schulter der Lehrerin _____ (sitzen) .

5 **Kreuze für jede der Aussagen A bis I an, ob sie in Bezug auf die Sätze 1 bis 6 richtig oder falsch ist. (9 Punkte)**

1. Das Sportfest endet mit der Siegerehrung.
2. Die Schulleiterin überreicht allen Gewinnern ihre Auszeichnungen.
3. Die meisten Medaillen hat Lukas gewonnen.
4. Er freut sich riesig und umarmt seine Freundin Marie.
5. Nach dem Schlussapplaus gehen die Kinder erschöpft nach Hause.
6. Am Montag wird ein ausführlicher Artikel in der Tageszeitung erscheinen.

	richtig	falsch
A Der erste Satz besteht aus vier Satzgliedern.	☐	☐
B Im zweiten Satz steht das Prädikat (die Satzaussage) an der zweiten Satzgliedstelle.	☐	☐
C Der vierte Satz enthält zwei Prädikate.	☐	☐
D Jeder Satz enthält ein Subjekt (einen Satzgegenstand).	☐	☐
E Das Objekt im dritten Satz steht im Akkusativ (Wen-Fall).	☐	☐
F Das fünfte Wort im fünften Satz ist das Prädikat.	☐	☐
G Nur der sechste Satz enthält ein zweiteiliges Prädikat.	☐	☐
H Kein Satz enthält ein Objekt im Dativ (Wem-Fall).	☐	☐
I Nur im ersten und zweiten Satz steht das Subjekt als erstes Satzglied.	☐	☐

6 **a Bestimme die Satzart in der Sprechblase links und trage das richtige Satzzeichen ein. (3 Punkte)**
b Verändere jeden Satz passend zum rechts vorgegebenen Satzzeichen: Schreibe die umformulierten Sätze auf. (3 Punkte)

A Kommst du mit zum Weitsprung ☐

_____ !

B Ich weiß nicht, wo meine Sporttasche ist ☐

_____ ?

C Mach die Flasche sofort wieder zu ☐

_____ .

7 **a Überprüfe deine Lösungen mit Hilfe des Lösungsheftes.**
b Trage ein, wie du die Aufgaben bewältigt hast: ✔ = das Meiste richtig   ? = noch etwas unsicher

Aufgabe	1 ☐	2 ☐	3 ☐	4 ☐	5 ☐	6 ☐
Weitere Übungen	Seite 38–48	Seite 38–40	Seite 45	Seite 53–54	Seite 57–66	Seite 67

Wortarten

Nomen – Nomenbegleiter kennen

Information	Das Nomen (Plural: die Nomen)

Die meisten Wörter unserer Sprache sind Nomen (auch: Hauptwörter, Substantive). **Nomen** bezeichnen
- Lebewesen/Eigennamen, z. B.: *Wetterfrosch, Blume, Peter,*
- Gegenstände, z. B. *Wetterkarte, Thermometer, Windmesser,*
- Begriffe (Gedanken, Gefühle, Zustände ...), z. B. *Frühlingsgefühl, Ferienwetter.*

Nomen werden immer **großgeschrieben** (▶ S. 100). Sie werden im Satz oft von **Wörtern begleitet**, z. B. von:
- einem **bestimmten Artikel**, z. B.: *der Wetterfrosch, die Wetterkarte, das Thermometer,* oder
- einem **unbestimmten Artikel**, z. B.: *ein Wetterfrosch, eine Wetterkarte, ein Thermometer,* oder
- einem **Adjektiv** (▶ S. 44), z. B.: *grüner Wetterfrosch, neue Wetterkarte, kaputtes Thermometer.*

1 Rund ums Wetter: Finde senkrecht ↓ und waagerecht → insgesamt weitere 11 Nomen und markiere sie.

R	E	G	E	N	S	C	H	I	R	M	O	H	I	T	Z	E	F	W	S
S	W	I	N	D	H	O	S	E	A	U	F	W	A	R	M	N	O	I	C
T	Ä	I	M	M	E	R	T	H	E	R	M	O	M	E	T	E	R	N	H
U	R	B	U	N	T	S	C	H	N	E	L	L	B	E	I	B	S	T	N
R	M	G	E	W	I	T	T	E	R	W	U	K	E	I	N	E	C	E	E
M	E	D	U	R	E	G	E	N	B	O	G	E	N	N	B	L	H	R	E

2 Ergänze die bestimmten Artikel.

die Schneeflocke _____ Hagel _____ Unwetter

_____ Wolke _____ Hitze _____ Gewitter

> Wende die **Artikelprobe** an: Wenn du beim Schreiben in Gedanken einen Artikel davorsetzen kannst, ist das Wort ein Nomen.

3 Unterstreiche im folgenden Text alle Nomen. Führe – falls nötig – die Artikelprobe durch.

Von Wettermachern und Wetterforschern

die Wettermacher
die Wetterforscher

Schon immer wollten sich die Menschen natürliche Erscheinungen wie das

Wetter erklären können. Was wir nicht verstehen, macht uns oft Angst. Deshalb ordneten früher viele Völker

natürlichen Gegebenheiten wie der Sonne, dem Mond, dem Donner oder auch dem Blitz Götter zu.

Die Griechen glaubten in der Antike, dass das Wetter von den Göttern im Olymp bestimmt wurde.

Für Gewitter war der Göttervater Zeus zuständig. Er schleuderte Blitze auf die Erde und ließ es mächtig donnern.

4 a Trenne in der Fortsetzung des Textes die einzelnen Wörter mit Schrägstrichen ab.
   b Unterstreiche anschließend alle Nomen.

JEMEHRDIEMENSCHENSICHFÜRNATURWISSENSCHAFTLICHEFORSCHUNGENINTERESSIERTEN, DESTO

MEHRVERÄNDERTENSICHERKLÄRUNGENUNDWISSENINDERWETTERKUNDE, GENANNT METEOROLOGIE.

Information Das Genus (das grammatische Geschlecht eines Nomens, Plural: die Genera)

Jedes Nomen hat ein Genus (ein grammatisches Geschlecht), das man an seinem Artikel erkennen kann.
Es gibt in unserer Sprache **drei verschiedene Genera** (grammatische Geschlechter):
- ein **Maskulinum** (männliches Nomen), z. B.: *der Hund, der Tiger, der Ball, der Mann,*
- ein **Femininum** (weibliches Nomen), z. B.: *die Katze, die Maus, die Tür, die Frau,*
- ein **Neutrum** (sächliches Nomen), z. B.: *das Pferd, das Huhn, das Heft, das Kind.*

Das grammatische Geschlecht weicht manchmal vom natürlichen (biologischen) Geschlecht ab, z. B.:
das Mädchen (grammatisches Geschlecht: Neutrum, natürliches Geschlecht: weiblich).
Tipp: Bei zusammengesetzten Nomen richtet sich das Genus nach dem letzten Nomen, z. B.:
die Haustür = das Haus + die Tür, also: *die Haustür*

---

5 **Markiere farbig: Nomen mit männlichem Geschlecht (Maskulinum) <u>blau</u>,**
Nomen mit weiblichem Geschlecht (Femininum) <u>grün</u> und sächliche Nomen (Neutrum) <u>gelb</u>.

Oskar Stock

Übers Wetter

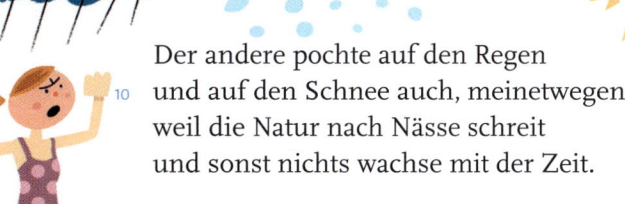

Könnt' der <u>Mensch</u> das Wetter machen,
gäbe es nicht viel zu lachen,
denn es herrschte Streiterei,
was das beste Wetter sei.

5 Der eine schwärmte von der Sonne
und deren Strahlen voller Wonne,
weil er sich darin könnte aalen
und hier mit seinem Körper prahlen.

Der andere pochte auf den Regen
und auf den Schnee auch, meinetwegen, 10
weil die Natur nach Nässe schreit
und sonst nichts wachse mit der Zeit.

Drum ist 's vom Wetter gut und recht,
dass es so ist, wie 's grade möcht',
und schimpft der eine gar am Ende, 15
der andre reibt sich froh die Hände.

---

6 **Welches Genus hat das jeweilige Nomen?**
Kreuze in der Tabelle die richtige Spalte an.

Nomen	Maskulinum	Femininum	Neutrum	Nomen	Maskulinum	Femininum	Neutrum
Wetter				Wetterleuchten			
Wetterfahne				Wetterbericht			
Wetterhahn				Wettervorhersage			
Wetterkarte				Wetterfrosch			
Wetterwechsel				Sauwetter			
Wetterstation				Wetterwarte			

---

7 **Streiche die Nomen durch, bei denen Genus und natürliches Geschlecht nicht übereinstimmen.**

der Mann   die Frau   das Mädchen   der Junge   der Vater   die Mutter

die Tante   das Kind   der Großvater   die Oma   der Onkel   das Männchen

das Huhn   das Ferkel   das Reh   die Kuh   der Bulle   der Hahn

> **Information**   **Der Numerus** (die Anzahl, Plural: die Numeri)
>
> Nomen haben einen Numerus, d. h. eine Anzahl. Sie stehen entweder im
> – **Singular** (Einzahl), z. B. *der Sturm, die Wolke, das Nebelfeld,* oder im
> – **Plural** (Mehrzahl), z. B. *die Stürme, die Wolken, die Nebelfelder.*

8   **Markiere im Gedicht alle Nomen im Singular <u>grün</u>
und alle Nomen im Plural <u>blau</u>.**

Josef Guggenmos

Das Gewitter

Hinter dem Schlossberg kroch es herauf:
Wolken – Wolken!
Wie graue Mäuse,
ein ganzes Gewusel.

5   Zuhauf
jagten die Wolken gegen die Stadt.
Und wurden groß
und glichen Riesen
10 und Elefanten
und dicken finsteren Ungeheuern,
wie sie noch niemand gesehen hat.

„Gleich geht es los!",
sagten im Kaufhaus Dronten
15 drei Tanten
und rannten heim,
so schnell sie
konnten.

20 Da fuhr ein Blitz
mit helllichtem Schein,
zickzack,
blitzschnell
in einen Alleebaum hinein.
Und ein Donner schmetterte hinterdrein,
25 als würden dreißig Drachen
auf Kommando lachen,
um die Welt zu erschrecken.

Alle Katzen der Stadt
verkrochen sich
30 in den allerhintersten Stubenecken.
Doch jetzt ging ein Platzregen nieder!
Die Stadt war überall
nur noch ein einziger Wasserfall.
Wildbäche waren die Gassen.

35 Plötzlich war alles vorüber,
die Sonne kam wieder
und blickte vergnügt
auf die Dächer, die nassen.

9   **Bilde den Plural zu den folgenden Nomen.**

der Sturm *die Stürme* _____   die Regentonne _____

die Wolke _____   der Blitz _____

das Unwetter _____   die Pfütze _____

der Wasserstand _____   der Tropfen _____

b Was stellst du in Bezug auf den Artikel im Plural fest? Notiere deine Beobachtung.

_____

_____

Information	Der Kasus (der Fall, Plural: die Kasus)

In Sätzen erscheinen Nomen immer in einem bestimmten Kasus (grammatischer Fall). Im Deutschen gibt es vier Kasus. Nach dem Kasus richten sich die Form des Artikels und die Endung des Nomens. Man kann den Kasus eines Nomens **durch Fragen ermitteln**:

Kasus	Kasusfrage	Beispiele
1. Fall: **Nominativ**	Wer ...? oder Was ...?	*Die kleine Hexe köchelt den Wettertrank.*
2. Fall: **Genitiv**	Wessen ...?	*Der Rabe der kleinen Hexe heißt Abraxas.*
3. Fall: **Dativ**	Wem ...?	*Die kleine Hexe vertraut ihrem Raben sehr.*
4. Fall: **Akkusativ**	Wen ...? oder Was ...?	*Er warnt die kleine Hexe vor Übermut.*

 10

a Erfrage für jede fett gedruckte Wortgruppe den Kasus: Kreuze ihn an.

b Trage ganz rechts das Wort ein, das zur angekreuzten Zahl gehört: Diese Wörter findest du unter der Tabelle. Wenn du alles richtig gemacht hast, ergibt sich, von oben nach unten gelesen, ein Lösungssatz.

	Die kleine Hexe übt Regenmachen	Kasus-frage	Nomi-nativ	Geni-tiv	Dativ	Akku-sativ	Lösungs-wörter:
A	Etwa sechs Stunden am Tag verbringt **die kleine Hexe** damit, das Hexen zu üben.	*Wer?*	⊠ 12	8	11	2	*Trotz*
B	Der Rabe Abraxas leistet **der kleinen Hexe** dabei Gesellschaft.	_____	4	7	2	9	_____
C	Die kleine Hexe hält große Stücke auf ihn, weil er ihr immer **seine Meinung** sagt.	_____	13	1	5	14	_____
D	Heute übt sie gerade **das Regenmachen**.	_____	6	10	15	3	_____
E	**Abraxas** ist sehr unzufrieden mit ihr.	_____	5	9	13	1	_____
F	Statt nämlich Regen zu machen, lässt die kleine Hexe es erst **Frösche** regnen, dann Regenwürmer und schließlich Buttermilch.	_____	14	3	8	7	_____
G	„Wenn du dich nicht sofort besser konzentrierst, werde ich mich **deines Zauberstabes** bemächtigen. Das ist ja zum Mäusemelken!", krächzt der Rabe.	_____	4	10	15	13	_____
H	Die kleine Hexe kann **dem Raben** nicht wirklich widersprechen. Sie ist heute einfach nicht bei der Sache.	_____	1	11	9	15	_____
I	Heute ist nämlich **Walpurgisnacht**. Aber die kleine Hexe darf noch nicht am Hexentanz teilnehmen: Sie ist mit ihren einhundertsiebenundzwanzig Jahren noch zu jung!	_____	15	13	4	8	_____

Hier findest du die Lösungswörter:

1	Rabe	4	große	7	kleine	10	Hexe	13	Regen
2	Abraxas'	5	die	8	Zauberstab	11	eine	14	Ermahnungen
3	will	6	zaubern	9	zum Blocksberg	12	~~Trotz~~	15	reiten

Pronomen

Das Personalpronomen (persönliches Fürwort; Plural: die Personalpronomen)

Es gibt verschiedene Arten von Pronomen.
– Mit dem **Personalpronomen** *(ich, du, er, sie, es, wir, ihr, sie)* kann man **Nomen und Namen ersetzen**, z. B.:
Der Lehrer für Zaubertränke ist sehr streng, er duldet keinen Widerspruch.
Astor hat seinen Kessel mit den falschen Zutaten gefüllt. Deshalb hält der Lehrer ihm eine Strafpredigt.
– Personalpronomen werden wie die Nomen **dekliniert** (gebeugt):

	Singular			Plural		
Kasus	1. Person	2. Person	3. Person	1. Person	2. Person	3. Person
1. Fall: **Nominativ**	*ich*	*du*	*er/sie/es*	*wir*	*ihr*	*sie*
2. Fall: **Genitiv**	*meiner*	*deiner*	*seiner/ihrer/seiner*	*unser*	*euer*	*ihrer*
3. Fall: **Dativ**	*mir*	*dir*	*ihm/ihr/ihm*	*uns*	*euch*	*ihnen*
4. Fall: **Akkusativ**	*mich*	*dich*	*ihn/sie/es*	*uns*	*euch*	*sie*

1 Prüfe, welches der unterstrichenen Personalpronomen richtig ist:
Streiche die falschen Personalpronomen durch.

Zaubertrankkunde bei Professor Taranis

Professor Taranis unterrichtet Zaubertrankkunde. <u>Er/Sie/Es</u> ist ein strenger Lehrer. Heute sollen die Schüler einen

Gewittertrank herstellen. „<u>Er/Es/Ich</u> ermahne <u>euch/ihnen/uns</u> nur einmal, <u>es/ihr/wir</u> müsst zunächst gründlich

eure Kessel reinigen, bevor <u>du/sie/ihr</u> anfangen könnt." Luna schrubbt ihren Kessel voller Hingabe mit einer

Bürste, <u>er/sie/es</u> hat vor lauter Anstrengung schon Schweißperlen auf der Stirn. „<u>Ich/Er/Du</u> musst noch gründ-

licher sein!", ermahnt Mr Taranis <u>es/sie/ihn</u> streng.

2 Setze in jede Lücke ein Personalpronomen im richtigen Kasus.
Tipp: Im Informationskasten findest du eine Übersicht der Pronomen.

Endlich sind alle Schüler fertig. Nun sollen sie die Zutaten richtig abmessen. „_____ benötigt drei Tropfen

Krötenschleim, vier Esslöffel Schlangenzähne, fünf Fliegenpilze und eine Prise Spinnenbein. _____ erwarte,

dass keine Zutaten verschwendet werden, _____ sind sehr kostbar." Anschließend verkündet Mr Taranis:

„Nun wollen _____ den richtigen Zauberspruch üben, sprecht _____ nach: Krötenschleim und Schlan-

genzahn, es gebe Stürme und Orkan, Fliegenpilz und Spinnenbein, schwarz soll jetzt der Himmel sein!"

3 **a** Schreibe den Text ab und setze in jede Lücke ein Personalpronomen im richtigen Kasus.
●●● **b** Unterstreiche das Bezugswort dazu und prüfe noch einmal, ob das Pronomen wirklich passt.

Leider hat Astor Mr Taranis' Anweisungen nicht befolgt. Statt der Spinnenbeine hat ? Rattenfüße in den Trank gemischt. Das Gebräu hat den Kessel zur Explosion gebracht. Nun kann man ? zu nichts mehr gebrauchen. Die Zutaten von Astors Trank haben sich im ganzen Klassenraum verteilt, ? kleben teilweise sogar unter der Decke. Ein Fliegenpilzhut ist direkt auf dem Kopf von Mr. Taranis gelandet. „? steht ? wirklich gut!", flüstert Luna ihrer Nachbarin ins Ohr. Astor muss zur Strafe ein Stundenprotokoll schreiben.

Information	Das Possessivpronomen (besitzanzeigendes Fürwort; Plural: die Possessivpronomen)

Possessivpronomen (*mein/meine – dein/deine – sein/seine, ihr/ihre – unser/unsere – euer/eure – ihr/ihre*) geben an, (zu) wem etwas gehört. **Possessivpronomen begleiten** meist **Nomen** und stehen dann in dem gleichen Kasus (Fall) wie das dazugehörige Nomen, z. B.: *Ich packe meine Kleidung in meinen Koffer.*

4 **a** **Fülle die Lücken mit den passenden Possessivpronomen. Achte auf den richtigen Kasus.**
  b **Unterstreiche alle Personalpronomen im Text mit Grün.**

Wieder steht „Gewittermachen" auf dem Plan. Vor der Stunde bahnt sich in den hinteren Bänken ein Streit an:

„Das ist _____ Zauberstab, gib ihn zurück!", flüstert Leila. „Da hast du _____ blöden Zauberstab!",

zischt Luna, „dann gibst du mir aber auch _____ Zauberbuch wieder." „Ruhe dahinten!", donnert

Mr Taranis, „wir wiederholen heute den Gewitterzauber. _____ kläglichen Versuche in der letzten Stunde

haben mich noch nicht überzeugt." Aber o Schreck: Luna hat für _____ Trank zu viel Fliegenpilz ver-

wendet, sodass aus _____ Kessel unterbrochen ein übel riechendes Gebräu schäumt. Pollux hat

_____ Trank statt der Schlangenzähne Mäusedreck hinzugefügt, mit dem Erfolg, dass der ganze Klassen-

raum von Mäusen nur so wimmelt. Erst Mr Taranis kann mit Hilfe _____ Zauberkunst das Chaos

beenden. Was für ein Trubel!

5 **In Astors Protokoll wimmelt es von Wiederholungen! Hilf ihm, seinen Text zu überarbeiten, bevor er ihn abgibt.**
  a **Markiere alle Nomen, die du durch Personal- oder Possessivpronomen ersetzen kannst, z. B.:**

Die Schüler stellen sich an den Tischen auf. Anschließend sollen ==die Schüler== die Kessel ==der Schüler== säubern.

Das Stundenprotokoll

Mr Taranis zeigte den Schülern in der letzten Stunde, wie Schüler ein Gewitter machen können. Zunächst musste jeder Schüler den Kessel des Schülers gründlich säubern. Nachdem Mr Taranis mit dem Ergebnis
5 zufrieden war, erklärte Mr Taranis den Schülern, dass die Schüler die Zauberbücher der Schüler aufschlagen sollten. Die Zutaten für den Gewittertrank standen im Buch, die Zutaten mussten jetzt nur noch richtig abgemessen und in den Kessel gefüllt werden.
10 Mr Taranis forderte anschließend die Klasse auf, Mr Taranis den passenden Zauberspruch nachzusprechen.
Leider hatte ein Schüler das Rezept nicht genau genug gelesen: Der Schüler verwechselte Spinnenbeine mit Rattenfüßen, daher explodierte der Kessel 15 des Schülers. Mr Taranis war über diesen Schüler so wütend, dass Mr Taranis dem Schüler auftrug, ein Stundenprotokoll zu verfassen, welches der Protokollant hiermit vorlegt.

b **Schreibe den Text in dein Heft: Ersetze jetzt die markierten Nomen durch passende Pronomen.**
  Tipp: Ersetzt du die Angabe, wem etwas gehört, durch ein Pronomen, wandert dieses vor das Nomen, z. B.:

Die Schüler stellen sich an den Tischen auf. Anschließend sollen ==die Schüler== die Kessel ==der Schüler== säubern.

Die Schüler stellen sich an den Tischen auf. Anschließend sollen ==sie== ==ihre== Kessel säubern.

Adjektive

| Information | **Das Adjektiv** (das Eigenschaftswort; Plural: die Adjektive) |

- Ein Adjektiv drückt aus, wie etwas ist. Mit Adjektiven können **Eigenschaften** von Lebewesen, Dingen, Gefühlen oder Vorgängen genauer beschrieben werden, z. B.: *der starke Wind, der schwache Wind.*
- Adjektive werden **kleingeschrieben**. Adjektive, die vor dem Nomen stehen, stehen in demselben Kasus, Numerus und Genus wie das Nomen, z. B.: *ein kalter Winter, ein heftiges Unwetter, die frischen Böen.*

1 **Markiere alle Adjektive im folgenden Text.**

Der Wetterfrosch

Ist ein kleiner, grüner Laubfrosch in der Lage, gutes oder schlechtes Wetter vorauszusagen? Hier ist die Antwort: In alten Zeiten wurden Frösche oft in durchsichtigen Glasbehältern gehalten, in denen
5 eine kleine Leiter stand. Bei schönem Wetter stiegen die Frösche dann auf der schmalen Leiter nach oben. Auch in der freien Natur könnt ihr beobachten, dass Laubfrösche an herrlichen Sonnentagen an Pflanzen hochklettern. Die rich-
10 tige Erklärung dafür ist aber nicht das freundliche Wetter an sich, sondern es sind die Beuteinsekten, die sich bei gutem Wetter weiter oben im Pflanzenbestand
15 aufhalten. Die Frösche klettern also nach oben, um die leckeren Insekten zu verspeisen. Also sind eigentlich die Insekten die wahren Wetterfrösche! Für die Wettervorhersage gibt es heute bessere Methoden,
20 sodass wir keine armen Frösche mehr in enge Einmachgläser sperren müssen. Außerdem stehen die süßen, kleinen Laubfrösche unter Naturschutz.

2 **Setze das angegebene Adjektiv und das Nomen im richtigen Kasus ein, z. B.:**

Immerhin kann man _**den winzigen Zwerg**_ (winzig, Zwerg) noch mit bloßem Auge erkennen.

A In Peru haben Wissenschaftler _____ (neu, Froschart) entdeckt.

B _____ (klein, Winzling) passt bequem auf eine Fingerkuppe.

C Man kam _____ (zwergenhaft, Tier) durch sein Quaken auf die Spur.

D Die „Größe" _____ (winzig, Frosch) beträgt gerade einmal 11,4 Millimeter.

3 **Schau dir die unterstrichenen Wörter genau an. Kreuze an, wenn es sich um ein Adjektiv handelt.**
●●●

Der Laubfrosch

Die Größe eines Laubfrosches beträgt 3 bis 4,5 cm, er wiegt selten mehr als 4 g. Damit gehört er

zu den kleinen ☐ Fröschen in Deutschland. Der Laubfrosch hat eine glatte ☐, grasgrüne ☐ Haut,

einen weißen ☐ Bauch und an den ☐ Seiten befindet sich jeweils ein dunkler ☐ Streifen.

Die Laubfrösche sind gute ☐ Kletterer. Sie leben an einheimischen ☐ Waldrändern, in feuchten ☐ Wiesen

oder an pflanzenreichen ☐ Teichen und ernähren sich von kleinen ☐ Insekten. In der freien ☐ Natur werden

die Tiere kaum ☐ mehr als fünf Jahre alt.

Information   **Die Steigerung der Adjektive**

Adjektive kann man steigern, z.B.: *kalt – kälter – am kältesten*. So kann man z.B. Dinge und Lebewesen miteinander vergleichen. Es gibt **drei Steigerungsstufen** (Vergleichsstufen):

Positiv (Grundform)   **Komparativ** (1. Steigerungsstufe)   **Superlativ** (2. Steigerungsstufe)
Der Waldfrosch ist groß.   *Der Teichfrosch ist größer.*   *Der Grasfrosch ist am größten.*

– **Vergleiche mit dem Positiv** werden mit *wie* gebildet, z.B.: *Der Springfrosch ist genauso groß wie der Waldfrosch.*
– **Vergleiche mit dem Komparativ** werden mit *als* gebildet, z.B.: *Der Seefrosch ist größer als der Teichfrosch.*

4 Vergleiche die Angaben: Wer ist größer, wer schneller, wer wird älter?
Schreibe zu jedem Paar einen Satz in dein Heft:
Entscheide, ob du <u>wie</u> oder <u>als</u> verwenden musst.

A | Goliathfrosch: Größe 40 cm | Ochsenfrosch: bis zu 20 cm

A Der Goliathfrosch ist größer als der Ochsenfrosch.

B | Laubfrosch: ca. 4 g | Blauer Pfeilgiftfrosch: ca. 4 g

C | Krallenfrosch: ca. 30 Jahre | Laubfrosch: ca. 4–5 Jahre

D | Blauer Pfeilgiftfrosch: 4 g | Goliathfrosch: bis zu 4 kg

E | Flugfrosch: Sprungweite 10 m | Ochsenfrosch: etwa 2 m

F | Wasserfrosch: ca. 4–5 Jahre | Laubfrosch: ca. 4–5 Jahre

5 Formuliere mit Hilfe des Superlativs: Welcher Frosch von Aufgabe 4 steht jeweils auf Platz 1?

Sprungweite: *Der Flugfrosch kann am weitesten springen.*

Alter: _____

Größe: _____

Gewicht: _____

6 Schreibe den folgenden Text in dein Heft und setze die Adjektive <u>klein</u>, <u>groß</u> oder <u>stark</u> passend ein.

Der Frosch und der Ochse – eine Fabel

Ein Frosch sah auf einer Wiese einen Ochsen stehen. „Warum bin ich nicht wenigstens so **?** wie der Ochse? Ich will von allen am **?** sein", dachte der **?** Frosch. „Aber wenn ich mich ordentlich aufblase, kann ich wohl so **?** werden wie der Ochse!" Gesagt, getan, der **?** Frosch begann sich aufzublähen, so **?** er nur konnte. Dann rief er den anderen Fröschen zu: „Nun, bin ich jetzt so **?** wie der Ochse?" „Nein, noch lange nicht, du bist noch viel, viel **?** ." Da blies er sich weiter auf und fragte wieder: „Und jetzt?" Die anderen Frösche lachten nur. „Euch werd ich es zeigen", schrie der Frosch erbost, mit aller Kraft blähte er sich noch **?** auf, bis er schließlich platzte.

Präpositionen

– Präpositionen wie *in, auf, über* drücken Verhältnisse und Beziehungen zwischen Gegenständen und Personen aus. Oft drücken sie ein **örtliches Verhältnis** (*unter dem Tisch*) oder ein **zeitliches Verhältnis** (*in dieser Woche*) aus. Sie können aber auch einen **Grund** angeben (*wegen der Bauchschmerzen*) oder die **Art und Weise** (*ohne viel Aufwand*) bezeichnen.
– Präpositionen sind **nicht flektierbar** (veränderbar). Die Präposition steht in der Regel vor einem Nomen (mit oder ohne Begleiter) oder einem Pronomen. Sie bestimmt den Kasus des nachfolgenden Wortes oder der nachfolgenden Wortgruppe, z. B.: *auf dem Dach, mit ihm, wegen des schlechten Wetters, bei dem Regen*.

---

1 Beschreibe mit Hilfe von passenden Präpositionen und Nomen, wo sich die genannten Tiere befinden.

Eine Katze liegt *unter einem Baumstamm.*

Eine Maus sitzt _____.

Die Füchse lagern _____.

Eine Eule hockt _____.

Eine Spinne krabbelt _____.

Ein Salamander ruht _____.

---

2 Lies das Gedicht und streiche bei den unterstrichenen Präpositionen jeweils die beiden falschen durch.

Wilhelm Busch

Fink und Frosch

~~An, In,~~ Auf leichten Schwingen frei und flink
Zum, Zur, Im Lindenwipfel flog der Fink
Und sang an, am, in dieser hohen Stelle
Sein Morgenlied so glockenhelle.

5 Ein Frosch, ein dicker, der in, am, im Grase
Auf, Am, Über Boden hockt, erhob die Nase,
Strich selbstgefällig seinen Bauch
Und denkt: Die Künste kann ich auch.

Alsbald ohne, mit, am rauen Stamm der Linde
10 Begann er, wenn auch nicht geschwinde,
Doch mit, auf, über Erfolg emporzusteigen,
Bis er zuletzt von Zweig zu Zweigen,
Wobei er freilich etwas keucht,
Den höchsten Wipfelpunkt erreicht
15 Und hier sein allerschönstes Quaken
Ertönen lässt in, an, aus vollen Backen.

Der Fink, dem dieser Wettgesang
Nicht recht gefällt, entfloh und schwang
Sich an, in, auf das steile Kirchendach.

20 Wart', rief der Frosch, ich komme nach.
Und richtig ist er fortgeflogen,
Das heißt, nach unten hin im Bogen,
Sodass er schnell und ohne, mit, am Säumen,
Mit, auf, über mehr als zwanzig Purzelbäumen,
25 Zur, an, über Erde kam mit lautem Quak,
Nicht ohne großes Unbehagen.

Er fiel in, aus, zum Glück mit, auf seinen Magen,
Den dicken, weichen Futtersack,
Sonst hätt' er sicher sich verletzt.

30 Heil ihm! Er hat es durchgesetzt.

Verben

Information	Das Verb (Tätigkeitswort, Plural: die Verben)

Mit Verben gibt man an, **was ist**, **was geschieht** oder **was jemand tut**, z. B.: *sein, zaubern*.
– Der **Infinitiv** (die Grundform) eines Verbs endet auf *-en* oder *-n*, z. B.: *schlumpf-en*.
– Wenn man ein Verb im Satz verwendet, bildet man die **Personalform des Verbs**. Das nennt
man **konjugieren** (beugen). Die Personalform wird aus dem Infinitiv gebildet. An den Stamm des Verbs
wird die passende Endung angehängt:

Singular		**Plural**	
1. Person	*ich schlumpf-e*	1. Person	*wir schlumpf-en*
2. Person	*du schlumpf-st*	2. Person	*ihr schlumpf-t*
3. Person	*er/sie/es schlumpf-t*	3. Person	*sie schlumpf-en*

1 **a** Unterstreiche in jedem Satz das Wort oder die Wortgruppe, nach der sich die Personalform richtet.
b Setze die Infinitive in den Klammern in die richtige Personalform und schreibe sie in die Lücken.

Die Schlümpfe und die Wettermaschine (1)

Sicher *kennt* (kennen) ihr alle das lustige Volk der Schlümpfe! Eines Tages in ihrem Dorf: Missmutig

_____ (müssen) der Bastelschlumpf nach dem Aufstehen feststellen, dass es draußen schon wieder

wie aus Eimern _____ (schütten) . Auch die anderen Schlümpfe _____

(haben) schlechte Laune wegen des Wetters: „Verschlumpft, es schlumpft schon wieder." Der Bastelschlumpf

5 _____ (denken) bei sich: „Jeder _____ (schlumpfen) über das Wetter,

aber keiner schlumpft etwas dagegen. Jetzt _____ (schlumpfen) ich eine Maschine

dagegen!" Gesagt, getan, gleich _____ (machen) sich der Bastelschlumpf an die Arbeit.

Nachdem er alle Materialien gesammelt _____ (haben) , _____

(setzen) er die Teile zusammen und nach vielen Stunden ermüdender Arbeit ist das Werk vollendet:

10 „Jetzt _____ (können) ich die Maschine in Betrieb schlumpfen." Kurz darauf _____ (hören)

man einen Jubelschrei im Dorf: „Hurra, sie schlumpft!" Aufgeregt

_____ (eilen) die anderen Schlümpfe herbei und

_____ (lassen) sich die neue Maschine vorführen. Alle sind

ganz beeindruckt. Der große Schlumpf ordnet gleich an: „Zur Einweihung

15 _____ (schlumpfen) du die Maschine auf ‚Schön-

wetter' und wir _____ (schlumpfen) ein Fest!"

> **Information** **Der Imperativ** (Befehlsform des Verbs, Plural: die Imperative)
>
> Die Befehls- oder Aufforderungsform eines Verbs nennt man Imperativ. Man kann eine Aufforderung
> an eine Person oder an mehrere Personen richten. Dementsprechend gibt es den Imperativ Singular
> (*Komm jetzt! – Lauf weg!*) und den Imperativ Plural (*Kommt jetzt! – Lauft weg!*).
> – Der **Imperativ Singular** besteht aus dem Stamm des Verbs (*laufen → lauf!*), manchmal wird auch ein *-e*
>   an den Stamm gehängt (*reden → rede!*) oder es ändert sich der Stammvokal von *e* zu *i* (*geben → gib!*).
> – Der **Imperativ Plural** wird in der Regel gebildet, indem man an den Stamm des Verbs ein *-t* anfügt
>   (*laufen → lauft!*).

2 Bilde Imperative zu den folgenden Verben im Singular und im Plural.

schreiben: *schreib(e)!* _____   rechnen: _____

waschen: _____   bleiben: _____

3 Schlümpfe bevorzugen das Verb <u>schlumpfen</u>. Übersetze ihre Sprache in unsere Sprache:
Wähle passende Verben aus und trage sie in der richtigen Personalform oder im Imperativ in die Lücken ein.

| halten | machen | brauchen | wünschen | laufen | schauen | stellen | ~~packen~~ |

| schreiben | bewegen | verschwinden | gehen | vergessen |

Die Schlümpfe und die Wettermaschine (2)

Der Große Schlumpf befiehlt: „*Schlumpft* (*Packt*) die Picknickkörbe und *verschlumpft* (_____

_____) die Sonnenschirme nicht!" Der Gärtner- und der Dichterschlumpf bleiben im Dorf zurück:

„Ich *schlumpfe* (_____) ein Gedicht über die Sonne." Der Gärtnerschlumpf sorgt sich um seinen

vertrocknenden Salat. Die Lösung ist schnell gefunden: „Ich *schlumpfe* (_____) die Maschine

5 einfach auf Regen." Gesagt, getan: Es regnet. Der Dichterschlumpf tobt und stellt die Maschine jetzt auf ‚pralle

Sonne'! Erbost eilt der Gärtnerschlumpf herbei, ein Riesenstreit entbrennt: „Was *schlumpfst* (_____)

du denn hier? *Verschlumpfe* (_____)! Mein Salat *schlumpft* (_____) Wasser!"

„*Schlumpf* (_____) den Mund. Ich *schlumpfe* (_____) mir Sonne, *schlumpf*

(_____) ja nicht den Hebel!" Beide Schlümpfe reißen an den Hebeln: In Blitzesschnelle wechseln

10 Hagel, Schnee, Sturm und sengende Hitze einander ab. Auch auf dem Fest wird es recht ungemütlich, der Große

Schlumpf befiehlt: „*Schlumpft* (_____) jetzt sofort ins Dorf zurück und *schlumpft*

(_____), was da vor sich *schlumpft* (_____)!" Die Wettermaschine wird zerstört.

Und die Moral von der Geschicht': „Man muss das Wetter nehmen, wie es ist!"

Teste dich!

Wortarten

1 In jedem Vers ist ein Wort fett hervorgehoben. Kreuze an, um welche Wortart es sich handelt. (8 Punkte)

Oskar Stock

Der Regenschirm		Nomen	Verb	Adjektiv	Präposition	Artikel	Pronomen
Erst neu gekauft, **in** Anthrazit,	A	☐	☐	☐	☐	☐	☐
nahm ich **ihn** zum Spaziergang mit,	B	☐	☐	☐	☐	☐	☐
aus gutem Tuch, mit **festem** Knauf	C	☐	☐	☐	☐	☐	☐
und einer **Spitze** obenauf.	D	☐	☐	☐	☐	☐	☐
So trug ich fest ihn in **der** Hand	E	☐	☐	☐	☐	☐	☐
und **schwenkte** ihn nach vorn galant,	F	☐	☐	☐	☐	☐	☐
ich spürte angenehm **sein** Holz	G	☐	☐	☐	☐	☐	☐
und war, so glaubt mir, **auf** ihn stolz.	H	☐	☐	☐	☐	☐	☐

2 Personalpronomen oder Possessivpronomen? Trage die unterstrichenen Wörter richtig ein. (4 Punkte)

Da zogen plötzlich Wolken auf,
das Schicksal nahm nun <u>seinen</u> Lauf;
denn es gab ein Funktionsproblem,
was <u>mir</u> fürwahr nicht angenehm.

Es hilft kein Schütteln und kein Schlag,
wenn alle Technik jäh versagt;
so ließ er schmählich <u>mich</u> im Stich:
Wir wurden nass, <u>mein</u> Schirm und ich.

Personalpronomen _____

Possessivpronomen _____

3 Kreuze an, um welche Verbform es sich handelt. (2 Punkte)

A einen Frosch im Hals haben   Imperativ Singular ☐   Infinitiv ☐   Imperativ Plural ☐

B Sei kein Frosch!   Imperativ Singular ☐   Infinitiv ☐   Imperativ Plural ☐

4 Bei den folgenden Satzpaaren wurde im zweiten Satz *eine* Veränderung vorgenommen. (2 Punkte)
Finde heraus, ob diese Veränderung das Genus, den Numerus oder den Kasus betrifft.
Kreuze das entsprechende Kästchen an.

A Ein Blitz schlägt in die alte Eiche ein.
Ein Blitz schlägt in der alten Eiche ein.   Genus ☐   Numerus ☐   Kasus ☐

B Vor lauter Schreck verschluckt Antonia ein Bonbon.
Vor lauter Schreck verschluckt Antonia einen Bonbon.   Genus ☐   Numerus ☐   Kasus ☐

Vergleiche deine Ergebnisse mit dem Lösungsheft. Für jede richtige Antwort bekommst du einen Punkt.

☺ 16–14 Punkte	☺ 13–9 Punkte	☹ 8–0 Punkte
Gut gemacht!	Gar nicht schlecht, aber lies dir die Merkkästen auf den Seiten 38 bis 48 noch einmal genau durch.	Arbeite die Seiten 38 bis 48 noch einmal genau durch.

Die Tempora (Zeitformen) der Verben

Das Präsens

Information	Die Zeitform Präsens (die Gegenwartsform)

Verben kann man in verschiedenen Zeitformen (Tempora; Sg.: das Tempus) verwenden, z. B. im Präsens, im Präteritum, im Futur. Die Tempora der Verben sagen uns, wann etwas passiert, z. B. in der Gegenwart, in der Vergangenheit oder in der Zukunft.

1 Das **Präsens** wird verwendet, wenn etwas in der **Gegenwart** (in diesem Augenblick) geschieht, z. B.: *Er schaut gerade in den Himmel.*

2 Im Präsens stehen auch **Aussagen, die immer gelten**, z. B.: *Die Planeten umkreisen die Sonne.*

3 Man kann das Präsens auch verwenden, **um etwas Zukünftiges auszudrücken**. Meist verwendet man dann eine Zeitangabe, die auf die Zukunft verweist, z. B.: *Morgen gehe ich zur Sternwarte.*

Das Präsens wird gebildet durch den Stamm des Verbs + Personalendung, z. B.: *ich schau-e, du schau-st …*

1 a Einige der unterstrichenen Verben stehen im Präsens: Markiere sie gelb.

b Verbinde die Sterne in der Abbildung unten zu einem Sternbild:
Folge dazu den Ziffern neben den Verben im Präsens jeweils von der kleineren zur höheren Zahl.

Wer hat die Sternbilder erfunden?

Vor ungefähr 5000 Jahren begannen 1 die Menschen an verschiedenen Orten der Erde mit der Beobachtung der

Sterne. Wenn man nachts den Himmel betrachtet 2 , verbinden 3 sich bestimmte Sterne vor dem eigenen Auge

zu Mustern. Das sahen 4 schon damals Menschen in Südamerika, in Asien und in Nordafrika. Bestimmten Stern-

verbindungen gaben 5 sie Namen. Die ältesten Sternbilder, die wir heute noch verwenden 6 , haben die Babylo-

5 nier vor ungefähr 3500 Jahren festgelegt 7 . Sie erfanden 8 zwölf Sternbilder, die sie den „Tierkreis" nannten 9 ,

obwohl nicht nur Tierbilder dazugehören 10 . Es sind 11 die Sternzeichen wie Steinbock, Zwilling oder Wasser-

mann, in die wir bis heute das Jahr einteilen 12 . Du kennst 13 dein Sternzeichen sicher auch. Viele andere Stern-

bilder haben wir von den Griechen übernommen 14 . Vor ungefähr 100 Jahren einigten 15 sich Gelehrte weltweit

auf eine Liste von 88 gültigen Sternbildern.

2 Trage die Verben in der Zeitform Präsens ein.

nehmen	müssen	aufgehen	sein

Im Osten _____ die Sonne _____,

im Süden _____ sie ihren Lauf,

im Westen _____ sie untergehen,

im Norden _____ sie nie zu sehen.

Das Futur

Information	**Die Zeitform Futur** (die Zukunftsform)

– Das Futur wird verwendet, um ein zukünftiges Geschehen auszudrücken, z. B.:
Die Menschen werden auf dem Mond leben.
– Das Futur besteht aus zwei Teilen. Es wird gebildet durch die Personalform von *werden* im Präsens
+ Infinitiv des Verbs, z. B.: *Ich werde leben, du wirst leben …*

Im Jahre 2340 lebt ein großer Teil der Menschheit schon seit Generationen auf dem Mond.
Reisen zur alten Heimat der Menschen, zur Erde, stellen eine besondere Attraktion dar.
Ein Erdreisender freut sich auf den Start und überlegt, was auf ihn zukommen wird.

3 a Prüfe für jeden Satz, ob die Zeitform Futur enthalten ist: ja oder nein?
Folge dem Pfeil mit der richtigen Antwort.

b Markiere, wo das Futur vorhanden ist, die vollständige Zeitform.

4 a Lies die folgenden Sprechblasen: Was erzählt der Erdreisende?

 b Seine Tochter will nun auch zum Blauen Planeten reisen und all das anschauen,
was der Vater gesehen hat. Formuliere ihre
Pläne im Heft in der Zeitform Futur aus.

Nachts hat der helle
Schein unseres Mondes auf der Wasseroberfläche gefunkelt.

Beim Schnorcheln habe ich
große Fischschwärme und
sogar einen Rochen entdeckt.

Im farbigen Licht des Sonnenuntergangs
habe ich am Strand gesessen.

Ich bin in türkisblauem Wasser geschwommen
und das Meer hat meterhohe Wellen geschlagen.

Wenn ich zur Erde reise, werde ich auch…

Das Perfekt

Information	Die Zeitform Perfekt

Wenn man **mündlich** von etwas Vergangenem erzählt oder berichtet, verwendet man häufig das **Perfekt**,
z. B.: *Ich habe schlecht geschlafen. Der Mond ist aufgegangen.*
- Das Perfekt ist eine **zusammengesetzte Vergangenheitsform**, weil es mit einer **Form von** *haben* oder *sein*
  im Präsens (z. B. *hast, sind*) **+ Partizip II** des Verbs (*gesehen, aufgebrochen*) gebildet wird.
- Das Partizip II beginnt meist mit *ge-*, z. B.: *fallen → gefallen; staunen → gestaunt.*
  Wenn das Verb schon eine Vorsilbe hat (*ge-, be-* oder *ver-*), bekommt das Partizip II keine mehr,
  z. B. *gestehen → gestanden; beschützen → beschützt; verraten → verraten.*

1 Die Bilder zeigen ein Erlebnis von Johannes. Er erzählt es seinen Eltern, die ihn nachts im Gebüsch finden.
Bringe Johannes' Erlebnisse in die richtige Reihenfolge, indem du sie nummerierst.

2 Schreibe das Erlebnis in wörtlicher Rede auf. Verwende die angebotenen Wörter und Wortgruppen
und achte auf die richtige Zeitform. Schreibe in dein Heft. Beginne so:

Johannes erzählt: „Ich habe lange in meinem Bett wach gelegen, weil der Mond ...

wach liegen	um Hilfe rufen	Mondkrater genau erkennen	Gleichgewicht verlieren

am Schlafanzug packen	versuchen zurückzuziehen	auf Fensterbrett klettern	erschrecken

aus Fenster schauen	ins Gebüsch fallen	aufstehen	besser sehen	Vollmond

Hund nicht bemerken	Fernglas holen

3 Wie weit lassen sich die Personalform und das Partizip II des Verbs voneinander trennen?
●●● Erweitere den Satz so, dass die Prädikatsklammer (▶ S.59) möglichst viele Informationen umschließt.

Ich bin geklettert. Ich bin nachts geklettert.

Ich bin nachts _____ geklettert.

Das Präteritum

Das **Präteritum** ist eine einfache **Zeitform der Vergangenheit**. Diese Zeitform wird vor allem in schriftlichen Erzählungen und Berichten verwendet, z. B.: *Als es dunkel wurde, funkelten die Sterne am Himmel. Lea trat ins Freie und stellte ihr Teleskop auf.* Das Präteritum wird unterschiedlich gebildet. Man unterscheidet:
– **regelmäßige** (schwache) **Verben**: Bei den regelmäßigen Verben ändert sich der Vokal (*a, e, i, o, u*) im Verbstamm im Präteritum nicht, z. B.: *ich lande* (Präsens) → *ich landete* (Präteritum);
– **unregelmäßige** (starke) **Verben**: Bei den unregelmäßigen Verben ändert sich im Präteritum der Vokal im Verbstamm, z. B.: *ich fliege* (Präsens) → *ich flog* (Präteritum); *ich laufe* (Präsens) → *ich lief* (Präteritum).

4 Ergänze die fehlenden Verbformen.

Infinitiv	Präsens	Präteritum
reisen	*ich reise*	*ich reiste*
	du nimmst	
aufgehen	*er/sie/es*	
	wir begreifen	
	ihr	*ihr beobachtet*
	sie schweigen	

5 Setze für die Verben in Klammern die Verbformen im Präteritum ein.

Die erste Mondlandung

Als erster Mensch _____ (betreten) am 20. Juli 1969 der amerikanische Astronaut Neil Armstrong den Mond und _____ (sagen) beim Betreten der Mondoberfläche den berühmten Satz: „Das ist ein kleiner Schritt für einen Menschen, aber ein großer für die Menschheit." Am 16. Juli 1969 _____ (starten) die Rakete der Mission „Apollo 11" von Cape Canaveral in Florida und _____ (benötigen) drei Tage, um die Mondumlaufbahn zu erreichen. Der Flug _____ (verlaufen) ohne Probleme. Die Astronauten _____ (wechseln) in eine kleinere Mondlandefähre, die den Namen „Eagle" (englisch für „Adler") _____ (tragen). Am 20. Juli 1969 um 20:17:58 Uhr _____ (melden) Neil Armstrong per Funkspruch:

„The Eagle has landed!"

6 Hier sind die Beschreibungen von vier Sternbildern durcheinandergeraten.
Die Sätze stehen in vier verschiedenen Zeitformen: Präsens, Futur, Perfekt und Präteritum.
a Wähle vier Farben und unterstreiche alle Sätze, die dieselbe Zeitform haben, mit derselben Farbe.

Wirrwarr am Sternenhimmel?

Das Sternbild Skorpion erkennt man an seinen zwei Scheren und dem lang gezogenen Schwanz. Lea mochte als Kind ihr Sternzeichen nicht besonders. Die himmlischen Tiere gefielen ihr besser. Die Jungfrau am Himmel hat die Menschen immer fasziniert. Ihr Sternbild war nicht im Gleichgewicht. Der hellste Stern in diesem Tierkreiszeichen heißt Antares und ist 600 Lichtjahre von uns entfernt. Am Winterhimmel wird man das Sternbild Stier entdecken. Sie haben ihren hellsten Stern Spica, das heißt Kornähre, genannt. Das Licht dieses Sterns leuchtet rötlich. Im Sternbild Stier wird die gut sichtbare Sternengruppe der Plejaden erscheinen. Sie wird wie eine kleine Silberwolke, aufgespießt auf einem Horn des Stieres, aussehen. Das Sternbild hat zum Zeitpunkt der Ernte am Himmel geleuchtet. In der einen Waagschale lagen zwei, in der anderen dagegen lag ein Stern. Der hellste Stern im Stier, der Aldebaran, wird nicht zu übersehen sein. Zudem gehören noch 17 weitere Sterne zu diesem Sternbild. Früher wanderte die Sonne vom 24. September bis zum 23. Oktober durch das Sternbild der Waage. Das Kornmädchen hat seinen Platz zwischen dem Löwen und der Waage gefunden. Sogar einen Stachel besitzt das astronomische Krabbeltier. Wenn er einmal erloschen sein wird, dann werden wir sein Licht noch 68 Jahre sehen. Das weibliche Sternzeichen haben auch Jungen erhalten, die zwischen dem 24. August und dem 23. September zur Welt gekommen sind.

b Nun kannst du erkennen: Die Sätze einer Zeitform beschreiben jeweils ein Sternbild im Tierkreis.
Notiere zu jedem Sternbild das Tempus, in dem es beschrieben wird.

Skorpion: _____   Stier: _____

Jungfrau: _____   Waage: _____

c Hast du den Durchblick im himmlischen Wirrwarr? Welches Sternzeichen hat Lea? Notiere.

Leas Sternbild ist _____.

Das Plusquamperfekt

Information	Die Zeitform Plusquamperfekt

– Wenn etwas vor dem passiert, wovon im Präteritum oder im Perfekt erzählt wird, verwendet man
das Plusquamperfekt. Das Plusquamperfekt wird deshalb auch **Vorvergangenheit** genannt, z. B.
                  (zuerst geschehen)   (danach geschehen)
Nachdem sie das Gestein untersucht hatten, schätzten sie das Alter des Gebirges ein.
– Das Plusquamperfekt ist wie das Perfekt (▶ S. 52) eine **zusammengesetzte Vergangenheitsform**,
weil es mit **einer Form von *haben* oder *sein* im Präteritum** (z. B. *hatte, war*) **+ Partizip II des Verbs**
(z. B. *gesehen, erloschen*) gebildet wird.
TIPP: Die Konjunktion *nachdem* leitet oft einen Satz im Plusquamperfekt ein.

7 **Schreibe den folgenden Text in dein Heft ab: Setze jedes Verb in der richtigen Zeitform ein.**

Nachdem ein winziger Punkt im Nirgendwo *begonnen hatte* (beginnen) , sich plötzlich auszudehnen,

(entstehen) das Universum. Bevor dann aber die ersten Sterne als verdichtete Gase (leuchten) ,

(kochen) das Universum wie eine heiße Suppe vor sich hin. Nachdem diese ersten Sterne (ausbrennen) ,

(schleudern) sie kleinere Teile ins Weltall. Aus diesen Sternresten (bilden) sich stabilere Sterne.

So (entstehen) auch unsere Sonne.

8 **Stell dir vor, ein Mensch im Jahr 2500 schreibt über die Entwicklung der Welt nach 2000.**
●●● **a** **Welche zwei der folgenden Sätze gehören jeweils zusammen?**
   Gib ihnen denselben Buchstaben.
b **Was war zuerst, was schließt an?**
   Verbinde die beiden Sätze jeweils so, dass die zeitliche Reihenfolge deutlich wird.
   Schreibe sie ins Heft und verwende die Konjunktion nachdem für den Satz, der
   aussagt, was zuerst geschah.

    Die Menschen ließen sich von Navigationssystemen leiten.

A   Es gab die Möglichkeit, mit Menschen auf der ganzen Welt schnell in Kontakt zu treten.

    Viele Tierarten waren bereits ausgestorben.

    Es wurden ausreichend Satelliten ins All geschickt.

A   Weltweit wurde das Internet eingeführt.

    Viele Menschen flogen in den Weltraum.

    Es wurden Regelungen zum Artenschutz entwickelt.

    Raketenfahrten ins All wurden bezahlbar.

*A Nachdem das Internet weltweit eingeführt worden war, gab es die Möglichkeit,
mit Menschen auf der ganzen Welt schnell in Kontakt zu treten.*

Teste dich!

Die Tempora (Zeitformen) der Verben

1 Im folgenden Text sind einige Verbformen fett gedruckt.
Bestimme das Tempus und trage es ein. (11 Punkte)

Mars – der rote Planet

Lange Zeit **nahmen** die Menschen **an** (_____), dass auf dem Mars

hochentwickelte Bewohner **existieren** (_____). Noch bis vor

Kurzem **glaubte** (_____) man, auf seiner Oberfläche eine riesige

Skulptur, das „Marsgesicht", zu erkennen. Seit 2001 **wissen** (_____)

wir durch Aufnahmen der Marssonde „Mars Global Surveyor", dass nur ein Berg die Fantasien **beflügelt hat**

(_____). Die Erforschung unseres Nachbarplaneten **hat** interessante Einzelheiten **erbracht**

(_____): Auch auf dem Mars **gibt** (_____) es Jahreszeiten.

Das **wussten** (_____) Astronomen bereits, weil sie dort vereiste Polkappen **beobachtet**

hatten (_____), die im Mars-Sommer fast **wegtauen** (_____). Der rote

Planet ist in Wahrheit ein „rostiger Planet", denn ihn **bedeckt** (_____) rötlicher Eisenoxid-Staub.

2 Der abgedruckte Witz enthält vier falsche Tempusformen.
Streiche sie durch und schreibe die richtige Form über die Zeile. (8 Punkte)

Drei Astronauten, ein Russe, ein Amerikaner und ein Deutscher, streiten, welches

die größte Weltraumnation sei. Der Russe gibt an: „Wir sind die Besten! Wir seiten

die Ersten im Weltall überhaupt!" Der Amerikaner entgegnet: „Nein! Wir sind die Besten. Wir waren die Ersten, die

Menschen zum Mond bringten!" Der Deutsche widerspricht: „Nein, meine Herren! Wir werden die Besten sein.

Wir sind die Ersten gewesen, die zur Sonne fliegen!" Die anderen: „Aber ..., aber das geht nicht! Die Sonne ist zu heiß!"

Der Deutsche: „Das hatten wir berücksichtigt. Wir werden nachts fliegen ..."

VORSICHT FEHLER!

Vergleiche deine Ergebnisse mit dem Lösungsheft. Für jede richtige Antwort bekommst du einen Punkt.

☺ 19–15 Punkte	☺ 14–10 Punkte	☹ 9–0 Punkte
Gut gemacht!	Gar nicht schlecht, aber lies dir die Merkkästen auf den Seiten 50 bis 55 noch einmal genau durch.	Arbeite die Seiten 50 bis 55 noch einmal genau durch.

Satzglieder erkennen – Die Umstellprobe

Information	Satzglieder

- **Ein Satz besteht aus verschiedenen Satzgliedern.** Diese Satzglieder können aus einem einzelnen Wort oder aus mehreren Wörtern (einer Wortgruppe) bestehen.
- Mit der **Umstellprobe** kannst du feststellen, wie viele Satzglieder ein Satz hat. Wörter und Wortgruppen, die beim Umstellen immer zusammenbleiben, bilden ein Satzglied, z. B.:

Jeder Satz   hat   verschiedene Satzglieder.

Verschiedene Satzglieder   hat   jeder Satz.

1 Der Computer hat in den folgenden Sätzen die Wörter einfach nach ihrer Länge sortiert.

a Ordne die Wörter so, dass ein sinnvoller Aussagesatz entsteht.

b Finde mehrere Möglichkeiten, wie man den Satz umstellen kann, ohne dass er seinen Sinn verändert. Schreibe sie auf.
Tipp: Bilde keinen Fragesatz.

c Umkreise die einzelnen Satzglieder mit unterschiedlichen Farben.

> **1. Satz**: zu – Fest – viele – einem – Kinder – reisen – internationalen

> **2. Satz:** sie – beim – von – Fest – ihren – erzählen – Schätzen – begeistert

1. Satz: _____

_____

_____

2. Satz: _____

_____

_____

_____

2 **a** Welche Satzglieder dürfen in den Sätzen auf keinen Fall fehlen?
Schreibe sie auf, nachdem du die Weglassprobe (▸ S. 64) durchgeführt hast.

1. Satz: *viele Kinder,* _____

2. Satz: _____

b Bestimme diese Satzglieder. Notiere.

_____ .

3 Welcher Satz gehört in welche Reihe? In jeden Kasten gehört ein Satzglied.
Schreibe die Sätze in die passende Reihe.
Die Anzahl der Satzglieder findest du mit Hilfe der Umstellprobe heraus.

A Ahmed kommt aus Ägypten.

B Dieses Kind wohnt seit seiner Geburt am Nil.

C Seit Langem begeistert der Nil Ahmed besonders.

Mit Hilfe der Umstellprobe kannst du deine **Satzanfänge abwechslungsreich** gestalten.
– Achte darauf, dass die Informationen, die du hervorheben möchtest, vorn stehen.
– Lies den Satz am Schluss noch einmal: Er muss verständlich sein.

4 a Überarbeite Ahmeds Text mit Hilfe der Umstellprobe so, dass die Satzanfänge abwechslungsreicher sind.
Beachte: Nicht alle Sätze müssen umgestellt werden, um Abwechslung zu erzeugen.

Der Nil ist unser größter Schatz. (Hebe hier den „Schatz" hervor.)

_____

Er ist der längste Fluss der Welt.

_____

Der Nil macht aus der Wüste fruchtbaren Boden.

_____

Er durchzieht das Land wie ein grünes Band.

_____

Fast alle Menschen leben in der Nähe dieses großartigen Flusses.

_____

Der Nil hat früher auch die Arbeit der Bauern bestimmt.

_____

Die Bauern konnten während der Überschwemmung des Nils nicht arbeiten.

_____

b Lies deine überarbeiteten Sätze noch einmal im Zusammenhang:
Sind die Satzanfänge abwechslungsreich und ist der Text verständlich?

Satzglieder bestimmen – Das Prädikat als Satzkern

Information	Satzglieder: Das Prädikat (Pl.: die Prädikate)

Der **Kern des Satzes** ist das Prädikat (Satzaussage). Prädikate werden durch **Verben** gebildet.
In einem Aussagesatz steht die **Personalform** des Verbs (der gebeugte Teil) immer **an zweiter Satzglied-stelle**, z. B.: *Elefanten vertilgen täglich bis zu 400 Kilogramm Pflanzennahrung.*
Fast zwei Jahre dauert eine Elefantenschwangerschaft.

1 Für Aziza aus Kenia steht fest, dass der wunderbarste Schatz ihrer Heimat die Elefanten sind.
a Umrahme in den folgenden Sätzen die Satzglieder.
b Markiere die Prädikate rot.

Elefanten atmen durch den Rüssel. Zum Trinken saugen sie Wasser in den Rüssel. Dann spritzen die Tiere das Wasser in ihr Maul. Kein Elefant trinkt durch seinen Rüssel. Das auffällige Körperteil dient auch zum Riechen und Tasten. Nun weißt du einiges über die besondere Elefantennase.

Ein Prädikat kann aus mehreren Teilen bestehen. **Mehrteilige Prädikate** bilden eine **Prädikatsklammer**, z. B.:

– bei mehrteiligen Verben, z. B.: *abgeben* → *Über die Ohren geben Elefanten Wärme ab.*

– bei zusammengesetzten Zeitformen, z. B. beim Perfekt: *Bisher hat der Afrikanische Elefant überlebt.*

2 Aziza hat Stichworte für einen Vortrag notiert.
a Formuliere aus den folgenden Notizen einen zusammenhängenden Text und vervollständige dazu die Sätze. Schreibe den Text in dein Heft.
b Unterstreiche in deinem Text das Prädikat rot: Mache Prädikatsklammern mit einer Klammer deutlich.

Afrikanischer Elefant
- kein größeres lebendes Landsäugetier als
  Afrikanischer Elefant bekannt
- durch Wilderei und Zerstörung des Lebensraumes
  aus großen Teilen Afrikas verschwunden
- vor 30 Jahren das Aussterben der Art für 2010
  vorhergesagt
- dank Einrichtung von Nationalparks Elefantenbestand erfreulich zugenommen
- in der Nähe von Nairobi sogar Elefanten-Waisenhaus vorhanden
- Elefantenkälber dort auf das Leben in der Wildnis vorbereitet

Satzglieder erfragen – Das Subjekt

Satzglieder: Das Subjekt (Pl.: die Subjekte)

Frageprobe: Um die Satzglieder in einem Satz zu bestimmen, stellst du vom Prädikat aus Fragen.
Das Satzglied, das in einem Satz angibt, wer oder was etwas tut, veranlasst, handelt, heißt Subjekt
(Satzgegenstand), z. B.: *Auf einem internationalen Fest erzählen <u>Kinder</u> von heimatlichen Schätzen.*
Du kannst das **Subjekt** mit der **Frage Wer …?** oder **Was …?** ermitteln, z. B.:
<u>Kinder</u> erzählen von den Schätzen ihrer Heimat. → <u>Wer oder was</u> erzählt von Schätzen?
  – Das Subjekt eines Satzes kann aus einem oder aus mehreren Wörtern bestehen, z. B.:
    <u>Das zweitägige Fest</u> lockt eine Menge Gäste an. → <u>Wer oder was</u> lockt eine Menge Gäste an?
  – Das **Subjekt** eines Satzes **steht immer im Nominativ** (1. Fall, ▶ S. 53).
  – Subjekt und Prädikat sind eng miteinander verbunden. Sie stimmen in Person und Numerus überein.

1 Die Subjekte in diesen Sätzen sind durcheinandergeraten.
Ordne sie richtig zu: Frage nach dem Subjekt und schreibe
die richtige Antwort in Stichworten auf.

<mark>Felsbecken mit Wasser</mark> erzählen den Kindern vom heiligen Berg Uluru.

Wer oder was erzählt den Kindern vom heiligen Berg Uluru?   ❓   *Julia und John*
                                                                               aus Australien

Um den Uluru ranken sich <mark>Touristen</mark>.

_____   ❓   _____

In diesen Geschichten werden <mark>die Ureinwohner</mark> erklärt.

_____   ❓   _____

Zu den heiligen Plätzen am Uluru zählen <mark>Julia und John aus Australien</mark>. ✔

_____   ❓   _____

<mark>Viele Geschichten</mark> dürfen die heiligen Orte nicht sehen.

_____   ❓   _____

<mark>Aussehen und Entstehung des Berges</mark> erlauben den Besuchern den Aufstieg zum Gipfel.

_____   ❓   _____

2 Unterstreiche in diesen Sätzen das Subjekt <u>grün</u> und das Prädikat <u>rot</u>.
Bestimme und notiere Person und Numerus: Prüfe, ob sie übereinstimmen.

Felsenzeichnungen in den Höhlen des Uluru zeigen Riesenkängurus. _____

Im Laufe von Jahrtausenden verblasste die Farbe. _____

Heute bewahren wir die Bilder mit Hilfe von Computertechnik auf. _____

Satzglieder erfragen – Akkusativ- und Dativobjekte

Information **Satzglieder: Die Objekte**

Ein Satz (z. B.: *Die Kinder fischen.*) kann durch weitere Satzglieder, z. B. durch Objekte, erweitert werden.
– **Akkusativobjekt** heißt das Objekt, das im Akkusativ steht. Du ermittelst es mit der **Frage: Wen…?** oder
  Was …?, z. B.: *Die Kinder fischen einen dicken Karpfen.* → Wen oder was fischen die Kinder?
– **Dativobjekt** heißt das Objekt, das im Dativ steht. Du ermittelst es mit der **Frage: Wem…?**, z. B.:
  Die Kinder fischen dem Lehrer einen dicken Karpfen. → Wem fischen die Kinder einen dicken Karpfen?
Objekte können aus einem oder aus mehreren Wörtern bestehen.

1 **a** **Erfrage für jeden Satz das Dativobjekt und das Akkusativobjekt.**
Notiere die Frage und das Objekt.
b **Unterstreiche im Satz das Dativobjekt blau**
und das Akkusativobjekt gelb.

Guo Shuang erzählt den anderen Kindern eine spannende Geschichte.

Wem erzählt Guo Shuang etwas?

In China baute ein Lehrer den Fischerkindern am Hongze-See ein Schulschiff.

2 **Die eingerahmten Wörter müssen einmal als Dativobjekt und einmal als Akkusativobjekt eingesetzt werden.**
Kennzeichne den Pfeil jeweils durch D für Dativobjekt oder A für Akkusativobjekt.
Beachte, dass sich die Artikel und die Endungen der Nomen nach dem Kasus richten.

die Familien

D → Ein Lehrer baut *den Familien* _____ aus einem alten Schiff eine Schule.

☐ → Er lädt _____ in die neue Schule ein.

die Schüler

☐ → Fischerboote bringen _____ zum Schulschiff.

☐ → Ein Koch liefert _____ mit seinem Ruderboot das Mittagessen.

die Kinder

☐ → Das leichte Schaukeln gefällt _____ .

☐ → Beim Schreiben stört es _____ allerdings ein bisschen.

der Lehrer

☐ → Die Schüler sind _____ dankbar für ihr Schulschiff.

☐ → Aber sie fürchten _____ auch, weil er sehr streng ist.

Genaue Angaben machen – Adverbiale Bestimmungen

Information	Satzglieder: Adverbiale Bestimmungen (auch Adverbialien)

- Adverbiale Bestimmungen (Umstandsbestimmungen) sind Satzglieder, die man mit den Fragen **Wann …?**, **Wo …?**, **Warum …?**, **Wie …?** ermittelt.
- Sie liefern **zusätzliche Informationen** über den Ort, die Zeit, den Grund oder die Art und Weise.
- Adverbiale Bestimmungen können aus einem oder aus mehreren Wörtern bestehen.

Frageprobe	Satzglied	Beispiel
Wann? Wie lange? Seit wann?	**adverbiale Bestimmung der Zeit**	*Wann erzählt Esta von den Schätzen ihres Landes?* *Esta erzählt während eines internationalen Treffens von den Schätzen ihres Landes.*
Wo? Wohin? Woher?	**adverbiale Bestimmung des Ortes**	*Wo liegt Kenia?* *Kenia liegt im Osten Afrikas.*
Warum? Weshalb?	**adverbiale Bestimmung des Grundes**	*Warum erzählt Esta von den Tieren ihres Landes?* *Wegen ihrer Begeisterung erzählt sie von ihnen.*
Wie? Womit? Auf welche Weise?	**adverbiale Bestimmung der Art und Weise**	*Wie erfahren die Kinder von den Tieren Kenias?* *Durch Estas Erzählung erfahren sie von den Tieren.*

1 **Bestimme die unterstrichenen adverbialen Bestimmungen:**
Wende die Frageprobe an und trage die Nummern passend in die Tabelle ein.

Esta kommt aus Kenia 1. Sie erzählt: „Für mich sind die Tiere der größte Schatz in meinem Land. All die Tiere, die in den meisten Ländern nur im Zoo 2 zu sehen sind, leben bei uns frei in der Wildnis. Besonders beeindruckend finde ich die Elefanten. Mein Vater ist Pfleger in einem Waisenhaus für Elefanten-Babys, die ihre Mutter aus verschiedensten Gründen 3 verloren haben. Die kleinen Elefanten leben hier gut behütet 4, bekommen Milchbrei und wollen spielen wie kleine Kinder 5. In der Nacht 6 brauchen sie besonders viel Körperkontakt. Deshalb schläft bei jedem Elefantenjungen ein Pfleger. Nach einiger Zeit 7 werden die Elefanten wieder zurück in die Savanne 8 gebracht. Als Jugendliche können sie wieder mit den anderen wilden Elefanten leben. Ihre Pfleger erkennen sie aber aufgrund ihres guten Gedächtnisses 9 auch in der Savanne noch wieder."

Adverbiale Bestimmung	Frageprobe
adverbiale Bestimmung der Zeit	
adverbiale Bestimmung des Ortes	*1 Woher kommt Esta?*
adverbiale Bestimmung des Grundes	
adverbiale Bestimmung der Art und Weise	

2 Bestimme die nummerierten adverbialen Bestimmungen im nachfolgenden Text.
●●● Wähle die richtige Farbe aus und male den linken Flügel entsprechend aus.
Gestalte den rechten Flügel seitengleich.

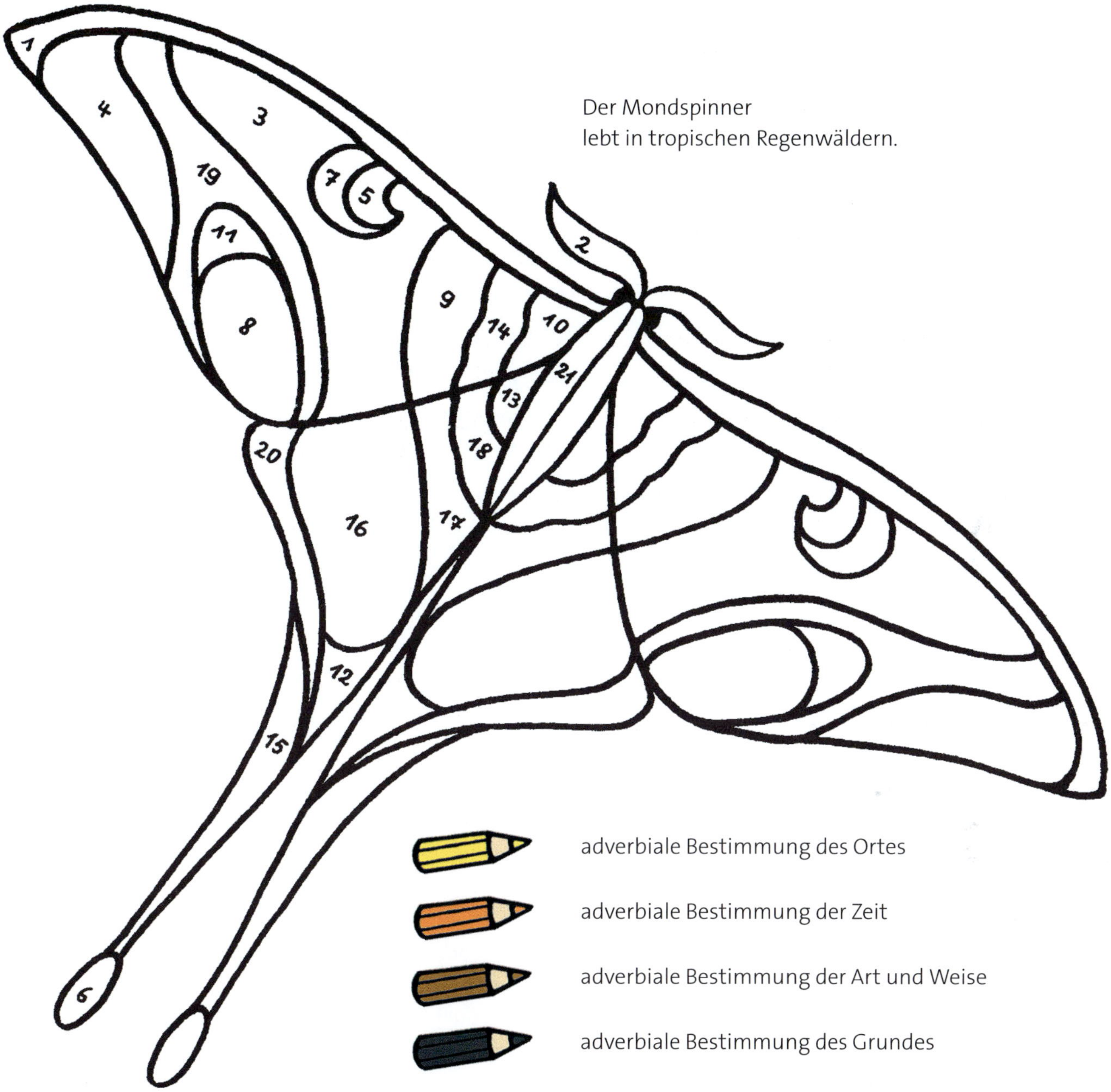

Der Mondspinner
lebt in tropischen Regenwäldern.

adverbiale Bestimmung des Ortes

adverbiale Bestimmung der Zeit

adverbiale Bestimmung der Art und Weise

adverbiale Bestimmung des Grundes

Mit klopfendem Herzen (1) steht Susilo **vor den vielen Kindern aus aller Welt** (2). Susilos Familie lebt **auf der Insel Sumatra** (3). Die überwältigenden Regenwälder Sumatras sind **in der ganzen Welt** (4) berühmt.

5 Susilo berichtet: „**Wegen seines Reichtums an Tieren und Pflanzen** (5) ist der Regenwald eine Schatztruhe der Natur. **In den Wäldern Sumatras** (6) könnt ihr den Nashornvogel, Schabrackentapire, Tiger und Orang-Utans entdecken. **Mit Glück** (7) sichtet ihr außer-

10 gewöhnliche Schmetterlinge wie den Mondspinner oder die Pflanze mit dem größten Blütenstand der Welt, den Titanenwurz.

In einem unberührten Regenwald (8) stehen Bäume und Pflanzen **so dicht** (9), dass kaum Licht **bis auf den**

Boden (10) kommt. **Aufgrund der dichten Baumkronen** 15 (11) sieht der Wald von oben aus wie ein riesiges grünes Meer. **Das ganze Jahr über** (12) tragen die Laubbäume ihre Blätter. **In diesem Baumkronendach** (13) halten sich die Orang-Utans, meine Lieblingstiere, **die meiste Zeit** (14) auf. **Wegen ihrer langen Arme** (15) können sie 20 sich **auf dem Boden** (16) **nur unbeholfen** (17) fortbewe-gen. **Jetzt** (18) versteht ihr, warum diese „Waldmen-schen" **besonders stark** (19) auf einen Regenwald mit dichtem Baumbestand angewiesen sind. Deshalb müssen wir uns **mit aller Kraft** (20) für den Erhalt des 25 Regenwaldes einsetzen!"

Am Ende von Susilos Vortrag (21) reagieren die Kinder mit großem Applaus.

Texte überarbeiten mit Hilfe von Proben

Information	Texte überarbeiten

Um einen Text so zu überarbeiten, dass er besser zu verstehen ist, sind die vier Proben hilfreich:

1 **Umstellprobe: Satzanfänge abwechslungsreich gestalten**
Durch die Umstellprobe kannst du deine Texte abwechslungsreicher gestalten.
Stelle z. B. die Satzglieder so um, dass die Satzanfänge nicht immer gleich sind, z. B.:
Sie müssen ihre Vorträge überarbeiten. Sie treffen sich dafür am Ende noch einmal. →
Sie müssen ihre Vorträge überarbeiten. Dafür treffen sie sich am Ende noch einmal.

2 **Ersatzprobe: Wortwiederholungen vermeiden**
Mit der Ersatzprobe kannst du Satzglieder, die sich häufig wiederholen, durch andere Wörter ersetzen,
z. B.: *Die Erzählungen der Kinder sollen in einem Buch zusammengefasst werden. So können auch andere
Kinder ~~von den Erzählungen der Kinder~~ (davon) erfahren. ~~Die Erzählungen der Kinder~~ (Sie) interessieren
viele.*

3 **Weglassprobe: Texte straffen, Wiederholungen vermeiden**
Mit der Weglassprobe kannst du prüfen, welche Wörter gestrichen werden sollten, weil sie überflüssig
sind oder umständlich klingen, z. B.: *Alle Kinder ~~zusammen~~ sprachen ~~gemeinsam~~ über ihre Länder.*

4 **Erweiterungsprobe: Genau und anschaulich schreiben**
Mit der Erweiterungsprobe kannst du prüfen, ob eine Aussage genau genug oder anschaulich genug ist
oder ob du noch etwas ergänzen solltest, z. B.: *Juanita aus Brasilien will ihren Bericht überarbeiten.* →
Juanita aus Brasilien will ihren Bericht mit dem Rechtschreibprogramm überarbeiten.

---

1 Überarbeite Juanitas Bericht, indem du die <u>Ersatzprobe</u> oder die <u>Weglassprobe</u> anwendest:
a Markiere im Text Wiederholungen.
b Entscheide, ob du die Wiederholung einfach weglassen kannst: Streiche sie dann durch.
c Schreibe den verbesserten Text in dein Heft: Ersetze dabei markierte Wörter,
die du nicht durchgestrichen hast, durch andere Wörter.

Gummi – Ein Schatz Brasiliens *Dort*

In Brasilien gibt es viele Schätze. ~~In Brasilien~~ gibt es
auch den Kautschukbaum. Ohne den Kautschukbaum
gäbe es keine Autoreifen. Kautschuk ist ein anderes
Wort für Gummi. Es kommt aus dem Indianischen und
5 bedeutet übersetzt „Baumtränen". Die Kautschukbauern ritzen mit einem Messer die Rinde an und fangen die weiße Flüssigkeit mit einem Schälchen auf.
Damit aus der weißen Flüssigkeit das Gummi herauskommt, muss man ein wenig Säure in die weiße Flüs-
10 sigkeit geben. Dadurch gerinnt die Flüssigkeit und das
Gummi kann in Brocken herausgenommen werden.

Die Brocken werden dann zu dünnen Lappen ausgewalzt oder zu dicken Blöcken gepresst. Die Lappen
werden getrocknet und die Blöcke werden getrocknet.
So ist der Kautschuk zwar schon dehnbar und stabil, er 15
ist aber noch nicht sehr haltbar. Deshalb wird der
Kautschuk vulkanisiert, das heißt, der Kautschuk wird
mit Schwefel erhitzt. Obwohl es heutzutage viele
künstliche Materialien gibt, die auch dehnbar und
doch stabil sind, wird das Gummi aus den Bäumen im- 20
mer noch gebraucht.

---

2 In vielen Texten wird das Wort <u>dann</u> zu oft wiederholt.
●●● Sammle möglichst viele Varianten, mit denen man es ersetzen kann.

anschließend, _____

_____

_____

3 Überarbeite die Sätze mit Hilfe der Umstellprobe, sodass der eintönige Satzbau abwechslungsreicher wird.

Paula lebt seit drei Jahren in Köln.

Sie kommt auf ihrem Schulweg täglich am Kölner Dom vorbei.

Paula weiß inzwischen viele interessante Einzelheiten über den Dom.

4 Der folgende Text über den Kölner Dom ist leider nicht sehr informativ. Überarbeite den Text mit Hilfe der Erweiterungsprobe. Nutze die Angaben aus dem Cluster, um die Informationslücken des Textes zu schließen. Schreibe die verbesserte Fassung in dein Heft.

Der Dom

Wenn du einmal den Dom (wo?) besuchst, triffst du vielleicht auf einen Domschweizer. Diese Männer fallen auf (weswegen?), sie beobachten das Geschehen im Dom (wie?). Sie geben den vielen Touristen (wo?) Hinweise und Tipps zum Dombesuch und achten auf ein dem Ort angemessenes Verhalten. Fragen beantworten die Domschweizer (auf welche Weise?).
Wenn du den Dom besuchst, solltest du den Dreikönigenschrein anschauen (wo?). Diese goldene Truhe ist verziert (wie?), sie fällt jedem Besucher auf. Beachte besonders die Figuren (welche?) auf der Vorderseite. Der Schrein wurde zwischen 1190 und 1220 hergestellt (wozu?). Er glänzt herrlich (warum?).

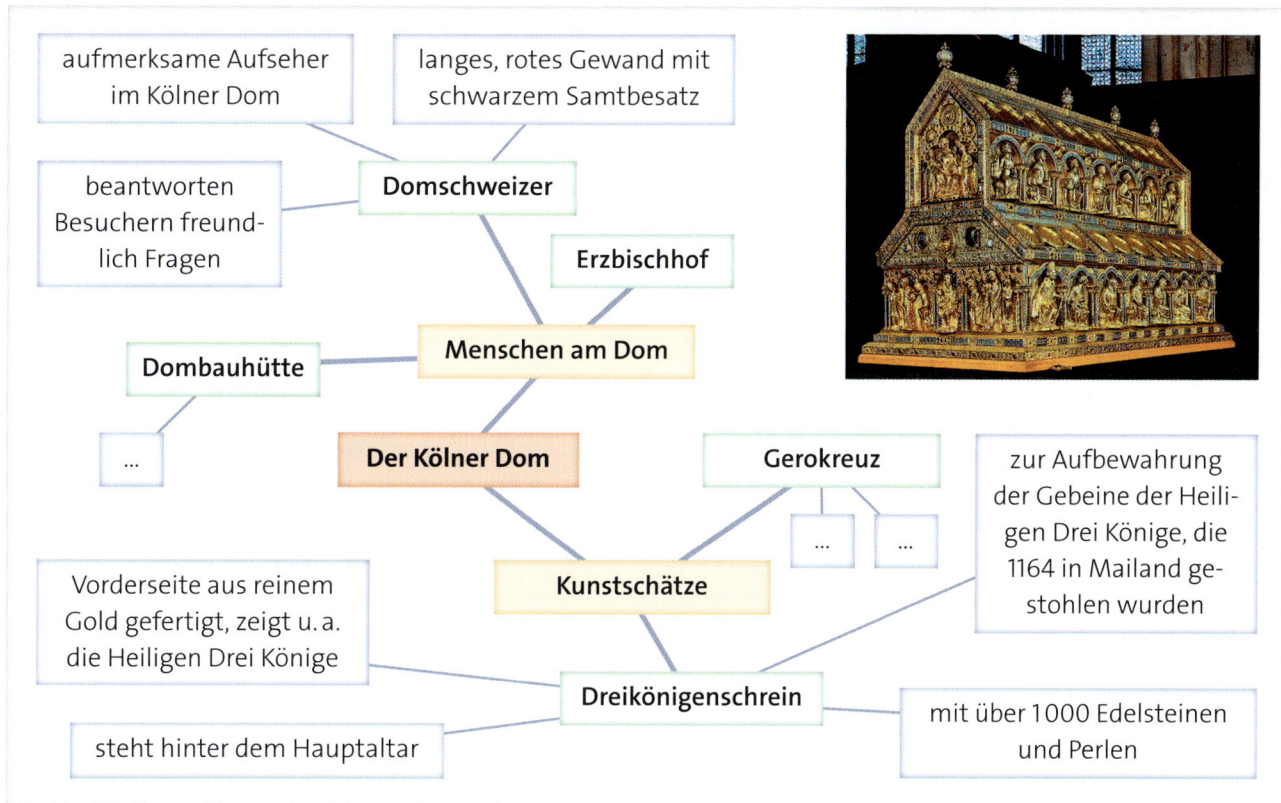

Teste dich!

Satzglieder

1 Schreibe in die mittlere Spalte, welches Satzglied im Satz links unterstrichen ist, und gib die entsprechenden Fragewörter an. Unterstreiche dann im Satz rechts dasselbe Satzglied. (17 Punkte)

	Satzglied	
Auch Oscar nennt einen Schatz seines Landes.	*Subjekt* _____ Frage: _____	In Costa Rica ernten die Bauern diese Köstlichkeit.
Wegen der großen Hitze machen sich die Bauern frühmorgens auf den Weg zu den Plantagen.	_____ Frage: _____	Die Früchte gären aufgrund der tropischen Hitze.
Nur die kleinen Bohnen werden gebraucht.	_____ Frage: _____	Die Bauern verpacken die getrockneten Bohnen in Säcke.
Ungefähr 250 000 Tonnen dieser Bohnen werden nach Deutschland verschickt.	_____ Frage: _____	Erst in der Rösterei entwickelt der Schatz seinen typischen Geschmack.
Den meisten Menschen schmeckt die gemahlene Bohne am besten mit Milch und Zucker vermengt.	_____ Frage: _____	Zu einer bestimmten Jahreszeit wird die Köstlichkeit als Hase verkauft.
Oscar spricht von einem echten Schatz!	_____ Frage: _____	Die Kakaobohne ist einer der Schätze Costa Ricas.

2 Richtig oder falsch? Kreuze an. (6 Punkte)

	richtig	falsch
A Jeder Satz braucht ein Dativobjekt.	☐	☐
B Das Subjekt steht immer an erster Stelle im Satz.	☐	☐
C Die Teile des Prädikats können im Satz getrennt sein.	☐	☐
D Das Akkusativobjekt steht immer im Akkusativ.	☐	☐
E Das Prädikat gibt an, wer etwas tut.	☐	☐
F Nach der adverbialen Bestimmung des Grundes fragt man mit „Warum …?", „Weshalb …?".	☐	☐

Vergleiche deine Ergebnisse mit dem Lösungsheft. Für jede richtige Antwort bekommst du einen Punkt.

☺ 23–20 Punkte	☺ 19–12 Punkte	☹ 11–0 Punkte
Gut gemacht!	Gar nicht schlecht, aber lies dir die Merkkästen auf den Seiten 57 bis 65 noch einmal genau durch.	Arbeite die Seiten 57 bis 65 noch einmal genau durch.

Satzarten unterscheiden

Aussagesatz, Fragesatz, Aufforderungssatz

Wenn wir etwas aussagen, fragen oder jemanden zu einer Handlung auffordern wollen, verwenden wir unterschiedliche Sätze. In Texten sind Sätze durch **Satzschlusszeichen** voneinander getrennt. Die verschiedenen Satzarten erkennt man an dem jeweiligen Satzschlusszeichen:
– Ein **Aussagesatz** endet mit einem Punkt: *Jonas ist ein schlauer Kopf.*
– Ein **Fragesatz** schließt mit einem Fragezeichen: *Kannst du gut kopfrechnen?*
– **Aufforderungen und Ausrufesätze** haben am Schluss meist ein Ausrufezeichen: *„Denk mal nach!"* *„Kopf hoch!"*

1 Sprich die folgenden Sätze in Gedanken und prüfe, um welche Satzart es sich handelt.
Trage die richtigen Satzschlusszeichen ein.

Der Kopf ist ein Körperteil ☐

Rede dich nicht um Kopf und Kragen ☐

Im Kopf sitzt der Verstand ☐

Leidest du unter Kopfschmerzen ☐

Kopfläuse sind lästig ☐

Hast du mal wieder nichts als Unsinn im Kopf ☐

Ich spiele gern Kopfball ☐

Hast du schon einmal über Redewendungen mit dem Wort „Kopf" nachgedacht ☐

Benutze mal deinen Kopf ☐

In der **gesprochenen Sprache** erkennst du die Satzart auch an der **Stimmführung**:

Bei einem Aussagesatz senkt sich am Schluss die Stimme: *Jonas ist ein schlauer Kopf.*

Bei einer Frage hebt sich die Stimme zum Ende des Satzes: *Kannst du gut kopfrechnen?*

In einem Ausrufesatz wird etwas gefühlsbetont und kurz geäußert. Dabei wird die Stimme oft lauter, z.B.: *„Kopf hoch!"*

2 Das folgende Gedicht besteht aus Redewendungen, hat aber keinerlei Satzschlusszeichen.
 a Lies das Gedicht zuerst genau.
b Bilde aus den einzelnen Verszeilen jeweils zwei verschiedene Satzarten (= insgesamt 18 Sätze).
Beachte die entsprechenden Satzschlusszeichen. Schreibe ins Heft. Beispiel zu Vers 1:

Willst du mal wieder mit dem Kopf durch die Wand? (Fragesatz)
Immer musst du mit dem Kopf durch die Wand! (Ausrufesatz)

Winfried Ulrich

Köpfe Köpfe

mit dem **Kopf** durch die Wand wollen
sich etwas in den **Kopf** setzen
den **Kopf** hängen lassen
jemandem den **Kopf** verdrehen
5 sich den **Kopf** zerbrechen

Hals über **Kopf** davonlaufen
sich etwas aus dem **Kopf** schlagen
jemandem den **Kopf** waschen
ein Brett vor dem **Kopf** haben
10 nicht auf den **Kopf** gefallen sein

Die Satzreihe – Hauptsätze verknüpfen

| **Information** | **Die Satzreihe** (Hauptsatz + Hauptsatz) |

- Ein **Hauptsatz** ist ein selbstständiger Satz. Er enthält mindestens zwei Satzglieder, nämlich Subjekt und Prädikat, z. B.: *Ernährungswissenschaftler forschen.*
- Die **Personalform des Verbs** (das gebeugte Verb) steht im Hauptsatz **an zweiter Satzgliedstelle,** z. B.: *Ernährungswissenschaftler erforschen das Essverhalten.*
- Ein **Satz,** der **aus zwei oder mehr Hauptsätzen** besteht, wird **Satzreihe** genannt. Die einzelnen Hauptsätze einer Satzreihe werden durch ein **Komma** voneinander getrennt, z. B.:

  Ernährungswissenschaftler haben viele Aufgaben, sie beschäftigen sich auch mit Lebensmitteln.

  —————— Hauptsatz (HS) —————— , —————— Hauptsatz (HS) ——————.
  Komma

- Häufig werden Hauptsätze durch die **nebenordnenden Konjunktionen** (Bindewörter) *und, oder, aber, sondern, denn, doch* verbunden. Nur vor *und* bzw. *oder* darf das Komma entfallen, z. B.:

  Ernährungswissenschaftler führen Umfragen durch (,) und daraus ziehen sie Schlüsse.

  —————— Hauptsatz (HS) —————— (,) und —— Hauptsatz (HS) ——.
  (Komma) Konjunktion

Leerer Magen studiert nicht gern

1

Verbinde jeweils zwei Hauptsätze zu einer inhaltlich sinnvollen Satzreihe. Verwende passende nebenordnende Konjunktionen und schreibe ins Heft.

Ein schlauer Kopf benötigt auch ein gutes Frühstück.

　　　　　　　　Sie sind auch weniger nervös und reizbar.

Kein Kind sollte mit leerem Magen zur Schule gehen.

　　　　　　　　Mit leerem Magen kann keiner gut lernen.

Mit einem Frühstück sind Kinder im Schulalltag konzentrierter.

　　　　　　　　Einer Umfrage des Issgut-Instituts zufolge geht jedes siebte Kind ohne Frühstück aus dem Haus.

2 **Füge passende Konjunktionen ein und setze Kommas.**

VORSICHT
FEHLER!

Es gibt viele Gründe für ein fehlendes Frühstück _____ am häufigsten werden Appetitlosigkeit und Zeitmangel genannt. Man kann niemanden zum Essen zwingen _____ jeder sollte sich wohl zu einem Glas Milch oder Fruchtsaft bewegen lassen. In den Schulpausen essen manche vor lauter Heißhunger Schokoriegel _____ diese Süßigkeiten sind schnell verfügbar _____ man hat schon bald erneut Hunger.

3 **Schreibe in dein Heft, was du morgens und in den Pausen frühstückst.**
●●● **Erkläre, warum du welche Nahrungsmittel bevorzugst.**
Formuliere ausschließlich Satzreihen mit mindestens zwei Hauptsätzen.

Das Satzgefüge – Hauptsatz und Nebensatz verbinden

Information	Das Satzgefüge (Hauptsatz + Nebensatz)

Einen **Satz,** der aus mindestens einem **Hauptsatz** und mindestens einem **Nebensatz** besteht, nennt man Satzgefüge. Zwischen Hauptsatz und Nebensatz muss **immer ein Komma** stehen.

Nebensätze haben folgende Kennzeichen:
– Ein Nebensatz kann **nicht ohne** einen **Hauptsatz** stehen.
– Der Nebensatz ist dem Hauptsatz untergeordnet und wird durch eine **unterordnende Konjunktion**
  (z. B. *weil, dass, als, nachdem, wenn*) oder ein **Relativpronomen** (z. B. *der, die, das, welcher*) eingeleitet.
– Die **Personalform des Verbs** (das gebeugte Verb) steht im Nebensatz immer **an letzter Satzgliedstelle.**
– Ein Nebensatz kann **vorangestellt, eingeschoben** oder **nachgestellt** werden, z. B.:

vorangestellt: *Wenn wir morgens aufwachen, erinnern wir uns manchmal an herrliche Träume.*

⎯⎯⎯⎯⎯⎯ Hauptsatz (HS) ⎯⎯⎯⎯⎯⎯.
Konj. ⎯ Nebensatz (NS) ⎯,

eingeschoben: *Menschen, die morgens schweißgebadet aufwachen, hatten häufig Alpträume.*

⎯ HS ⎯, ⎯⎯⎯ HS ⎯⎯⎯.
Relativpron. ⎯⎯⎯ NS ⎯⎯⎯,

nachgestellt: *Im Traum kann auch ein Geschehen ablaufen, das uns Angst macht.*

⎯⎯⎯⎯⎯ HS ⎯⎯⎯⎯⎯,
Relativpron. ⎯ NS ⎯.

---

1 Kennzeichne im folgenden Text Hauptsatz und Nebensatz, indem du
a die Personalform des Verbs im Hauptsatz gelb und im Nebensatz blau unterstreichst,
b einen senkrechten Strich | zwischen Haupt- und Nebensatz ziehst,
c das Wort, das den Nebensatz einleitet, umkreist.

Menschen haben Träume, | die wie ein Kino im Kopf wirken

Ein Professor bat seine Zuhörerinnen und Zuhörer, dass sie sich mit geschlossenen Augen Tiere vorstellen. Als der Saal sozusagen voller Tiere war, öffnete das Publikum die Augen wieder. Das Publikum erkannte erstaunt, dass man auch am Tag träumt. Wie Tagträume auch beim

Lernen helfen, das erklärte der Professor auch. Manchmal schweift das Gehirn in Tagträume ab, während es neue Eindrücke ordnet.

2 In den folgenden Satzgefügen fehlen die Kommas.
Setze sie an der richtigen Stelle ein.

Träume wirken häufig sehr wirklich weil sie in Bildern ablaufen.

Traumbilder zeigen unterschiedliche Orte und Zeiten die oft völlig wirr durcheinanderlaufen.

In Traumszenen spielt der Träumende der vielleicht plötzlich etwas ganz Tolles kann die Hauptrolle.

3 Zeichne zu den Sätzen aus Aufgabe 2 Satzbaupläne in dein Heft.
●●● Tipp: Orientiere dich an den Mustern im Merkkasten.

4 Untersuche die folgenden Satzgefüge:
Ist der Nebensatz **V** vorangestellt, **N** nachgestellt oder **E** eingeschoben?
Trage den richtigen Buchstaben ins Kästchen ein.

A Wenn ich meinen Traumberuf ausüben <u>kann</u>, werde ich sehr glücklich sein. ☐

B Meine Trauminsel, auf der ich gern Urlaub machen würde, ist Rügen. ☐

C Erst um 10 Uhr fängt meine Traumschule, die direkt am Meer liegt, an. ☐

D Ich träume davon, dass ich später einmal auf einem Leuchtturm wohnen kann. ☐

5 Schau dir die Sätze von Aufgabe 4 genau an: Wo steht die Personalform des Verbs?
Unterstreiche sie und ergänze die Regel.

Im Nebensatz steht die Personalform des Verbs immer _____ .

6 a Lies den folgenden Text über Leuchttürme.
Er besteht nur aus Hauptsätzen. Das wirkt etwas abgehackt.
b Formuliere die folgenden Sätze zu Satzgefügen um:
Verwende die angegebenen Konjunktionen bzw. Relativpronomen.
Beachte die Kommasetzung.

> Verbindet man Hauptsätze
> zu Satzgefügen, **wirkt der Text
> flüssiger**, z. B.:
> *Da der Text nur aus Haupt-
> sätzen besteht, wirkt er etwas
> abgehackt.*

Als *Leuchtturm* wird in der Seefahrt ein etwa 15 bis 40 Meter hoher

Turm bezeichnet. Der Turm dient an wichtigen oder gefährlichen

Punkten der Schifffahrt als weithin sichtbares Seezeichen. (der)

_____

_____

Durch seine Lichtsignale weist er Schiffen den Weg. Die Lichtsignale nennt man auch Leuchtfeuer. (die)

_____

Sie ermöglichen das Umfahren gefährlicher Stellen. Leuchttürme sind wahre Lebensretter. (sodass)

_____

Viele Leuchttürme sind beeindruckende Bauwerke. Sie bilden ein beliebtes Fotomotiv für Urlauber. (weil)

_____

Leuchttürme spenden nachts Licht und ermöglichen die Heimkehr. Sie sind ein ermutigendes Symbol. (da)

_____

_____

7 Erkläre mit eigenen Worten, für wen und warum Leuchttürme wichtig sind. Formuliere ein Satzgefüge.
●●●

_____

_____

Teste dich!

Satzarten unterscheiden

1 **Vervollständige das Merkwissen und beantworte die Fragen: (3 Punkte)**

A Ein Satzgefüge besteht aus _____

B An welche Stelle im Satzgefüge muss immer ein Komma gesetzt werden?

_____

C An welcher Stelle steht im Nebensatz die Personalform des Verbs?

_____

2 **Kannst du Sätze untersuchen? Prüfe dein Wissen.**

A Unser Wortschatz beinhaltet viele Redewendungen.
B Diese sind nicht wörtlich zu nehmen, darin liegt gerade ihr Witz.
C Die Redewendungen stammen aus zahlreichen Bereichen des Lebens, zu nennen sind
z. B. die Landwirtschaft, das Handwerk, die Jagd, die Küche oder fremde Kulturen.

Was bedeutet die Redewendung „Manchmal verliert man den Faden"?
D Wenn jemand beim Spinnen oder Weben den Faden verliert, kann er erst einmal
nicht weiterarbeiten.
E Jemand weiß beim Reden den Gedanken nicht mehr, den er ausdrücken wollte.

Und woher stammt die Redewendung „Etwas hängt am seidenen Faden"?
F Dahinter steckt die Vorstellung vom Lebensfaden, den die griechischen Schicksalsgöttinnen spinnen.
G Falls der Lebensfaden zu dünn ist, könnte er reißen.

a Kreuze an. (1 Punkt)

Satz A ist: ☐ ein Hauptsatz ☐ eine Satzreihe ☐ ein Satzgefüge

b Schreibe die Buchstaben der Satzreihen auf. (2 Punkte)

_____

c Erkläre stichwortartig die Kommasetzung (alle Kommas) in Satz B und Satz C. (3 Punkte)

_____

d Unterstreiche in allen Satzgefügen die Nebensätze mit Gelb. (8 Punkte)
 Markiere die einleitenden Konjunktionen bzw. Relativpronomen.
e Zeichne einen Satzbauplan zu Satz G in dein Heft. (1 Punkt)

Vergleiche deine Ergebnisse mit dem Lösungsheft. Für jede richtige Antwort bekommst du einen Punkt.

☺ 18–13 Punkte	☺ 12–9 Punkte	☹ 8–0 Punkte
Gut gemacht!	Gar nicht schlecht, aber lies dir die Merkkästen auf den Seiten 67 bis 70 noch einmal genau durch.	Arbeite die Seiten 67 bis 70 noch einmal genau durch.

Was kannst du schon? – Rechtschreibung

1 In jedem dieser Wörter stecken zwei Wörter. Zerlege: Trage einen Strich |
zwischen den Wörtern ein. (4 Punkte)

Brot|korb   Trinkglas   Teekanne   Toastscheibe   Honigglas

2 Umkreise die Wörter, die falsch getrennt sind.
Schreibe diese Wörter mit der richtigen Trennung ins Heft. (3 Punkte)

VORSICHT FEHLER!

Wasch-lap-pen   Haar-bür-ste   Sei-fen-do-se   Dus-che   Wasch-bec-ken

3 Welche dieser Wörter werden mit ä bzw. äu geschrieben?
Prüfe durch Ableiten (verwandte Wörter bilden) und kreuze an.
Trage in die Klammer das Wort ein, von dem du die Schreibweise ableiten kannst. (5 Punkte)

☐ H____ser (*Haus*____)   ☐ H____te (_____)   ☐ Pl____tzchen (_____)

☐ Geb____de (_____)   ☐ ____ngstlich (_____)   ☐ S____getier (_____)

4 Auf welchen Buchstaben endet das Wort? Finde jeweils eine Verlängerung,
die dir bei der Entscheidung hilft. (8 Punkte)

Gel *d* ____   *Gelder*____   Urlau____   _____   lusti____   _____

Hem____   **d/t?**   _____   Tra____   **b/p?**   _____   Win____   **g/k?**   _____

Zel____   _____   hal____   _____   Spu____   _____

5 Muss an den markierten Stellen der Konsonant verdoppelt werden? Prüfe und trage ein. (16 Punkte)

Im Som____er ist einf____ach al____es viel____ bes____er: Man____ braucht kein____en Pul____over und mus____

sich nicht im____ Zim____er langweil____en. Man kan____ Fußbal____ spiel____en und schwim____en gehen.

6 Ergänze ein h, wo es notwendig ist. (20 Punkte)

Stra____ßenba____nen fa____ren mit Stro____m, den sie durch den Stro____mabne____mer aus der Ober-

lei____tung bekommen. I____re Elektromoto____ren ge____ben keine Abga____se ab. Stra____ßenba____nen sind

ein se____r beque____mes Verke____rsmittel. Man kann wä____rend der Fa____rt frü____stücken oder le____sen.

7 Wie heißen diese Tiere? Notiere und achte auf i und ie. (8 Punkte)

_____

_____

8 Trage die Wörter richtig in die Tabelle ein und ergänze dabei den entsprechenden s-Laut. (8 Punkte)

mü ? en   Schlu ?   drau ? en   intere ? ant   schie ? en   Stra ? e   Wi ? en   au ? erdem

Wörter mit ß	Wörter mit ss

9 Groß oder klein? Kreuze bei jedem Satz an, ob er einen Fehler enthält oder nicht. (13 Punkte)

VORSICHT FEHLER!

	ein Fehler	kein Fehler
A In der Garage steht ein neues Auto.	☐	☐
B In der Garage steht ein Neues Auto.	☐	☐
C Unsere vier Fahrräder haben jetzt keinen platz mehr.	☐	☐
D Unsere Vier Fahrräder haben jetzt keinen Platz mehr.	☐	☐
E Unsere vier Fahrräder haben jetzt keinen Platz mehr.	☐	☐
F Sie sind in den Keller verbannt worden.	☐	☐

10 In diesem Text müssen 12 Wörter großgeschrieben werden. Unterstreiche sie. (12 Punkte)

Der kindersitz gibt kleineren kindern im auto mehr sicherheit. Sie sitzen geschützter, sind angeschnallt und haben auch seitlich einen guten halt. Das ist wichtig, wenn ein kind einschläft. Für größere genügt ein juniorsitz. Ein kind darf ohne autositz mitfahren, wenn es mindestens 12 jahre alt oder 1,50 meter groß ist.

11 Setze die fehlenden Kommas. (3 Punkte)

VORSICHT FEHLER!

Die meisten Kinder fahren gern Fahrrad lieben Ballspiele und schauen fern.

Manche sitzen zu lange vor dem Fernseher sowie dem Computer und treiben zu wenig Sport.

Meist sind Kinder am liebsten draußen im Garten auf dem Bolzplatz oder auf der Straße.

12 Setze die fehlenden Anführungszeichen bei der wörtlichen Rede an den richtigen Stellen ein. (5 Punkte)

Eigentlich wollte ich heute draußen spielen , seufzt Clemens.

Und warum , fragt sein Bruder, machst du es nicht?

Dumme Frage! , antwortet Clemens. Es regnet und meine Gummistiefel haben ein Loch.

13 a Überprüfe deine Lösungen mit Hilfe des Lösungsheftes.
b Trage ein, wie du die Aufgaben bewältigt hast:
✔ = das Meiste richtig   ? = noch etwas unsicher

Aufgabe	1	2	3	4	5	6	7	8	9	10	11	12
	☐	☐	☐	☐	☐	☐	☐	☐	☐	☐	☐	☐
Weitere Übungen	Seite 75–76	Seite 75–76	Seite 78	Seite 79–80	Seite 83–85	Seite 86–88	Seite 90–91	Seite 92–95	Seite 99–102	Seite 99–102	Seite 103	Seite 104

Fehler vermeiden – Tipps zum Rechtschreiben

Methode	Lesbar schreiben, fehlerfrei abschreiben

Um beim Schreiben Fehler zu vermeiden, ist **Konzentration** besonders wichtig.
Konzentration bedeutet: Du richtest alle deine Gedanken nur auf den Text, den du gerade schreibst.
Durch Abschreiben trainierst du deine Konzentration und gleichzeitig die Rechtschreibung. Gehe so vor:
1. Schritt: Lies eine Zeile, schau dir die Wörter an und präge sie dir ein.
2. Schritt: Decke die Zeile mit einem Blatt Papier ab und schreibe sie aus dem Gedächtnis auf.
Schreibe in deiner besten Schrift.
3. Schritt: Vergleiche Wort für Wort, Buchstabe für Buchstabe mit der Vorlage: Hast du alles richtig geschrieben?
4. Schritt: Streiche falsch geschriebene Wörter mit einem Lineal durch und schreibe sie verbessert auf.

Tipp 1: Konzentriert und leserlich (ab)schreiben

1 Schreibe diese Wörter ab, trage sie in den Text ein: Wende die vier Schritte aus dem Methodenkasten an.

Erinnerungsbuch	Freundschaftsbeweis	besinnlichen	Poesiealbumsprüche

Vergissmeinnicht	Jahrhunderten	Freundschaftsbücher	präsentiert

Vom Poesiealbum zum Freundschaftsbuch

Ein Poesiealbum ist eine Art _____.

Es gilt als _____, sich mit einem lustigen oder _____

Spruch oder Gedicht verewigen zu dürfen. Viele _____ beinhalten

einen Treueschwur oder ein „_____". Poesiealben gibt es seit

mehreren _____. Heute sind _____ beliebt,

in denen man sich mit seinen Lebensdaten, Vorlieben, Hobbys und einem Foto _____.

2 Schreibe diese Poesiealbumsprüche ab.
Tipp: Du kannst auf schönes Papier
schreiben, ein Bild dazu zeichnen
und das Blatt verschenken.

A Löwen, Tiger, Katzen,
alle sollen sie dich kratzen,
wenn du je vergisst,
wer dein Schulfreund ist.

B Wenn das Rhinozeros,
das schlimme,
dich kriegen will
in seinem Grimme,
dann steig auf einen
Baum beizeiten,
sonst hast du
Unannehmlichkeiten.

C Freundlich blüht an stiller Quelle
in des Mondes Silberlicht
eine Blume, zart und helle,
und die heißt Vergissmeinnicht.

Tipp 2: Wörter deutlich sprechen und gliedern

Methode	Wörter in Silben gliedern – Silbentrennung am Zeilenende

Sprich Wörter in Gedanken rhythmisch und in Silben. Das hilft, richtig zu schreiben.
Passt ein Wort nicht mehr ganz in eine Schreibzeile, dann prüfe, ob du es trennen kannst:
Regel 1: **Mehrsilbige Wörter** trennt man **nach Sprechsilben**, z. B.: *Kin-der-zim-mer, Lam-pen-schirm.*
Regel 2: **Einsilbige Wörter** darf man **nicht trennen**, z. B.: *Bild, Stuhl, hart, bunt.*
Regel 3: Ein **einzelner Vokal** wird **nicht abgetrennt**, z. B.: *Abend, üben, öde.*
Tipps für Zweifelsfälle:
A) In die neue Zeile kommt nur ein Konsonant, z. B.: *Tep-pich, klop-fen, schmut-zig, Pos-ter, Tren-nung.*
B) Buchstabenverbindungen, die für einen Laut stehen, trennt man nicht, z. B.: *ki-chern, zwi-schen, We-cker.*
C) Zusammengesetzte Wörter und Wörter mit Vorsilben und Endungen trennt man zwischen den einzelnen Wortbausteinen, z. B.: *Bett-tuch, Vor-hang, berg-auf, über-sicht-lich.*

1 Welche Gegenstände siehst du auf dem Bild?
a Sprich die Wörter rhythmisch und achte auf die Sprechsilben.
b Schreibe jedes Wort mit Artikel und Trennstrichen ins Heft, z. B.: *der Schreib-tisch,...*
Achtung: Zwei Wörter werden nicht getrennt.

2 **a** Hier ist falsch getrennt worden! Schreibe hinter jede markierte falsche Trennung, gegen welche Regel (1, 2, 3) oder welchen Tipp (A, B, C) aus dem Merkkasten verstoßen wurde.
Notiere das Wort mit der richtigen Trennung in der rechten Spalte.
b Schreibe alle unterstrichenen Wörter noch einmal mit Trennstrichen an den richtigen Stellen in dein Heft.

Lieber Besucher!

VORSICHT
FEHLER!

	Verstoß gegen Regel/Tipp	richtige Trennung des Wortes

Wenn Sie dieses Zimmer betreten, beachten Sie bi-

tte diese Regeln: Machen Sie Ihre Schuhe vorher etwas drec-

kig und behalten Sie sie unbedingt an. Wundern Sie sich nicht ü-

ber die Unordnung – helfen Sie lieber, diese zu erhalten. Schmu-

tz ist hier ein willkommener Gast. Wischen Sie ruhig Ihre Fettfing-

er an der Tischdecke ab. Wir mögen es, wenn Sie etwas umsch-

meißen oder zertrümmern oder wenn Sie ölige, matschige oder kle-

brige Essensreste auf dem Teppichboden verstreuen und festtreten.

c Schreibe die unterstrichenen Wörter mit allen Trennmöglichkeiten ins Heft.

Methode	Wörter in Sinneinheiten und Wortbausteine zerlegen

Wörter zu zerlegen hilft dir, besonders lange Wörter und Wörter mit Vorsilben richtig zu schreiben.
Durch das Zerlegen erkennst du
- **Sinneinheiten,** lange Wörter werden übersichtlicher, z. B.: *Auto|bahn|bau|stellen|zufahrt;*
- den **Wortstamm,** er wird in verwandten Wörter gleich oder ähnlich geschrieben, z. B.: *Zu|fahrt – fahren;*
- **Vorsilben,** z. B. *ver-,* die mit **v** geschrieben werden: *Ver|fahren, ver|laufen.*

3 Zerlege diese Bandwurmwörter in Sinneinheiten: *Band | wurm | wörter*.
Schreibe sie ab.

Spiegelglatteisgefahrwarnung	Sommerschlussverkaufschnäppchenjäger

Schulhaustürrahmenholzbandwurmloch

_____

_____

_____

4 **a** **Entscheide, welche dieser Wörter mit der Vorsilbe Ver-/ver- geschrieben werden.**
   Zerlege und trage ein: v oder f.
b **Trage die Wörter passend in die Übersicht ein.**

das _V_er|steck   die _F_erne   das ___erkel   ___ernehmen   das ___ertrauen   ___ertig

___erschreiben   ___ermutlich   die ___erien   der ___ernseher   ___ersorgen   der ___erteiler

Wörter mit Vorsilbe ver-/Ver-	Wörter mit f-/F-
das Versteck,	*die Ferne,*

5 **Hier ist beim Zerlegen etwas schiefgelaufen!**
●●● **Schreibe das Wort ungetrennt ab und zerlege es richtig.**

Blumento|pferde: *Blumen | topf | erde* _____   Talent|wässerung _____

Kau|fladen: _____   bein|halten: _____

Hau|stier: _____   Nachteil|zug: _____

Tipp 3: Verwandte Wörter suchen

Methode	Ableitungsprobe (1): Den Wortstamm prüfen

Wenn du unsicher bist, wie ein Wort geschrieben wird, hilft oft die Suche nach einem verwandten Wort.
Du kannst die Schreibweise davon ableiten (Ableitungsprobe).
Der **Wortstamm** (= Grundbaustein) wird in verwandten Wörtern gleich oder ähnlich geschrieben, z. B.:
fahren, Fahrrad, Vorfahrt, du fährst, Fähre.

1 Suche zu jedem dieser Wörter jeweils fünf verwandte Wörter.
Schreibe den Wortstamm jeweils in den Baumstamm und die übrigen Wortbestandteile
links und rechts neben den Baum.

schreib- en häng- en trock- nen

2 **a** Unterstreiche in jedem Infinitiv den Wortstamm.
b Trage die Verbformen und Wörter bei den Infinitiven ein, mit denen sie verwandt sind.
c Unterstreiche in allen eingetragenen Wörtern den Wortstamm.

sehen: *die Sehkraft,* _____

geschehen: _____

gehen: _____

stehen: _____

der Sehtest	das Stehcafé	du siehst	es geschieht	die Herangehensweise

es geht	ihr steht	der Gehweg	das Fernsehprogramm	das Geschehnis

die Stehleiter	Was geschah?	die Sehkraft	das Stehaufmännchen	Gehst du?

| Methode | Ableitungsprobe (2): e oder ä, eu oder äu? |

Wenn du unsicher bist, ob ein Wort mit **ä** oder **e** bzw. mit **äu** oder **eu** geschrieben wird,
hilft dir die Ableitungsprobe.
– Ein Wort wird mit **ä** geschrieben, wenn es ein verwandtes Wort mit **a** gibt: *Träger → tragen*.
– Ein Wort wird mit **äu** geschrieben, wenn es ein verwandtes Wort mit **au** gibt: *träumen → Traum*.

3 Jeweils ein Wort aus dem rechten und dem linken Kasten sind miteinander verwandt.
Verbinde diese Wörter und schreibe die Wortpaare ins Heft. Ergänze bei den Nomen die Artikel.

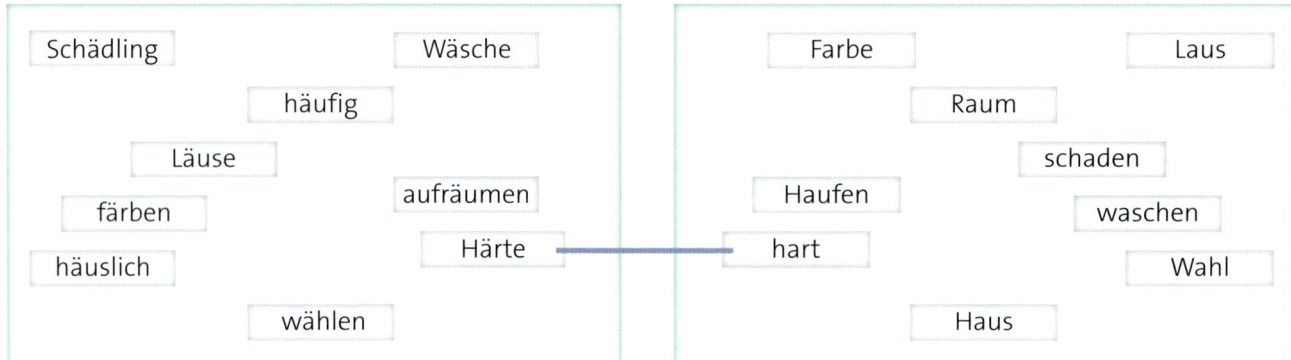

Schädling   Wäsche   Farbe   Laus

häufig   Raum

Läuse   schaden

färben   aufräumen   Haufen   waschen

Härte ——————— hart

häuslich   Wahl

wählen   Haus

4 Ergänze in der Tabelle die fehlenden Wörter.

die Gans	die Gänse		der Gänsebraten
		das Bäumchen	
			das Astloch
das Blatt			
		das Schäfchen	

5 Suche zu diesen Wörtern ein verwandtes Wort der vorgegebenen Wortart, das mit <u>a</u> oder <u>au</u> geschrieben wird.

Fläche (Adjektiv) → *flach*   schädlich (Nomen) → _____   Händler (Verb) → _____

häuslich (Verb) → _____   schäumen (Nomen) → _____   stärken (Adjektiv) → _____

6 In diesen Schüttelwörtern sind Wörter mit <u>ä</u> oder <u>äu</u> versteckt,
die keinen Verwandten mit a oder au haben.
Schreibe die Wörter auf und unterstreiche das <u>ä</u> oder das <u>äu</u>.
Beachte die Großschreibung, wo nötig.
Tipp: Das erste Wort hilft dir, alle weiteren Schüttelwörter zu knacken.

tsräwkcür _____   räb _____   rednäleg _____   mräl _____

negäs _____   esäk _____   nehcsuät _____   täps _____

nenhäg _____   zräm _____   refäk _____   enärt _____

Tipp 4: Wörter verlängern

Methode	Verlängerungsprobe (1): t oder d, k oder g, p oder b?

Meist am Wortende klingt **b** wie **p**, z. B.: *Staub, halb*; **g** wie **k**, z. B.: *Tag, Berg*; **d** wie **t**, z. B.: *Bad, wütend*.
Erst wenn du die Wörter verlängerst, hörst du, welchen Buchstaben du schreiben musst
(Verlängerungsprobe), z. B.: *staubig, halbieren, Tage, Berge, baden, wütender*.
So kannst du Wörter verlängern:
- Bilde bei Nomen den Plural, z. B.: *der Win* ? *– die Winde* → *der Wind*.
- Steigere Adjektive, z. B.: *klu* ? *– klüger* → *klug*.
- Ergänze bei Adjektiven ein Nomen, z. B.: *frem* ? *– ein fremder Mensch* → *fremd*.
- Bilde bei Verben den Infinitiv oder die Wir-Form, z. B.: *grä* ? *t – (wir) graben* → *gräbt*.

1 a Finde zu jedem Bild das passende Wort. Schreibe es im Plural auf.
  b Unterstreiche, bei welchem Buchstaben dir das Verlängern im Plural hilft, das Wort richtig zu schreiben.

die Bänder

2 t/d, k/g oder p/b? Suche Steigerungsformen von Adjektiven:
Ergänze in diesen Steigerungstreppen zuerst die Mitte und dann die anderen Stufen.

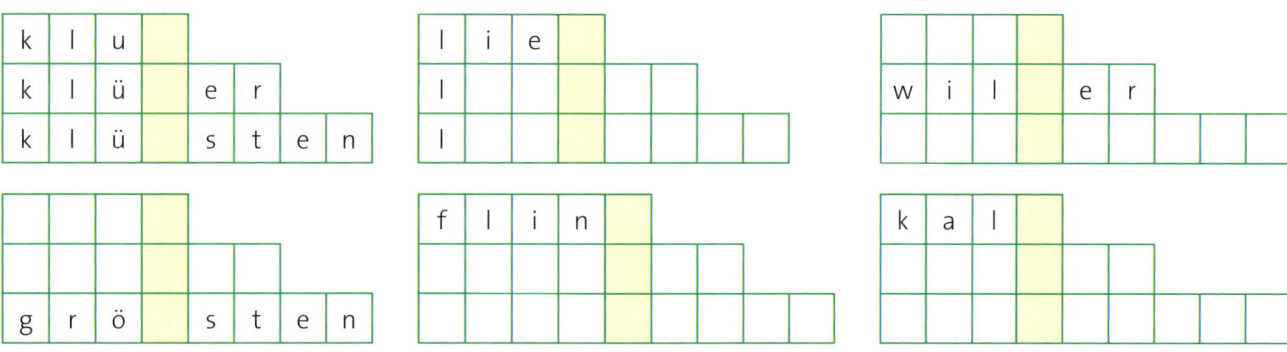

3 Schreibe für folgende Adjektive Steigerungstreppen in dein Heft und markiere b/p, d/t, g/k:

al ?   bun ?   kran ?   brei ?   jun ?   frem ?

4 Ergänze bei den Verben auf der linken Seite den fehlenden Buchstaben mit Hilfe der Verlängerungsprobe:
Setze dazu in jedem Satz Subjekt und Prädikat in den Plural.

Ein Auto bie____t um die Ecke.   *Zwei Autos biegen*

Es häl____ und hu____t.   Sie _____

Eine alte Dame hin____t herbei und stei____t ein.   Zwei _____

Methode Verlängerungsprobe (2): Zerlegen und Verlängern

Manchmal muss man ein Wort erst zerlegen (▶ S. 76), bevor man es an der fraglichen Stelle verlängern kann, z. B.: *Sau* ? *napf* → *Sau* ? |*napf* → *saugen* → *Saugnapf.*

5 **Finde den fehlenden Buchstaben durch Zerlegen und Verlängern.**
Notiere den Lösungsweg wie beim Beispiel im Merkkasten.

Kor ? sessel _____

Schwieri ? keiten _____

Strei ? fall _____

Tausen ? füßler _____

Köni ? reich _____

Gesun ? heit _____

Ban ? angestellter _____

Methode Verlängerungsprobe (3): s oder ß?

Nach einem langen Vokal oder einem Doppelvokal (Diphthong) kann am Wortende ein stimmloses („scharfes") **s** entweder als **s** (z. B. *Gras, Maus*) oder als **ß** (z. B. *Fuß, Fleiß*) geschrieben werden.
Ob **s** oder **ß** richtig ist, hörst du bei der Verlängerungsprobe:
– Klingt der **s-Laut stimmhaft**, schreibst du **s**, z. B.: *das Gra* ? → *die Gräser, die Mau* ? → *die Mäuse.*
– Bleibt der **s-Laut stimmlos**, schreibst du **ß**, z. B.: *der Fu* ? → *die Füße, hei* ? → *heißer.*

6 **a** **Sortiere diese Wörter zu drei Wortfamilien: Schreibe in jede leere Kiste eine Wortfamilie.**
b **Unterstreiche in jeder Wortfamilie die Wörter, die dir bei der Schreibung des s-Lautes helfen.**

versü___en   fel___ig   Ei___   Sü___igkeit   sü___   Fel___brocken   ei___ig

Fel___en   Fel___   verei___en   Ei___schicht   Sü___stoff

Tipp 5: Im Wörterbuch nachschlagen

Methode	Mit dem Wörterbuch arbeiten

– In einem Wörterbuch sind die Buchstaben **nach dem Alphabet sortiert**.
  Wenn der erste, zweite … Buchstabe gleich sind, wird die Reihenfolge nach dem zweiten, dritten …
  Buchstaben entschieden, z. B.: *Bibel – Blumenkohl – Bote; Befehl – Bein; Beere – Beet*.
– Die Wörter sind im Wörterbuch in ihrer **Grundform** verzeichnet, also z. B.
  – Verben im Infinitiv, z. B.: *er fraß → fressen*,
  – Nomen im Nominativ Singular, z. B.: *die Hühner → Huhn*.
Tipp: Wenn ein Wort unter der vermuteten Schreibweise nicht zu finden ist, solltest du eine andere
Schreibweise suchen und darunter nachschlagen, z. B.: *Yogurt → Jogurt*.

1 a Bringe das Lebensmittel-Abc in die richtige Reihenfolge.
  Schreibe den Anfangsbuchstaben jeweils in einer anderen Farbe.

Weintraube	Orangensaft	Butter	Quark	Mandeln	Erbsen	Folienkartoffel	Honig

Ingwer	Kakao	Nüsse	Chips	Puddingpulver	Dattel	Radieschen	Zucker	Aprikose

Gemüse	Sonnenblumenöl	Johannisbeeren	Vanille	Limonade	Toast

Aprikose, _____

_____

_____

b Drei Buchstaben fehlen in diesem Alphabet:

  Schreibe sie auf. _____

2 Welchem Ordnungprinzip folgt die jeweilige Buchstabenreihe?
Setze die Reihe entsprechend fort: Trage die richtigen Buchstaben ein.

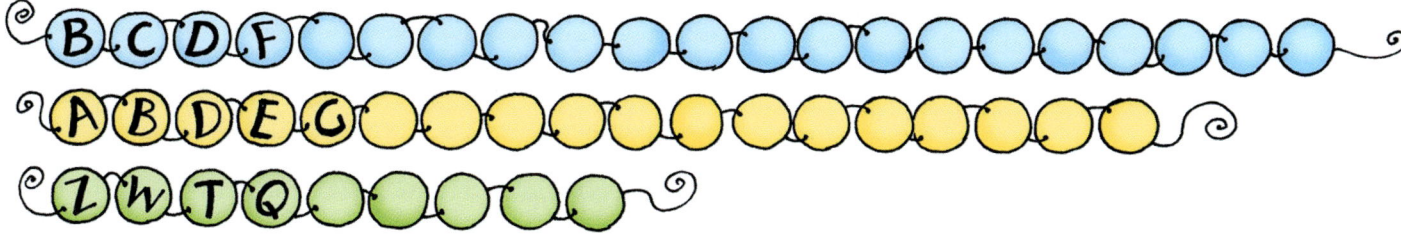

3 a Schlage im Wörterbuch die richtige Schreibweise nach und kreise sie ein.
  ●●● b Notiere dahinter: Aus welcher Herkunftssprache stammt das Wort?

Zuchini oder Zucchini? _____   Paella oder Paelja? _____

Crossant oder Croissant? _____   Borschtsch oder Bortsch? _____

Zaziki oder Satsiki? _____   Kuskus oder Couscous? _____

Teste dich!

Tipps zum Rechtschreiben

1 Kreuze an: Welche Probe hilft dir, an den markierten Stellen die richtige Schreibung zu finden? (6 Punkte)

	Rundfun**k**	sch**äu**mend	Volkslie**d**	gr**ä**bt	dauern**d**	P**äu**schen
Verlängerungsprobe	☐	☐	☐	☐	☐	☐
Ableitungsprobe	☐	☐	☐	☐	☐	☐

2 a Entscheide für jede Aussage, ob sie richtig oder falsch ist. Kreuze an. (5 Punkte)

	richtig	falsch
A Beim Verlängern kann aus einem stimmlosen **s** ein stimmhaftes **s** werden.	☐	☐
B Ein Nomen kann man gut verlängern, indem man den Plural bildet.	☐	☐
C Dieselbe Vorsilbe wird immer mit demselben Anfangsbuchstaben geschrieben.	☐	☐
D Für einige Wörter mit **ä** und **äu** gibt es keine Ableitungsmöglichkeit.	☐	☐
E Das Zerlegen von Wörtern dient ausschließlich der richtigen Silbentrennung.	☐	☐

b Ordne den folgenden Beispielen die Aussagen aus Aufgabe 2a zu. (5 Punkte)

	gehört zu Aussage
1 Wald → Wälder	☐
2 Käfer, Käfig, Käse, Känguru	☐
3 Kleid → Kleider, Fuß → Füße	☐
4 Schmaus → schmausen, Gras → Gräser	☐
5 verbieten, Verkauf, verloren, verstehen, Verneinung	☐

3 Zerlege diese Wörter. Markiere die Stellen, an denen eine Verlängerungsprobe hilfreich ist. (8 Punkte)

Rundwegweiser _____ Nachtblindflug _____

Flugzeugträger _____ Halbzeitpause _____

Windhundrennen _____ Handstaubsauger _____

Heißluftballon _____ Wandmaßband _____

Vergleiche deine Ergebnisse mit dem Lösungsheft. Für jede richtige Antwort bekommst du einen Punkt.

☺ 24–19 Punkte	☺ 18–12 Punkte	☹ 11–0 Punkte
Gut gemacht!	Gar nicht schlecht, aber lies dir die Merkkästen auf den Seiten 74 bis 81 noch einmal genau durch.	Arbeite die Seiten 74 bis 81 noch einmal genau durch.

Üben macht sicher – Regeln zum Rechtschreiben

Kurze Vokale

Nach einem betonten kurzen Vokal (Selbstlaut) folgen fast immer **zwei** oder mehr **Konsonanten.**
Beim deutlichen Sprechen kannst du sie meist gut unterscheiden, z. B.: *Topf, rund, lernen.*
Hörst du nur einen Konsonanten, wird er **verdoppelt**, z. B.: *wenn, Wette, klappern.*

1 a Lies das Gedicht und sprich deutlich: Markiere alle Wörter mit einem betonten kurzen Vokal.

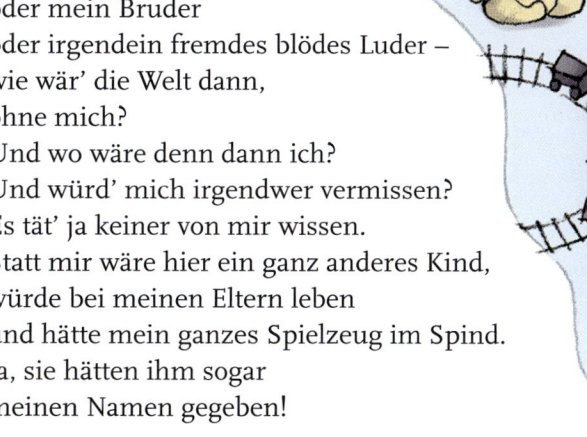

Martin Auer

Zufall

Wenn statt mir jemand anderer
Auf die Welt gekommen wär'.
Vielleicht meine Schwester
oder mein Bruder
5 oder irgendein fremdes blödes Luder –
wie wär' die Welt dann,
ohne mich?
Und wo wäre denn dann ich?
Und würd' mich irgendwer vermissen?
10 Es tät' ja keiner von mir wissen.
Statt mir wäre hier ein ganz anderes Kind,
würde bei meinen Eltern leben
und hätte mein ganzes Spielzeug im Spind.
Ja, sie hätten ihm sogar
15 meinen Namen gegeben!

b Trage die markierten Wörter in die Übersicht ein.
c Setze bei jedem Wort in der Übersicht einen Punkt unter den betonten kurzen Vokal.
   Markiere die Konsonanten, die ihm folgen.

Wörter mit zwei oder mehr verschiedenen Konsonanten nach dem betonten kurzen Vokal

jemand

Wörter mit verdoppeltem Konsonanten nach dem betonten kurzen Vokal

Zufall

2 **a** Forme um: Wie wird aus dem oberen Nomen im Kasten das Nomen unten?
Suche den kürzesten Weg: Von Wort zu Wort darf nur ein Buchstabe verändert werden.

b Wähle zwei der Nomen aus und notiere dazu andere Wörter aus der Wortfamilie und zusammengesetzte Wörter. Markiere die Konsonanten, die auf den betonten kurzen Vokal folgen.

S	U	P	P	E
M	A	P	P	E

T	A	S	S	E
B	I	S	S	E

K	E	L	L	E
F	A	L	L	E

Süppchen, suppig, Suppentasse, Suppenkasper

3   **a** Hier werden zusammengesetzte Nomen gesucht, in denen drei Konsonanten auf den betonten, kurzen Vokal folgen.
Trenne die Wörter in der Welle ab.

SAUERSTOFF|BALLETTBRENNSCHLUSSBETTFLASCHESTOFFSTRICHWOLLFAHRTSCHIFFLAPPENFETZENTUCHTÄNZERINESSEL

b Die hier gesuchten Wörter werden aus den oben abgetrennten Wörtern zusammengesetzt.

A das benötigen Taucher — `S a u e r s t o f f l a s c h e`

B abgerissenes Stück Stoff

C anderes Wort für Bettlaken

D tanzt auf den Zehenspitzen — `i n`

E schließt eine Berechnung ab

F kleines, gestricktes Wolltuch

G „Eine 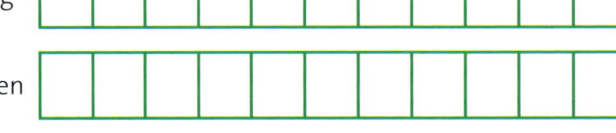, die ist lustig"

H Kraut mit Brennhaaren

4 Findest du alle gesuchten Wörter?
Im Kabelsalat verstecken sich Nomen und Verben mit einem
betonten kurzen Vokal und mit ck oder tz.

> In der Regel schreibt man **ck** statt kk
> (z. B. *Zucker*) und **tz** statt zz (z. B. *Katze*).
> **Achtung**: **ck** wird am Zeilenende **nicht**
> **getrennt**, z. B.: *Zu-cker, ba-cken, we-cken*.

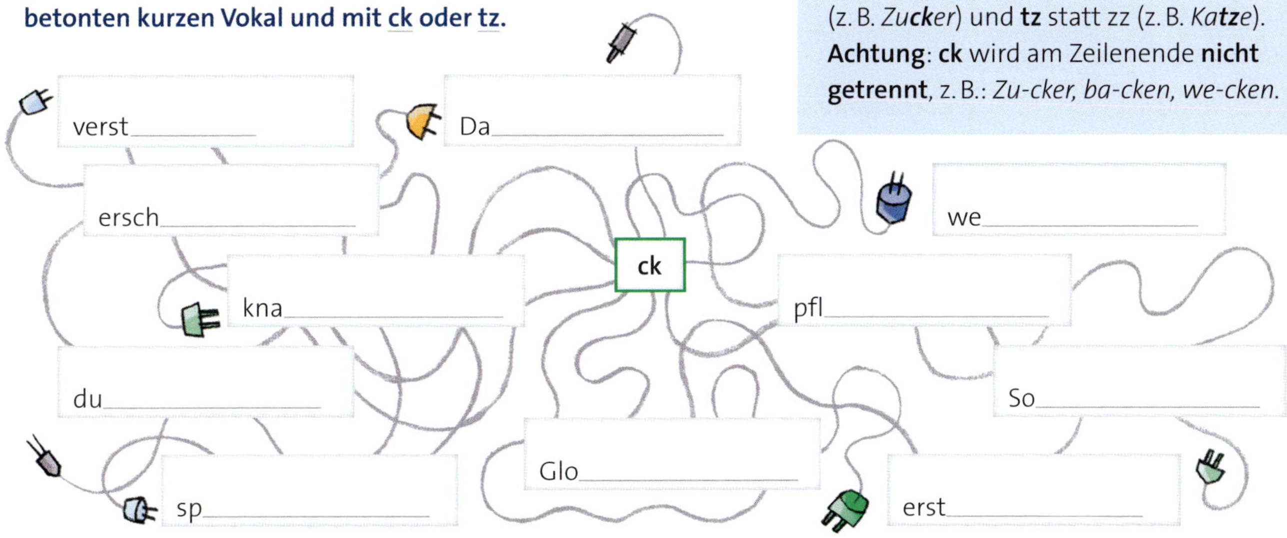

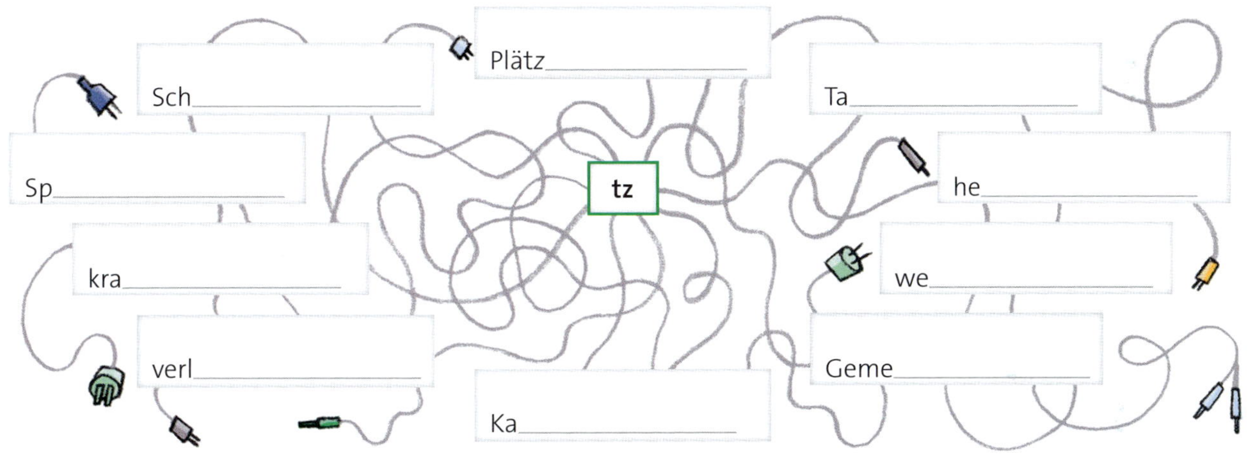

verst_____   Da_____

ersch_____   we_____

ck

kna_____   pfl_____

du_____   So_____

Glo_____

sp_____   erst_____

Plätz_____

Sch_____   Ta_____

Sp_____   **tz**   he_____

kra_____   we_____

verl_____   Geme_____

Ka_____

5 Fülle die Lücken. Entscheide dabei, ob die Konsonanten
verdoppelt werden müssen bzw. ob tz oder ck richtig ist.

Nächtlicher Streit zwischen Fußba____ und Computer

Ein Fußba____ me____ert aus der Wohnzi____ere____e: „Mir sti____kt die Langeweile. Keiner wi____ mehr

Ba____ spielen. Das ist o____ensichtlich zu gefährlich geworden. Man ka____ sich beim Spielen schmu____ig

machen, die Beine verle____en und ma____chmal schießt man Fensterscheiben kapu____." „Fa____ bloß nicht

auf das Gerede der Kinder rein. Du hast wohl noch nicht begri____en, dass ich ihnen eine ganz andere We____t

erö____nen ka____. Da ko____st du nicht mit. Oder ka____st du armes, zerkra____tes Teil etwa to____e Geräusche

machen und spa____ende Spiele durch Verne____ung mit anderen Computern bieten?"

6 Setze das Streitgespräch zwischen Fußball und Computer fort:
●●● Lege beiden überzeugende Begründungen in den Mund. Schreibe in dein Heft.
Markiere in deiner Geschichte die Wörter mit zwei oder mehr Konsonanten nach kurzem betontem Vokal

Lange Vokale

| Information | Schreibweisen bei langen Vokalen |

In den meisten Wörtern wird der **betonte lange Vokal** nur **mit einem Buchstaben** geschrieben.
Danach folgt meist nur ein Konsonant, z. B.: *Frage, wegen, losen, Mut.*
Das gilt besonders für einsilbige Wörter, z. B.: *zu, los, wen, so.*

1 Trenne die Wörter im Besenstiel ab.
Schreibe sie in dein Heft und achte dabei auf die richtige Groß- und Kleinschreibung.

BUCHMALENTONBESENHABENDOSESUCHENVASEWENIGSCHNAKEBOTELESENWUT

Wörter mit h

2 Hier verstecken sich fünf Nomen mit langem Vokal und h:
waagerecht → und senkrecht ↓.
Markiere sie, schreibe sie heraus und ergänze zu jedem
ein verwandtes Wort.

W	E	W	O	H	N	U	N	G	Z	U	T
A	S	Q	H	R	V	L	M	E	O	L	W
H	B	E	Z	A	H	L	U	N	G	J	A
N	U	R	K	G	E	F	Ü	H	L	X	H
E	K	R	U	H	M	R	B	Y	L	I	L

– Bei einer kleineren Gruppe von
Wörtern folgt nach dem beton-
ten, langen Vokal ein **h,** z. B.:
Bahn, befehlen, Rohr, Ruhm.
– Das h steht besonders **häufig
vor** den Konsonanten **l, m, n, r.**
– Es bleibt auch in den verwand-
ten Wörtern erhalten, z. B.:
*Zahl – zählen, Lehm – lehmig,
Lohn – lohnend, Uhr – Uhrzeit.*

Wohnung – wohnen,

3 Suche Reimwörter mit einem langen a, auf das ein hl, hm, hn oder hr folgt.

prahlen	lahm	Hahn	verwahren
strahlen			

4 Ergänze die fehlenden Buchstaben. Prüfe genau, wo auf den betonten langen Vokal ein h folgt.

Bastelanleitung für die L___k___m___tive von Lukas und Jim Knopf

Zeichne eine Vorl___ge für die L___k___m___tive auf s___r festes

Papier ___der auf Pappe. Schneide sie aus. Schneide n___n aus

m___reren bunten Stoffresten Streifen und Muster aus und

bekl___be d___mit das F___rzeug von Jim und Lukas.

Durch unterschiedliche Stoffe werden F___rerhaus, R___der

und Schl___t bet___nt. Ziehe mit der N___del einen F___den

vom F___rerhaus zum Schl___t und verkn___te

die Enden.

5 Trage die fehlenden Verbformen ein.
Das h nach dem betonten langen Vokal bleibt immer erhalten.

Infinitiv	Präsens		Präteritum	
	1. Person Singular	3. Person Singular	3. Person Singular	3. Person Plural
stehlen				
			sie fuhr	
		er bohrt		
	ich fühle			

6 **a** Löse das Rätsel.
●●● Kreise die verschiedenen
Schreibweisen des langen Vokals ein.
b Wie heißt das Lösungswort?
Du findest es in den gelb unterlegten
Feldern.

A Kosmetikartikel

B oberste Milchschicht

C Sitzgelegenheit

D Material von Schuhen

E Niederschlag

F Wintergemüse

G Geräusch von Fröschen

H Federvieh

I Tätigkeit im Haushalt

Lösungswort: _____

87

7 Finde zu diesen Verben passende Reimwörter.
Zu dem Verb <u>gehen</u> lassen sich die meisten Reimwörter bilden.

gehen	mähen	blühen
_____	_____	_____
_____	_____	_____
_____	_____	_____

> Bei manchen Wörtern steht am Anfang der zweiten Silbe ein **h.** Du kannst es hören, z. B.: *Ru-he, ge-hen.* Das **h** bleibt in verwandten Wörtern erhalten. Verlängere Einsilber, dann kannst du es hören, z. B.:
> *es weht → wehen, Zeh → Zehen, sie sieht → sehen.*

8 Trage die fehlenden Verbformen ein.
Das h nach dem betonten langen Vokal bleibt immer erhalten.

| Infinitiv | Präsens | | Präteritum | |
	1. Person Singular	3. Person Singular	3. Person Singular	3. Person Plural
gehen				
			er mähte	
		sie näht		
				sie flehten
	ich drohe			
			es sah	

9 a Suche für jedes Nomen verwandte Wörter und schreibe sie auf.
b Markiere die Wortstämme.

gehen: *Vergehen – Gehsteig – Gehrock* _____

_____

bemühen: _____

Ruhe: _____

10
●●● Verlängere: Bilde zu den Nomen den Plural und steigere die Adjektive. Schreibe die Verlängerungen auf.

der Schuh _____

das Reh _____

froh _____ _____

zäh _____ _____

nah _____ _____

Eine Kuh macht Muh.

Viele Kühe machen Mühe.

Information   Doppelvokal: aa, ee, oo

Es gibt nur wenige Wörter, in denen der lang gesprochene Vokal durch die Verdoppelung gekennzeichnet ist. **Merke sie dir gut:**

– **aa:** *der Aal, das Haar, paar, das Paar, der Saal, die Saat, der Staat, die Waage.*
– **ee:** *die Beere, das Beet, die Fee, das Heer, der Klee, das Meer, der Schnee, der See, die Seele, der Speer, der Teer.*
  Dazu kommen die **Fremdwörter mit ee** im Wortausgang, z. B.: *die Allee, die Armee, die Idee, der Kaffee, der Tee, die Tournee, das Püree.*
– **oo:** *das Boot, doof, das Moor, das Moos, der Zoo.*

---

1   Markiere 16 Wörter mit Doppelvokal: waagerecht → und senkrecht ↓.
Schreibe sie in dein Heft ab. Achte dabei auf die richtige Groß- und Kleinschreibung.

H	A	A	R	B	Z	B	U	L	R	S	T	A	A	T	X
A	H	E	M	O	O	S	L	E	I	A	E	A	L	E	U
U	L	L	I	O	T	E	F	E	F	A	E	S	P	E	T
M	O	O	R	T	B	E	E	R	E	L	P	V	P	R	D
C	H	K	F	L	G	H	R	I	E	F	I	J	U	L	R
S	C	H	E	E	L	X	M	S	A	A	T	Y	Z	O	O

---

2   Folgende Nomen sind falsch zusammengesetzt.
Trenne sie ab. Verbinde sie zu richtigen neuen Wörtern und schreibe diese auf.

See	pflug	Mittelwaage	Aasbad	Blumenmeer	Personenbeet

Seelen	räuber	Teeblatt	Schneebeutel	Kleeruhe	Moorgeier

Seeräuber,

---

3   Gesucht sind hier Wörter mit ee im Wortausgang.
●●●   Das gelb unterlegte Lösungswort
bezeichnet ein Wintergemüse.

A breiige Kartoffelspeise

B islamisches Gebetshaus

C Handtuch mit rauer Oberfläche

D staatliche Streitkräfte

E eingedickter Fruchtsaft

F spontaner Einfall

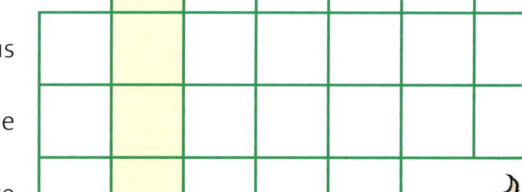

Lösungswort: _____

> **Information**   **Wörter mit langem i: ie, i, ih**
>
> – **Wörter mit ie:** Mehr als drei Viertel aller Wörter mit lang gesprochenem **i** werden mit **ie** geschrieben,
>   z.B.: *der Riese, niedrig, fliegen*. Das ist die häufigste, die „normale" Schreibweise.
> – **Wörter mit i:** Manchmal wird das lang gesprochene **i** durch den Einzelbuchstaben **i** wiedergegeben,
>   z.B.: *mir, dir, wir, der Igel, das Klima, das Kino, der Liter*.
> – **Wörter mit ih:** Nur in einigen Personalpronomen (▶ S. 42) wird der lange i-Laut als **ih** geschrieben:
>   *ihr, ihm, ihn, ihnen, ihre*.

1 a **Lies das Gedicht und markiere alle Wörter mit ie.**
   b **Schreibe alle markierten Wörter richtig ab.**

Dieter Mucke

Die einfältige Glucke

Dass Küken wachsen mit den Tagen
Nein, das konnt' sie nicht ertragen.

Solang sie klein und niedlich blieben
Ja, da waren sie die Lieben.

5 Da saß sie mit dem breiten Hintern
Die meiste Zeit auf ihren Kindern.

Sie hatte es am allerliebsten
Wenn sie nur ganz leise piepsten

Sodass sie jedes niederdrückte
10 Das sich nicht mehr zum Küken bückte.

Die ließen sich das nicht gefallen
Und sie war sehr enttäuscht von allen.

Worauf sie nur noch Eier mochte
Die Ruhe hielten und keiner kochte:

15 Sie saß mit ihrem kleinen Grips
Froh und zufrieden auf Eiern aus Gips.

2 **Einige Verben haben in der Zeitform Präteritum ein ie.**
●●● **Vervollständige die folgende Tabelle.**

Infinitiv	Formen des Präteritums mit ie	Infinitiv	Formen des Präteritums mit ie
raten	ich _____	schlafen	ich _____
_____	du *riefst*	_____	er *blieb*
halten	er _____	weisen	ich _____
_____	wir *rieben*	_____	du *liefst*
scheinen	sie _____	meiden	wir _____

3 Ergänze die Tabelle.

Nomen	Verben
Musik	*musizieren*
_____	telefonieren
Protest	_____
_____	nummerieren
Diktat	_____
_____	frisieren
Kontrolle	_____
_____	studieren

> Viele von Fremdwörtern abgeleitete **Verben** enden auf **-ieren**, z. B.: *subtrahieren, addieren, korrigieren.*

4 Wenn du die Buchstaben richtig zusammensetzt, ergeben sich Nomen mit einfachem i.
Es handelt sich dabei um häufig verwendete Fremdwörter. Schreibe sie auf.

MESCH + INA – Gerät, das Arbeitsgänge selbstständig verrichtet = *Maschine*

RU + EIN – Reste eines zerstörten oder verfallenen Bauwerks = _____

ERP + LINA – Schokoladenkonfekt mit Füllung = _____

OR + SEIN – getrocknete Weinbeere = _____

LIOV + EIN – Geige = _____

5 Entscheide, ob die Wörter mit lang gesprochenem i mit ie oder i geschrieben werden.
●●● Wenn du unsicher bist, schlage im Wörterbuch nach.

Kleine Säuget___re als bel___bte Hausgenossen

Wenn du d___r schon lange ein Haust___r wünschst, d___r jedoch noch

unsicher bist, welches du auswählen sollst, dann l___st du d___r am besten

d___se Tipps durch: Zum Verl___ben sind für Stadtkinder Goldhamster, Mäuse und

Kan___nchen, denn man kann mit ihnen pr___ma sp___len. Auch Ratten sollen mitunter ganz poss___rliche

T___rchen sein. Du musst dafür Sorge tragen, dass dein T___r regelmäßig etwas zu fressen kr___gt und du für

seinen Käfig eine ruh___ge Stelle findest. Kläre immer frühzeitig, dass dein Tier in den Fer___en gut versorgt ist.

H___rbei kommt es darauf an, dass n___mand überfordert wird. Keiner sollte am Ende sagen: „N___ w___der!"

Die Schreibung der s-Laute: s, ss oder ß?

Information	Stimmhaftes und stimmloses s

- **Das stimmhafte s (= weicher, gesummter s-Laut):** Manchmal spricht man das **s** weich und summend wie in *Sonne, Tausend* oder *seltsam*. Dann nennt man das **s** stimmhaft.
- **Das stimmlose s (= harter, gezischter s-Laut):** Manchmal spricht man das **s** hart und zischend wie in *Gras* oder *küssen* oder *schließen*. Dann nennt man das **s** stimmlos.

1 Lies den Text und unterstreiche alle Wörter mit s-Laut.

Sommerurlaub

In diesem Jahr verbringt die Familie von Sebastian die Sommerferien an der Nordsee. Mittags in der Ferienwohnung angekommen, findet Familie Hesse einen Riesenschlamassel vor: In seinem Bett entdeckt Sebas-
5 tian Salatschüsseln, in der Badewanne stößt er auf einen Wasserkessel. Ums Sofa herum riecht es leicht säuerlich, Schwester Susi zieht eine Essigflasche darunter heraus. Gemeinsam sucht Familie Hesse alles ab, doch es findet sich nichts Seltsames mehr.
10 Anschließend geht es an den Sandstrand. Zum Essen

sind von der Reise Käsebrote übrig, Sebastian packt noch Süßigkeiten ein, Nussschokolade und etwas Kuchen. Susi nimmt das Buch mit, in dem sie gerade liest. Vater Hesse will Wattwürmer suchen und Muscheln sammeln. Am Strand ist es heiß, die Hesses 15 verkriechen sich flugs unter dem Sonnenschirm.

2 a Lies die unterstrichenen Wörter leise und schreibe hier alle Wörter auf, die einen stimmhaften s-Laut haben.

<u>*Sommerurlaub*</u>

_____

_____

_____

b Trage die Wörter mit einem stimmlosen s-Laut in diese Tabelle ein.

ß	ss	s
stößt	*Hesse*	*Sebastian*

Methode   **Verlängerungsprobe**

Das stimmlose **s** wird mit einem einfachen **s** geschrieben, wenn du beim Verlängern des Wortes
ein stimmhaftes **s** hörst, z. B.: *er reist → reisen, Glas → Gläser, Weisheit → weise.*
Für einige Wörter mit einfachem s am Wortende gibt es keine Verlängerungsmöglichkeit – es sind
Merkwörter: *als, aus, heraus, bis, bisher, bereits, es, was, etwas, niemals, alles, anders, morgens.*

---

3   Verlängere und trage die richtige Schreibweise für den gesuchten s-Laut ein.

*diese*_____ – die**s**____   _____ – Auswei____

_____ – nervö____   _____ – er sau____t

_____ – Prei____   _____ – Gra____

_____ – Bo____heit   _____ – Hinwei____

Information   **ß nach langem Vokal oder Diphthong**

Der stimmlose **s**-Laut wird nach einem betonten **langen Vokal oder Diphthong** (Doppellaut: ei, ai, au,
äu, eu) mit **ß** geschrieben, wenn er auch bei der Verlängerungsprobe stimmlos bleibt, z. B.:
Gruß → Grüße, groß → größer, er heißt → heißen.

---

4   **a**   Unterstreiche in diesen Wörtern den langen Vokal oder den Diphthong.
     b   Verlängere und prüfe, ob das s stimmlos bleibt. Trage erst dann die richtige Schreibweise ein.

*Späße, spaßig*_____ – Spa**ß**____   _____ – Fu____

_____ – sie grü____t   _____ – es flie____t

_____ – wei____   _____ – Flei____

---

5   Verlängere und trage ein: ß oder s? Verbinde jeden Satz mit einer der Figuren im Bild,
●●●   die zum dazu passenden Märchen gehört.

A   „Wer hat von meinem Gemü❓chen (_____) gegessen?"

B   „Ei, Gro❓mutter (_____), was hast du für Ohren?"

C   „Im Schloss soll eine wunderschöne Königstochter, Dornrö❓chen (_____)

    genannt, schon hundert Jahre schlafen."

D   „Heute back ich, morgen brau ich, übermorgen hol ich der Königin ihr Kind!

    Ach, wie gut, dass niemand weiß, dass ich Rumpelstilzchen hei❓." (_____)

E   „Gei❓lein (_____), hört die raue Stimme. Das ist der Wolf!"

Information	Doppel-s nach kurzem Vokal

Der stimmlose **s**-Laut wird **nach einem betonten kurzen Vokal** mit **ss** geschrieben, z. B.: *messen, die Nüsse*.

6 Trage die richtige Schreibweise ein und ergänze die passenden Reimwörter.

A Ella kann es gar nicht *fassen*,

Großmutter kauft sich neue Ta_____.

B „Gib mir bitte einen Ku_____,

weil ich doch jetzt gehen _____.“

C Der Delphin macht eine ulkige Po *ss*_e

mit seiner linken, großen *F*_____.

D Der Mensch i_____, das Tier _____.

E Statt zu lernen liegt, Leni auf dem K_____, das darf der Lehrer gar nicht w_____.

F Mit der Arbeit ist jetzt Sch_____, vor Freude springt Kim in den F_____.

7 ß oder ss?

● ● ● a Sprich jedes Wort in Gedanken rhythmisch und prüfe: Langer oder kurzer Vokal?
Unterstreiche die langen Vokale und Diphthonge. Setze einen Punkt unter die kurzen Vokale.

er lä🔲t   Schwei🔲   drei🔲ig   Adre🔲e   drau🔲en   ein bi🔲chen

be🔲er   Stra🔲e   intere🔲ant   na🔲   au🔲erdem

b Schreibe jedes Wort in die richtige Spalte der Tabelle.

ß nach langem Vokal oder Diphthong	ss nach kurzem Vokal

8 Entscheide, wie der s-Laut richtig geschrieben wird. Ergänze ß oder ss.

Im Garten plantschen

Matthias und Paul haben ein Schwimmbecken im Garten aufgebaut – sie

mü____en nur noch das Wasser einla____en. Beide Jungen schnappen sich

Gie____kannen und schütten Wa____er in den Pool. Im Becken gibt es

jetzt mehrere kleine Pfützen. So wird es ewig dauern, bis sie hineinspringen

können. Paul bei____t sich auf die Lippe und denkt nach. Der Bi____ tut

ein bi____chen weh. Schlie____lich schmei____t er die Gie____kannen in

die Ecke und rei____t den Gartenschlauch herunter, um ihn aufzudrehen.

Das Wa____er spritzt sprudelnd ins Becken. Die Jungen genie____en den Anblick

des vollen Beckens. Der Genu____ wird noch größer, als sie gemeinsam hinein-

springen. Sie haben nur leider verge____en, vorher den Schlauch abzudrehen. Der entsetzte Schrei

des Nachbarn lä____t die beiden aufschrecken. Das Wasser hat sich in seine Blumenbeete ergo____en,

die bla____roten Rosen stehen mit den Fü____en in einem gro____en Teich. O Schreck!

9 s, ss oder ß? Ergänze richtig.
●●● Tipp: Schlage im Wörterbuch nach, wenn du unsicher bist.

Maus auf Reisen

Al____ Stefan neulich morgen____ drau____en auf ____ein Fahrrad stieg, sah er eine Mau____ über

die Stra____e flitzen. Bevor sie flug____ die Seite wechselte, blickte sie nach recht____ und link____.

E____ war kein Auto zu ____ehen, allerding____ bog ein Bu____ um die Ecke. Die Mau____ sau____te

den Rinnstein entlang bi____ zur Bu____haltestelle und wartete dort, bi____ der Bu____ hielt.

Ein Nachbar von Stefan stieg au____, die kleine Mau____ flitzte hinein. Stefan grin____te, so etwa____

hätte er sich niemal____ träumen la____en. Er folgte dem Bu____, denn er wollte wi____en, wa____

die sü____e kleine Mau____ noch alle____ vorhatte. Stefan verga____ über dieses

kleine Abenteuer vollkommen, dass sein Tag eigentlich völlig ander____ geplant war.

Er folgte dem Bus bis zur Endhaltestelle und pa____te bei jedem Halt genau auf.

Keine Maus kam herau____. Da sah er sie – und mu____te furchtbar lachen.

Schwierige Laute

Information	V/v: Ein Buchstabe – zwei Laute

Das **V/v** ist ein außergewöhnlicher Buchstabe:
- Häufig klingt er am Wortanfang wie ein **f**, z. B.: *Vollmond, viel.*
- Manchmal spricht man ihn wie **w**, z. B.: *Ventilator, vegetarisch.*

Im Zweifelsfall musst du deshalb im **Wörterbuch** an drei verschiedenen Stellen nachschlagen:
unter **v** und **f** sowie **w**.

1 **a Unterstreiche in diesem Text alle Wörter, in denen ein V/v vorkommt.**

Erste Geige spielen

Es ist Viertel vor vier. Veronika hat Unterricht im Violinenspiel. Ihr Vater hat Visionen. Er hofft, dass die Tochter vielleicht einmal Violinistin wird. Veronika interessiert sich viel mehr für Viecher, sie hätte vor allem gern
einen Vogel, nämlich einen Papagei. Im Unterricht versucht sie, das verflixt schwere Stück vorzuspielen. Die
Lehrerin lauscht vergnügt. „Beginne lieber von vorn!",
ermutigt sie. „Vielleicht gelingt es dir dann besser!"

b Trage die unterstrichenen Wörter in die Tabelle ein.
Sprich sie leise aus und achte genau darauf, wie das V/v klingt.

v/V gesprochen wie f		v/V gesprochen wie w

2 **Bilde je zehn Verben mit ver- und vor- und schreibe sie in dein Heft.**

	sehen	bleiben	ändern	laufen	fallen	geben
ver-	bitten	blühen	lassen	brauchen	legen	bergen
vor-	bringen	kommen	ärgern	liegen	stellen	

Information	**ks: Ein Laut – fünf Schreibweisen** (*ks, cks, gs, chs, x*)

Die Buchstabenfolgen *ks, cks, gs, chs, x* werden alle wie **ks** gesprochen.
– Wörter mit **ks, cks** und **gs** kann man oft von einem verwandten Wort ableiten, z. B.:
Volksstamm → die Völker, Glückstreffer → glücken, rings → ringen.
– Wörter mit **x** und **chs** musst du dir merken, z. B.: *Nixe, Ochse*.

3 Einige Wörter mit x sind in die Wortmühle gefallen.
Setze sie wieder zusammen und schreibe sie auf.

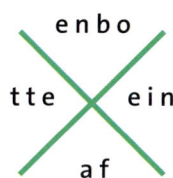

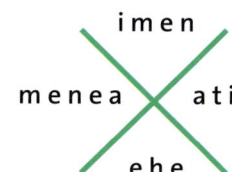

boxen _____

4 Kennst du diese Wörter mit chs? Schreibe sie auf.

 _____

 _____

 *w*_____

*L*_____

 _____

 *O*_____

5 x oder chs? Ergänze die fehlenden Buchstaben.
Tipp: Es ist fünfmal x und dreimal chs gefragt.

Wenn du unsicher bist,
schlage im Wörterbuch nach!

Fa_____en   we_____eln   Sa_____e   A_____t

Fla_____   Le_____ikon   E_____plosion   _____ylophon

6 ks, cks oder gs? Wende die Ableitungsprobe (▶ S. 77) oder die Verlängerungsprobe (▶ S. 79) an,
um die richtige Schreibweise des ks-Lautes zu klären.

du flie🔊 → *fliegen* _____ = *du fliegst* _____

unter|we🔊 → *Wege* _____ = _____

du we🔊t → _____ = _____

Kle🔊 → _____ = _____

ta🔊über → _____ = _____

du den🔊t → _____ = _____

anfan🔊 → _____ = _____

lin🔊 → _____ = _____

zwe🔊 → _____ = _____

du len🔊t → _____ = _____

Teste dich!

Kurze und lange Vokale, s-Laute und schwierige Laute

1 **a** **Lies den Text.**
   b **Erkläre die Schreibweise der markierten Buchstaben (A) bis (D).**
      Schreibe ins Heft. (4 Punkte)

Erich Kästner

Die Konferenz der Tiere

Eines schönen Tages wurde es den Tieren (A) zu dumm. Der Löwe (B) Alois, der sich mit Oskar, dem Elefanten, und dem Giraffenmännchen Leopold wie immer freitags zum Abendschoppen am Tsad- see (C) in Nordafrika traf, sagte, seine Künstlermähne (D) schüttelnd: „O diese Menschen! Wenn ich nicht so blond wäre, könnte ich mich auf der Stelle schwarzär- gern!"

2 **Markiere im folgenden Text die Wörter mit zwei oder mehr Konsonanten nach kurzem betontem Vokal. (21 Punkte)**

Die Giraffe Leopold stand mit gespreizten Beinen am Wasser und trank in kleinen hastigen Schlucken. Dann meinte sie: „Schreckliche Leute! Und sie könnten's so hübsch haben! Sie tauchen wie die Fische, sie laufen wie wir, sie segeln wie die Enten, sie klettern wie die Gämsen und flie- gen wie die Adler, und was bringen sie mit ihrer Tüchtigkeit zustande?"

3 **Streiche die falschen Schreibweisen durch. (5 Punkte)**

„Kriege!", knurrte der Löwe Alois. „Kriege bringen

sie zustande. Und   Ref/w/volutionen   .

Und   Streichs/ks/gs   . Und Hungersnöte.

Und neue Krankheiten. Wenn ich nicht so

blond wäre, könnte ich mich auf der Stelle ...“

„Schwarzärgern",   f/w/vollendete   die Giraffe

den Satz. Denn den kannten die Tiere der

F/W/Vüste   länkst/xt/gst   auswendig.

4 **s, ss oder ß? Trage ein. (9 Punkte)**

„Mir tun blo_____ die Kinder leid, die sie haben",

meinte der Elefant Oskar und lie_____ die Ohren

hängen. „So nette Kinder! Und immer mü_____en

sie die Kriege und die Revolutionen und Streiks

mitmachen, und dann _____agen die Gro_____en

noch: Sie hätten alle_____ nur getan, damit e_____

den Kindern später einmal be_____er

ginge. So eine Frechheit, wa_____?"

Vergleiche deine Ergebnisse mit dem Lösungsheft. Für jede richtige Antwort bekommst du einen Punkt.

☺ 39–29 Punkte	☺ 28–19 Punkte	☹ 18–0 Punkte
Gut gemacht!	Gar nicht schlecht, aber lies dir die Merkkästen auf den Seiten 83 bis 97 noch einmal genau durch.	Arbeite die Seiten 83 bis 97 noch einmal genau durch.

Groß- und Kleinschreibung

Information	Großschreibung

Satzanfänge, Namen und **Nomen** werden **großgeschrieben**.
Wörter, die auf *-heit, -keit, -nis, -ung, -tum, -schaft, -in* enden, sind immer **Nomen** und werden deshalb
großgeschrieben, z.B.: *Freiheit, Eitelkeit, Zeugnis, Zeichnung, Reichtum, Leidenschaft, Polizistin*.

1 Bilde aus diesen Wortbestandteilen Nomen und schreibe sie mit den richtigen Artikeln auf.

Sicher-	Brauch-	Beschäftig-	Bescheiden-	Ärger-	-in	-schaft
Gesund-	Bitter-	Versteiner-	Freund-	Wissen-	-nis	-ung
Finster-	Frech-	Geheim-	Lehrer-	Ergeb-	-tum	-heit
Gleich-	Höflich-	Erzähl-	Beleidig-	Dunkel-		-keit

_____

_____

_____

_____

2 Im Gitterrätsel sind waagerecht → und senkrecht ↓ 15 Wörter versteckt.
●●● Markiere sie und schreibe sie mit den Artikeln auf.

H	Ü	B	E	R	L	E	G	E	N	H	E	I	T	Ä	I	C	E	B	E
E	G	E	S	E	L	L	S	C	H	A	F	T	E	L	B	O	I	I	R
I	E	G	A	V	E	R	W	A	N	D	T	S	C	H	A	F	T	L	L
L	V	E	R	P	F	L	I	C	H	T	U	N	G	A	R	U	E	D	A
I	M	G	E	M	E	I	N	H	E	I	T	O	F	U	K	E	L	N	U
G	P	N	Ö	D	F	N	B	E	M	E	R	K	U	N	G	S	K	I	B
T	J	U	E	I	G	E	N	T	U	M	K	Ö	C	H	I	N	E	S	N
U	R	N	Z	O	W	K	R	A	T	L	O	S	I	G	K	E	I	T	I
M	U	G	E	S	C	H	I	C	K	L	I	C	H	K	E	I	T	V	S

_____

_____

99

> ## Information   Nomen erkennen
>
> Nomen kann man meist an ihren Begleitwörtern erkennen: Diese gehen ihnen voraus (▶ S. 38).
> **Begleitwörter** sind:
> – **Artikel** (bestimmter/unbestimmter), z. B.: *der Ball*, *ein Ball*,
> – **Pronomen**, z. B.: *unser Ball*, *dieser Ball*,
> – **Präpositionen**, die mit einem Artikel verschmolzen sein können, z. B.:
>   *mit Ball*, *am (an + dem) Ball*, *beim (bei + dem) Ball*,
> – **Adjektive**, z. B.: *bunte Bälle*, *zwei Bälle*.
> Tipp: Im Satz steht nicht immer ein Begleiter vor einem Nomen. Wenn du in Gedanken einen Artikel
> ergänzen kannst, handelt es sich um ein Nomen, z. B.: *Manchmal fliegen Bälle weit.* → *die Bälle*

3 **Diese Meldung ist in Kleinschreibung von einer Nachrichtenagentur gekommen, sie soll fehlerfrei in der Tageszeitung erscheinen.**

a **Unterstreiche jedes Nomen mit seinen Begleitwörtern.**
 Falls du unsicher bist, prüfe: Kannst du in Gedanken einen Artikel ergänzen?

b **Schreibe die Meldung mit der richtigen Groß- und Kleinschreibung ab.**
 Achte auch auf die Großschreibung von Satzanfängen und Namen (▶ S. 99).

Fußball-WM in Südafrika:
Krake Paul orakelt die Niederlage der DFB-Elf gegen Spanien

VORSICHT FEHLER!

das tintenfisch-orakel paul aus dem sealife-aquarium im ruhrgebiet hat eine niederlage der deutschen nationalmannschaft im halbfinale gegen spanien vorausgesagt. dem tintenfisch wurden zwei gläser mit
5 muschelfleisch jeweils mit der deutschen und der spanischen flagge im wasser aufgestellt. nur wenige minuten später setzte sich paul auf den spanischen behälter, öffnete den deckel und verspeiste genüsslich das muschelfleisch. die anwesenden erstarrten vor schreck, denn damit entschied sich der oktopus gegen
10 die deutsche fußballmannschaft. das ist eine bittere nachricht für die deutschen jungs, denn das tintenfisch-orakel gilt als sehr treffsicher. alle deutschen begegnungen der WM in südafrika hatte paul richtig vorhergeschmeckt.
15

Das Tintenfisch-Orakel Paul

4 Folgende Sätze lassen sich vorwärts wie rückwärts lesen.

a Verbinde die Satzanfänge der linken Spalte mit den passenden Satzenden in der rechten Spalte.
Tipp: Die hervorgehobenen Buchstaben helfen dir dabei.

b Schreibe die Sätze in der richtigen Groß- und Kleinschreibung auf.

TRUG TIM EINE SO HELLE HOSE	RETTE**N**
IN NAGOLD LEGEN HÄHNE	NIE MIT GUR**T**?
NETTE REHE	MARBURG EI**N**
REGAL MIT SIRUP	GELD, LOG ANN**I**
NIE GRUB RAMSES	PUR IST IM LAGE**R**

5 In diesem Gedicht sind Wortgrenzen und Großbuchstaben falsch.

a Trenne die richtigen Wortgrenzen ab: |.

b Schreibe das Gedicht mit der richtigen Groß- und Kleinschreibung in dein Heft.

Ein Hai-Schell-Tintenfischkompott

Einschell Fisch kamher Angesch Wommen
undmach Tesich Gan Zunbe Sonnen
Auf Denwe Gin Dieme Eresti Efe
Undtat dan Nso, Also Bersch Liefe,
5 wi Eimmer, wen Neringe Fahr
unde Inha Ifischin Dernä Hewar.

Derhai fischd Reh Tese Iner und En,
u Map petit auff isch Zube Kunden.
Erb issd Emtin Tenfisch vomle Ib
10 Z Weiar Me, Nurz Umze Itver Treib.

Dert Intenfisch, Zweiar Mewe Niger,
be gabsich des halbviel zielstre biger,
Alsessei near Twar, Nachober hausen,
Insa Quarium, gan Zohnemeer Esbr ausen.
15 Undd Ort, Imfer Nenruhrp Ott
is Sterse Itdem Nurmus Chelkom Pott.

Sos Chwim Mtdertin Tenfi Schnunhin undher
imSe E-Aqua Rium, nicht immeer.
un Ddabe Idenk Tda sklu Getier
20 oh N'weh Mutan Seinal Tesja Gdre Vier.

Derschellf Ischab er, Imti Efenme Er,
Schwimm Tweiter Hinnoch hinu Ndher
undsa gt Sichehr Lichun Dof Fen:
„Zu Mglü CkhatesNi Chtmi Chget Roffen."

| **Information** | **Anredepronomen in Briefen und E-Mails** |

- Personen, die man siezt, werden mit den Anredepronomen *Sie, Ihnen, Ihre, Ihr* angesprochen, z. B.: *Wie geht es Ihnen?* Diese **höfliche Anrede** wird **großgeschrieben**.
- Bei Personen, die man duzt, werden die Anredepronomen *du, dich, dir, ihr, euch, euer* in der Regel kleingeschrieben. Du kannst sie aber auch großschreiben, es ist nicht falsch.

Achtung: Achte in Briefen oder E-Mails genau darauf, ob es sich um eine höfliche Anrede (= großgeschrieben) oder um ein Personalpronomen (= kleingeschrieben) handelt, z. B.:

Eines müssen Sie wissen: Ich mag Tintenfische, weil sie so schlau sind.
   höfliche Anrede   Personalpronomen

6 **Höfliche Anrede oder Personalpronomen? Wähle die richtige Form aus und streiche die falsche Form durch.**

Sehr geehrte Damen und Herren bei Sea Life,

mit Freunden diskutierte ich über die Fußballprophezeiungen des Tintenfisches Paul. Ich persönlich halte das

für einen Scherz. Meine Freunde meinten, dass Sie/sie als Mitarbeiter eines Sea-Life-Aquariums es doch genau

wissen müssten. Meine Freunde sagen, dass Tintenfische sehr intelligent seien, da Sie/sie neun Gehirne hätten.

Ich kann das aber nicht glauben, Sie/sie doch sicher auch nicht, oder? Weiterhin behaupten Sie/sie , also meine

Freunde, dass Sie/sie , also die Tintenfische, drei Herzen hätten. Nun bitte ich Sie/sie , mir mit Ihrem/ihrem

Wissen diese Behauptungen zu bestätigen. Falls Paul wirklich weissagen kann, empfehle ich Ihnen/ihnen , ihm

ein Weibchen an die Seite zu geben. Dann gäbe es vielleicht bald kleine Tintenfische und Sie/sie könnten mit

Ihren/ihren von den Eltern geerbten Fähigkeiten zum Beispiel die Aktienkurse vorhersagen oder das Wetter

oder meine Zeugnisnoten. Das wäre doch ein gutes Geschäft für Sie/sie , oder?

Mit freundlichen Grüßen

Max Schlaumeier

7 **Trage in der folgenden E-Mail die fehlenden Anredepronomen ein.**

Lieber Max,

gern beantworte ich _____ Fragen: Kraken haben nur ein Herz und ihre acht Arme steuern sie mit einem

einzigen Gehirn. Und _____ hast recht, Paul kann in Wahrheit nicht hellsehen. Aber stell _____ vor: Kraken sind

sehr intelligent, sie können den Weg durch ein Labyrinth finden und sogar Gläser öffnen!

Viele Grüße
Martin Wasserfreund
(Tierpfleger in der Abteilung „Kopffüßler")

Zeichensetzung

| Information | Das Komma bei Aufzählungen |

Aufzählungen können aus Wörtern oder aus Wortgruppen bestehen. Sie werden durch ein Komma getrennt, z. B.: *Eisbärweibchen sind liebevolle, fürsorgliche und interessante Wesen.*
Wenn die Aufzählungen durch Konjunktionen wie *und, sowie, oder, entweder ... oder, sowohl ... als auch* bzw. *weder ... noch* verbunden sind, entfällt das Komma, z. B.:
Eisbären sind weder kuschelige noch ungefährliche Tiere.

1 **a** **Unterstreiche in diesen Sätzen die Aufzählungen.**
Tipp: Nur in einem Satz ist keine Aufzählung zu finden, in einem Satz sogar zwei.
b **Setze, wo nötig, die fehlenden Kommas.**
c **Markiere die Konjunktionen, vor denen kein Komma steht.**

Das Leben der Eisbären

Eisbären leben entweder in der Nähe von Küsten oder in der Reichweite von Inseln in den Eisregionen der Arktis. Eisbären sind sowohl an Land als auch im Meer zu
5 Hause. Die ausgewachsenen Tiere haben breite Schultern große Pfoten und kräftige Vorderbeine. Auffällig ist auch ihr sowohl langer als auch schmaler Kopf. Ihr Fell sieht weiß cremefarben oder gelblich aus. Es ist außerdem ölig kaum glänzend und wasserabweisend.
10 Eisbären sehen jedoch nur aus der Ferne und nur in der

Vorstellung vieler Menschen niedlich kuschelig sowie freundlich aus. In Wirklichkeit können sie sehr gefährlich werden – für ihre Artgenossen für andere Tiere und für Menschen. Während der Paarungszeit kämpfen die Eisbärmännchen um die Weibchen. Hier- 15 bei legen sie zunächst die Ohren an und senken ihren Kopf, um im nächsten Moment zu knurren zu fauchen und den Gegner aktiv anzugreifen. Der Kampf endet entweder durch Aufgeben oder durch Flucht.

2 **In diesem Text ist die Kommasetzung ziemlich durcheinandergeraten.**
●●● **Verbessere mit einem roten Stift:**
a **Setze die fehlenden Kommas in den Aufzählungen.**
b **Streiche die falsch gesetzten Kommas durch.**

Die Weibchen bekommen alle drei Jahre Junge. Die Neugeborenen sind zunächst weder ansehnlich, noch flauschig. Vielmehr ähneln sie nackten Ratten, und sind beinahe federleicht. Erst nach etwa vier Wochen sieht man an Augen Fell,
5 und Zähnen einen deutlichen Entwicklungsfortschritt. Nach ungefähr acht Wochen raufen sie, tollen herum, und bewerfen sich mit Schnee. Manchmal klettern sie auf ihre Mutter zupfen an ihrem Fell, oder rutschen an ihr herunter. Insgesamt gesehen ist das Eisbärleben für die Kleinen besonders gefährlich, denn sie können jederzeit von
10 den Eisbärmännchen angegriffen oder aufgefressen werden.

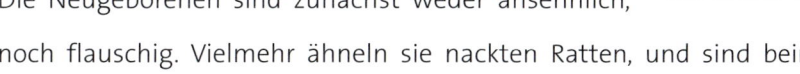

Information   Zeichensetzung in der wörtlichen Rede

Wörtliche Rede steht in **Anführungszeichen** (Redezeichen). Die Zeichensetzung ändert sich, je nachdem, ob der Redebegleitsatz vor, nach oder zwischen der wörtlichen Rede steht.
- Der **Redebegleitsatz vor der wörtlichen Rede** wird durch einen Doppelpunkt von der wörtlichen Rede abgetrennt, z. B.:
  Der Zoodirektor sprach in die laufenden Kameras: „Der Eisbär Knut hatte viele Fans.“
- Der **Redebegleitsatz nach der wörtlichen Rede** wird durch ein Komma von der wörtlichen Rede abgetrennt, z. B.: *„Eisbären sind meine Lieblingstiere“, schwärmt Simone.*
- Der **Redebegleitsatz zwischen der wörtlichen Rede** wird durch Kommas von der wörtlichen Rede abgetrennt, z. B.: *„ Ich hoffe“, betont Tanja, „dass die Eisbären überleben.“*

3   Denke dir Sätze für die wörtliche Rede aus und trage sie in die Satzmuster ein.

Der Zoodirektor berichtet den Journalisten: „_____.“

„_____“, schwärmt Simone.

„_____“, betont Tanja, „_____.“

4   a   Unterstreiche in diesen Sätzen die Redebegleitsätze.
     b   Setze, wo nötig, einen Doppelpunkt.
     c   Setze die fehlenden Anführungszeichen.

Eisbären vom Aussterben bedroht

Ich finde Eisbären ja sooo süß, schwärmt Tanja. O ja, Eisbärbaby Knut hätte ich am liebsten als Haustier genommen, ergänzt Simone. Sie fragt nach: Warst du damals im Berliner Zoo und hast dort Knut gesehen? Nein, leider nicht, bedauert Tanja, aber ich habe anderen Eisbärkindern beim Spielen zugesehen. Das hat echt Laune gemacht. Markus spitzt die Ohren und gibt zu bedenken
5   Habt ihr schon davon gehört, dass eure Lieblingstiere vom Aussterben bedroht sind? Erzähle mal Genaueres!, fordert Tanja ihren Mitschüler interessiert auf. Markus führt aus Ich habe neulich gelesen, dass die Klimaerwärmung in der Arktis das Leben der Eisbären bedroht. Nach und nach verschwinden die Eismassen, die Jagdreviere der Tiere werden kleiner und die Kinderstuben der Eisbären verschwinden.

5   a   Vervollständige die Redebegleitsätze mit treffenden Verben aus dem Wortfeld sagen.
     b   Füge die Satzzeichen der wörtlichen Rede ein.

Was kann man denn an der schwierigen Situation der Eisbären ändern? _____ Tanja besorgt.

Vielleicht sollte man die Eisbärenjagd verbieten _____ Markus.

Miriam _____ Jeder Einzelne kann etwas zur Rettung der Eisbären beitragen, denn der Klimawandel ist eine Angelegenheit, die sich auf die gesamte Erde bezieht.

Ich höffe _____ Olaf, dass alle mithelfen werden, die Klimakatastrophe zu verhindern.

Teste dich!

Groß- und Kleinschreibung und Zeichensetzung

1 **Wie lauten diese Regeln vollständig? Trage ein. (2 Punkte)**

A Satzanfänge, Namen und Nomen werden _____ geschrieben.

B Eine Reihe von Nomen erkennt man an den typischen Endungen:

_____ , _____ , _____ , _____ ,

2 **Hier ist alles kleingeschrieben, auch die Satzanfänge. (16 Punkte)**
a **Unterstreiche alle Nomen und ihre Begleitwörter.**
b **Schreibe die Sätze verbessert auf die Zeilen darunter.**

in den letzten jahren ist der urlaub auf dem bauernhof für familien mit kindern

VORSICHT FEHLER!

In _____

_____

zum besonderen erlebnis geworden. sie mögen besonders die freiheit und die natur auf dem land.

_____

_____

aber auch spannende unternehmungen wie übernachtungen im heu oder im stroh sind sehr beliebt.

_____

_____

3 **Setze hier die fehlenden Satzzeichen der wörtlichen Rede und der Aufzählung. (5 Punkte)**

Endlich sollte die lang ersehnte Reise für die nächsten großen Ferien geplant werden. Schon zweimal hatten Sandra und Tim ihre Eltern **VORSICHT FEHLER!** ermahnt: Wann setzen wir uns endlich zusammen und reden über die Reiseplanung? Bisher sind wir ja immer gern nach Italien Österreich oder in die Schweiz gefahren begann die Mutter das Gespräch. Ach, nicht schon wieder maulte Sandra wir könnten doch mal einen Abenteuerurlaub machen. Ohne mich rief der Vater entsetzt. Ich bevorzuge einen ruhigen Urlaub am Meer.

Vergleiche deine Ergebnisse mit dem Lösungsheft. Für jede richtige Antwort bekommst du einen Punkt.

☺ 23–17 Punkte	☺ 16–11 Punkte	☹ 10–0 Punkte
Gut gemacht!	Gar nicht schlecht, aber lies dir die Merkkästen auf den Seiten 99 bis 104 noch einmal genau durch.	Arbeite die Seiten 99 bis 104 noch einmal genau durch.

Ich teste meinen Lernstand

Wie kannst du mit der folgenden Einheit arbeiten?

1 Der folgende Test (S. 106–111) hilft dir zu erkennen, was du im Fach Deutsch schon alles gelernt hast: Was weiß ich? Was kann ich? Wo bin ich noch unsicher? Wo habe ich Lücken?
Du kannst mit dem Test verschiedene Bereiche prüfen:
  – das **Verstehen von Texten** (Aufgaben Teil A),
  – das **Schreiben von Texten** (Aufgaben Teil B),
  – **Rechtschreibung** (Aufgaben Teil C) und
  – **Grammatik** (Aufgaben Teil D).
Du kannst den Test am Ende des Schuljahres durchführen, wenn du wissen willst, ob du erfolgreich gelernt hast. Du kannst aber auch in der Mitte des Schuljahres testen, in welchen Bereichen du Schwächen hast und noch einmal besonders üben musst.

2 In dem Test begegnen dir verschiedene **Aufgabenarten**, z. B.: in einer Auswahl an möglichen Antworten die richtige ankreuzen (Multiple Choice), Lückentexte richtig ausfüllen, deine Meinung begründen oder Abbildungen erklären.

3 Lies die Texte und die **Aufgabenstellungen** immer sehr aufmerksam und überlege, bevor du z. B. vorschnell ankreuzt, ob du jeweils **genau verstanden** hast, was verlangt wird. Stelle Aufgaben, die du nicht auf Anhieb lösen kannst, erst zurück und bearbeite sie zum Schluss.

4 Du kannst deine Antworten mit Hilfe des Lösungsheftes selbst prüfen und anhand der erreichten Punktzahl deinen **Lernstand bewerten**. Vielleicht kannst du den Test auch zusammen mit einer Partnerin / einem Partner schreiben. Abschließend könnt ihr eure Fehlerschwerpunkte feststellen und beraten, was noch einmal geübt werden sollte.

Hundeberufe – Rettungshund oder Topmodel?

Fabian verdankt sein Leben der guten Nase eines Hundes. Der elfjährige Junge und sein Vater waren beim Skifahren von einer Lawine erfasst und unter einer meterhohen Schneedecke verschüttet
5 worden. Nur mit Hilfe der Lawinenhündin Leila gelang es den Rettungskräften, Vater und Sohn rechtzeitig aufzuspüren und aus ihrem eisigen Gefängnis zu befreien. Leila, die vierjährige Schäferhündin, ist für ihre Aufgabe besonders geschult worden. Ihre
10 Ausbildung zum Rettungshund dauerte ein Jahr. Sie musste täglich trainieren und mehrere Prüfungen ablegen.

Der Mensch verlässt sich nicht nur bei der Suche nach Verschütteten auf seinen „besten Freund".
15 Hunde helfen uns dabei, Schafherden zu hüten. Sie unterstützen mit ihrem feinen Geruchssinn die Polizei bei der Jagd nach flüchtigen Verbrechern und der Suche nach Vermissten. Wegen ihrer ausgesprochen guten Instinkte dienen die Vierbeiner uns schon seit
20 Jahrtausenden als Wachhunde. Speziell trainierte Hunde verstehen sogar den Straßenverkehr: Sie führen blinde Menschen sicher über Fußgängerüberwege.

Heute werden Hunde kaum noch für harte Arbeit genutzt. Bei den Eskimos hat der Motor 25 schon längst das Schlittengespann aus Huskys ersetzt. Dafür entstehen neue Hundeberufe. Denn Hunde helfen dem Menschen nicht nur, sie tragen auch zu unserer Unterhaltung bei. Schauspieler-Hunde wie z. B. „Kommissar Rex" sind echte Seri- 30 enstars im Fernsehen. Der Detektiv-Schäferhund zeigt uns im Film immerhin noch, was Hunde können, wenn er Gangster aufspürt und stellt. Inzwischen gibt es aber auch Berufe für Hunde, die mit den besonderen Fähigkeiten der Vierbeiner kaum 35 noch etwas zu tun haben.

Bei Tribella, der zweijährigen Windhündin, sieht der Arbeitstag ganz anders aus als bei Leila. Er beginnt mit einem parfümierten[1] Schaumbad der
40 Marke „Doggy-Luxus". Eine spezielle Hundebetreuerin föhnt ihr anschließend das glänzende Fell in Form und legt ihr ein glitzerndes Halsband an. Nun wird das Hunde-Mannequin[2] in ein enges Edelkleid gezwängt, das auf Maß geschneidert ist. Mehr als

1 000 Euro soll dieses Kleid eines exklusiven Hunde- 45
mode-Designers[3] kosten. Der Kopfschmuck, ein Hütchen aus Seide mit Schleier, sitzt keck zwischen den Ohren der Hündin. Nachdem die Betreuerin schließlich eine Leine aus weißem Krokodilleder am Halsband befestigt hat, fährt sie mit Tribella zu einer 50
Hunde-Modenschau, auf der die neuesten Trends der Hunde-Modewelt vorgestellt werden. Hier soll die Hündin auf dem Laufsteg[4] Werbung für die Hunde-Modemarke machen. Der Designer verspricht sich von der Schau gute Geschäfte: Die Aus- 55
gaben für Hunde-Luxusartikel steigen seit Jahren – eine echte Goldgrube.
Ob Tribella ihren Modelberuf mag, können wir sie leider nicht fragen.

---

1 parfümiert: duftend, Parfüm enthaltend
2 Mannequin: Model, Frau, die Mode vorführt
3 Designer: jemand, der Gebrauchsartikel (wie z. B. Kleider) gestaltet
4 Laufsteg: hoher, schmaler Steg, auf dem Models neue Kleider vorführen; Catwalk

A Den Text verstehen

Lies den Text über die Hundeberufe und löse die folgenden Multiple-Choice-Aufgaben.
Beachte, dass bei Multiple-Choice-Aufgaben immer nur eine Lösung richtig ist.

Aufgabe 1

Kreuze die richtige Antwort an: Bei dem Text handelt es sich um ...   **1 Punkt**

A ☐ Werbung für den Hundeberuf Model.

C ☐ einen Sachtext über einen Arbeitstag von Model-Hunden.

B ☐ eine spannende Erzählung über Fabians Rettung aus dem Schnee.

D ☐ einen Sachtext über unterschiedliche Berufe für Hunde.   ☐ Punkte

Aufgabe 2

Der Text hat vier Absätze. Nummeriere sie und trage die richtige Nummer hier ein.   **4 Punkte**
Welche Überschrift passt zu welchem Absatz?

A ☐ Hundeberufe im Wandel

C ☐ Mit der Leine auf den Laufsteg

B ☐ Retter auf vier Pfoten

D ☐ Freunde und Helfer   ☐ Punkte

Aufgabe 3

Kreuze die richtige Antwort an. Worum geht es im Text?   **1 Punkt**

A ☐ Zwei Hundeberufe werden einander gegenübergestellt.

C ☐ Hunde werden mit Menschen verglichen.

B ☐ Sieben Hundeberufe werden vorgestellt.

D ☐ Hunde werden als Menschen dargestellt.   ☐ Punkte

Aufgabe 4

Welche Aufgabe hat welcher Hund? Ordne den Erklärungen die Hundeberufe zu.   **5 Punkte**
Trage die Ziffer des Hundeberufs direkt neben der Erklärung ein.

A Er vertreibt fremde Menschen. ☐   1 Rettungshund

B Er spürt verschüttete Menschen auf. ☐   2 Hütehund

C Er hilft Sehbehinderten, sich sicher zu bewegen. ☐   3 Polizeihund

D Er hilft, Schafe beieinander zu halten. ☐   4 Wachhund

E Er jagt und stellt Verbrecher. ☐   5 Blindenhund   ☐ Punkte

Aufgabe 5

Kreuze die richtige Antwort an.   **1 Punkt**

A ☐ Hunde spielen in Fernsehserien häufig Wachhunde.   C ☐ Hunde zeigen in Fernsehserien die Fähigkeiten echter Hunde.

B ☐ Hunde spielen nicht in Fernsehserien mit.   D ☐ Hunde zeigen in Fernsehserien, dass sie gut gehorchen können.   ☐ Punkte

Aufgabe 6

Kreuze die richtige Antwort an.   **1 Punkt**

A ☐ Modeartikel für Hunde sind günstig.   C ☐ Der Modedesigner für Hunde verdient 1000 Euro mit einer Modenschau.

B ☐ Modeartikel für Hunde kann sich niemand leisten.   D ☐ Ein Hundekleid kann um die 1000 Euro kosten.   ☐ Punkte

Um folgende Aufgaben zu lösen, musst du die entsprechenden Textstellen noch einmal genau lesen.

Aufgabe 7

Warum gibt es kaum noch Schlittenhunde? Schreibe einen vollständigen Satz mit eigenen Worten.   **1 Punkt**

_____

_____   ☐ Punkte

Aufgabe 8

Wie nennt man Menschen, die Gebrauchsartikel gestalten?   **1 Punkt**

_____   ☐ Punkte

Aufgabe 9

Kreuze die richtige Antwort an. Das Wort „keck" (Z. 47) bedeutet: **1 Punkt**

A ☐ zart, zierlich   C ☐ flott, frech

B ☐ unpassend, ungeschickt   D ☐ lustig, locker   ☐ Punkte

B Eine Stellungnahme schreiben

A ☐ „Warum sollen Hunde nicht genauso gut aussehen dürfen wie Menschen? Frauchen und Herrchen können sich auf einer Hundemoden-Schau das Passende für ihren Liebling aussuchen. Das finde ich gut."

B ☐ „Ich finde es sehr herzlos, für Geld und Mode so mit Tieren umzugehen. Die armen Hunde sind diesen Modemachern ausgeliefert. Das ist keine Tierliebe."

Aufgabe 10

a Lies die beiden Kommentare zum Hundeberuf Model.
Kreuze die Meinung an, die du selbst auch vertreten kannst: A oder B.

20 Punkte

b Begründe deine Meinung zu dem Hundeberuf Model. Beachte folgende Punkte:
Kreuze zuerst in der Auflistung unten Begründungen an, die dich überzeugen.
Du kannst dir selbst auch eigene Begründungen einfallen lassen.
Verwende Wörter wie *weil, da, denn, deshalb*, um deine Begründungen einzuleiten.

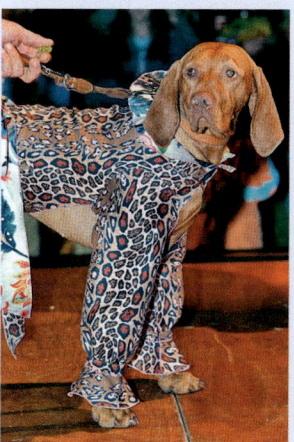

_____

_____

_____

_____

_____

_____

_____

_____

_____

_____

☐ Bei kaltem Wetter wärmt und schützt Kleidung den Hund vor Krankheiten.

☐ Mit schöner Kleidung für den Hund kann der Mensch zeigen, wie gern er ihn hat.

☐ Es macht Hunden Spaß, wenn sie Aufmerksamkeit bekommen.

☐ Es widerspricht der Natur des Hundes, wenn man ihn wie einen Menschen behandelt.

☐ Hunde werden gequält, wenn man sie in Kleidung zwängt und auf den Laufsteg schickt.

☐ Es gibt Sinnvolleres, für das man Geld ausgeben müsste.

Du kannst insgesamt 20 Punkte für die Lösung der Aufgabe bekommen:
2 Punkte für die Formulierung deiner Meinung (Thema), je 2 Punkte für Begründungen aus der Liste,
4 Punkte für eine eigene Begründung und je 2 Punkte für Satzgefüge mit Verknüpfungs-
wörtern (Konjunktionen).

☐ Punkte

C Rechtschreibung

Aufgabe 11

Nach seiner Rettung aus dem Schnee durfte Fabian die Schule für Lawinenhunde besuchen.
Für die Schülerzeitung hat er sein Erlebnis aufgeschrieben.
Sein erster Entwurf enthält noch einige Fehler. Unterstreiche die falsch
geschriebenen Wörter im Text und verbessere sie in der rechten Spalte.

12 Punkte

Rettungshund Leila

VORSICHT FEHLER!

Der Hundefürer Andreas hat mir erzählt, wie er Leila zum Lawinenhund

ausgebildet hat. Zunächst muss man den richtigen Hund aussuchen.

Künftige Retungshunde müssen mindestens 20 Monate alt sein. Sie

müsen gerne mit Menschen zusamen sein. Ihren Hundefürern müssen

sie aufs Wort gehorchen, damit sie im Ernstfall schnel reagieren können.

Andreas hat Leila dan mit Hilfe von testpersonen darauf trainiert, men-

schen im Gelände unter Schneedecken zu erschnüffeln. Zur Belohnung

bekam Leila immer einen keks. Außerdem musste Leila lernen, dass sie

sich nicht von anderen tieren und Geräuschen bei ihrer aufgabe stören

lassen darf.

☐ Punkte

D Grammatik

Aufgabe 12

Fülle in die Lücken des folgenden Textanfangs die passenden Verben.
Setze den Text dabei ins Präteritum.

7 Punkte

| verfolgen springen bleiben bellen ziehen schnüffeln verlieren |

Polizeihund Benno

Die Polizei setzte eine Hundestaffel bei der Suche nach zwei Räubern ein. Spürhund Benno _____

die Flüchtigen. An einem Bach _____ der Hund kurzzeitig die Spur. Dann jedoch _____

er seinen Hundeführer zu einer kleinen Hütte. In einigem Abstand _____ Benno stehen und

_____ in der Luft. Dann _____ er mit einem gewaltigen Satz hinter

einen Holzstoß und _____ laut. Hier hatten sich die Gesuchten versteckt.

☐ Punkte

Aufgabe 13

**Setze in der Fortsetzung des Textes die folgenden Nomen, Pronomen oder Wortgruppen mit Nomen   8 Punkte
im richtigen Kasus in die Lücken. Notiere dahinter um welchen Kasus es sich handelt:
N = Nominativ, D = Dativ, A = Akkusativ oder G = Genitiv.**

| der Hund   sie   Verstärkung   die eingetroffenen Polizisten |
| der Holzstoß   Handschellen   die Räuber   viele Blaulichter |

Der Hundeführer rief _____ ☐ herbei. Benno

hielt _____ ☐ durch sein lautes Bellen in Schach.

Bald konnte man das Blitzen _____ ☐ sehen.

_____ ☐ legten

den Verbrechern _____ ☐ an.

Die Beute entdeckten _____ ☐ schnell hinter

_____ ☐ . Auch dieser Fund war

der guten Nase _____ ☐ zu verdanken.

Zur Belohnung gab es leckeren Hundekuchen.   ☐ Punkte

Aufgabe 14

**Bestimme die unterstrichenen Satzglieder im folgenden Textausschnitt.   16 Punkte
Trage die Nummern der Satzglieder an der richtigen Stelle in die Tabelle ein.
Achtung: Einige Satzglieder in der Tabelle erhalten mehrere Nummern.**

Spürhunde wie Benno sind wegen ihrer guten Nase wichtige Helfer der Polizei. Polizeihunde jagen nicht
                               1   2   3

nur Verbrecher. An Flughäfen und Grenzübergängen helfen sie den Beamten, Schmuggelware und Drogen
  4   5   6   7   8

aufzuspüren. Voller Neugier erschnüffeln sie jede gesuchte Substanz. Dabei finden sie auch in raffinierten
          9   10   11   12

Verstecken und Verpackungen verbotene Dinge. Jedes Jahr legen die Polizeihunde eine Prüfung ab, um zu
   13   14   15   15

zeigen, dass sie den Anforderungen noch gewachsen sind.
       16

Satzglieder	Nummer	Satzglieder	Nummer
Subjekt	_____	adverbiale Bestimmung des Ortes	_____
Prädikat	_____	adverbiale Bestimmung der Zeit	_____
Dativobjekt	_____	adverbiale Bestimmung der Art und Weise	_____
Akkusativobjekt	_____	adverbiale Bestimmung des Grundes	_____

Autoren- und Quellenverzeichnis

S. 31: Ostwald, Thomas: Eulen und Meerkatzen. Aus: Till Eulenspiegels lustige Streiche. Joh. Heinr. Meyer Verlag, Braunschweig 1998. **S. 34:** Richter, Jutta: Die Katze. Aus: Am Himmel hängt ein Lachen. Mit Bildern der Autorin. Boje Verlag, Köln 2009, **S. 21.** Krüss, James: Küken-Kindergarten. Aus: Remmers, Ursula und Warmbold, Ursula (Hrsg.): Allerlei Getier. Gedichte für Kinder. Reclam, Stuttgart 2003, S. 38 f. Dort abgedruckt nach: Krüss, James: Tierleben. Hamburg: Carlsen 2003. **S. 35:** Lornsen, Boy: Nachts im Gemüsegarten. Aus: Der Tintenfisch Paul Oktopus. Mit Illustrationen von Manfred Schlüter. Boje Verlag, Köln 2009, **S. 63–65. S. 39:** Stock, Oskar: Übers Wetter. Aus: Wie im richtigen Leben, Attenkofer'sche Buch- u. Kunstdruckerei, Straubing 2006. **S. 40:** Guggenmos, Josef: Das Gewitter. Aus: Sieben kleine Bären. dtv, München 1973. **S. 46:** Busch, Wilhelm: Fink und Frosch. Aus: Hochhuth, Rolf (Hrsg.): Wilhelm Busch. Sämtliche Werke und eine Auswahl der Skizzen und Gemälde in zwei Bänden. Und die Moral von der Geschicht. (Band 1) Was beliebt ist auch erlaubt. (Band 2). C. Bertelsmann Verlag, München 1982. **S. 49:** Stock, Oskar: Der Regenschirm. Aus: Aus dem Poeten-Schubladl von Oskar Stock. Gedichte. Zeichnungen Hannes Riebl. 4. Aufl., Riemerling/Ottobrunn: Hornung, 1997. **S. 67:** Ulrich, Winfried: Köpfe Köpfe. Aus: Sprachspiele für jüngere Leser und Verfasser von Texten: Texte und Kommentare. Ein Vorlesebuch, Lesebuch und Sprachbastelbuch für Schule und Elternhaus. Hahner Verlagsges. MbH, Aachen 2004, S. 315. **S. 73:** „Der Kindersitz gibt ...". Aus: Golluch, Norbert: Willi wills wissen. Voll sicher im Straßenverkehr. Baumhaus-Verlag, Frankfurt a. M. 2009, S. 11. **S. 74:** Busch, Wilhelm: Wenn das Rhinozeros ... Aus: Hochhuth (Hrsg.): Ebd., (Band 2), S. 720. **S. 83:** Auer, Martin: Zufall. Aus: Kliewer, Heinz-Jürgen (Hrsg.): Die Wundertüte. Alte und neue Gedichte für Kinder. Reclam Verlag, Stuttgart 2001, S. 246. **S. 87:** „Bastelanleitung für die Lokomotive von Lukas und Jim Knopf". Aus: Barff, Ursula; Burkhardt, Inge; Maier, Jutta: Das große farbige Bastelbuch für Kinder. Falken Verlag, Niedernhausen 1990, S. 122 (sprachlich abgeändert). **S. 90:** Mucke, Dieter: Die einfältige Glucke. Kliewer, Heinz-Jürgen (Hrsg.): Die Wundertüte. Alte und neue Gedichte für Kinder. Reclam Verlag, Stuttgart 2001, S. 214. **S. 98:** Kästner, Erich: Auszüge aus: Die Konferenz der Tiere. Hamburg, Dressler Verlag 2010, S. 9–11. **S. 103:** Das Leben der Eisbären. Aus: Pope Osborne, Mary; Osborne, Will; Pope Boyce, Natalie: Das große Forscherhandbuch. Loewe Verlag GmbH, Bindlach 2009, S. 149 ff.

Bildquellenverzeichnis

S. 7: © Xaver Klaußner – Fotolia.com. **S. 18:** ullstein bild – Imagebrocker.net. **S. 20** links, rechts, **S. 22:** © Magalice – Fotolia.com. **S. 20** Mitte © Eric Isselée – Fotolia.com. **S. 21:** Anja Doehring, Lübeck. **S. 25:** © picture-alliance/dpa. **S. 44:** oben: © Angela Köhler – Fotolia.com, unten: © picture-alliance/dpa. **S. 45:** oben: © picture-alliance/Hinrich Bäsemann, unten: © Rüdiger Jahnke – Fotolia.com. **S. 53:** © picture-alliance/dpa. **S. 56:** © Peter Baxter – Fotolia.com. **S. 58:** © picture-alliance/Herve Champollion/akg-images. **S. 59:** oben: © Richard Carey – Fotolia.com, unten: © Duncan Noakes – Fotolia.com. **S. 60:** © wolfganguphaus – Fotolia.com. **S. 61:** © picture-alliance/Bildagentur Huber. **S. 62:** © Eric Isselée – Fotolia.com. **S. 65:** oben: © Philophoto – Fotolia.com unten: picture-alliance/Artcolor. **S. 66:** © Norman Chan – Fotolia.com. **S. 68:** © StefanieB. – Fotolia.com. **S. 70:** © ladywearsblack – Fotolia.com. **S. 73:** © Gina Anders – Fotolia.com. **S. 91:** © fivespots – Fotolia.com. **S. 96:** © picture-alliance/ZB. **S. 100:** © picture-alliance/dpa. **S. 103:** © bierchen – Fotolia.com. **S. 104:** © picture-alliance/dpa. **S. 106:** © picture-alliance/dpa/dpaweb. **S. 107:** © picture-alliance/dpa/dpaweb. **S. 109:** © picture-alliance/dpa/dpaweb. **S. 110:** © picture-alliance/OKAPIA KG, Germany. **S. 111:** © picture-alliance/dpa

Impressum

Redaktion: lüra – Klemt & Mues GbR, Wuppertal

Illustrationen:
Uta Bettzieche, Leipzig (S. 19–23, 34–35, 50–55, 101–102)
Nils Fliegner, Hamburg (S. 4–8, 24, 26, 37–49, 78)
Christiane Grauert, Milwaukee (USA) (S. 10–17, 31–33, 83–91)
Christine Henkel, Dahmen (S. 29, 57, 63, 67–69)
Susann Hesselbarth, Leipzig (S. 72–77, 79, 80–82)
Constanze v. Kitzing, Köln (S. 92–98)

Umschlaggestaltung und Layoutkonzept: werkstatt für gebrauchsgrafik, Berlin; Technische Umsetzung: Uwe Rogal, Berlin

www.cornelsen.de

1. Auflage, 8. Druck 2022

© 2011 Cornelsen Verlag, Berlin
© 2017 Cornelsen Verlag GmbH, Berlin

Druck: Parzeller print & media GmbH & Co. KG, Fulda

978-3-06-062493-5

Deutschbuch

Arbeitsheft

Lösungen

5

Name: _____

Klasse: _____

Cornelsen

Richtig lernen – Ordnung halten

Seite 4

1 Das solltest du umkreist haben: Spielzeuge (z. B. Cowboypuppe, Turm, Flugzeug, Rakete, Arztkoffer-Spielzeug, Würfel), Sportgeräte (z.B. Fußball, Tischtennisschläger und -ball), Besteck (z. B. Messer, Gabel), Streichholzschachtel, Pfeife, Coladose, MP3-Player, Kinokarte, Säge, Geld, Knopf

2 Nicht angekreuzt: Schmusetier, MP3-Player, Comics, Teller mit Sahnetorte, Jugendzeitschriften

3 Mögliche Tipps: Mein Schreibtisch sollte immer aufgeräumt sein. – Es sollten alle Arbeitsmittel bereitstehen.

Seite 5

4 1. Datum, Überschrift, 2. Lineal, 3. Seitenzahl, 4. Heftrand, 5. Absätze, 6. Stift, 7. Arbeitsblätter, 8. Tafelanschriebe, 9. Fehler

5 a) 2, b) 1, 3, c) 4, d) 9, e) 9, f) 4, 5

6

Schulbuch, Seitenzahl, Aufgabennummer   Datum

Die unordentliche Heftführung
Man braucht für das Nachlesen viel mehr Zeit. Viele Wörter kann man wegen schlechter Schrift nicht lesen. Außerdem erkennt man nicht, was inhaltlich zusammengehört. Unübersichtliche Hefteinträge erschweren das Lernen.

Texte lesen und verstehen

Seite 6

1 b Das könntest du notiert haben: Es geht um die Leistungen von Tieren im Vergleich zum Menschen.

Seite 7

3 Die falsche Antwort ist C.

4 b Beim **Springen** ist ein kaum sichtbarer Winzling dem Menschen weit voraus: Der **Floh** kann einen halben Meter weit springen. Wäre er so groß wie ein Mensch, entspräche das einer Weite von **340 Metern**! Das ist viel mehr als z. B. der Weltrekord von **7,5 Metern** bei den **Frauen**.

5 Sinnvolle Schlüsselwörter: *Springen*, Floh, 340 Metern, 7,5 Metern, Frauen – *Sprinten*, Mensch, 40 km/h, Gepard, 110 km/h – *Schwimmen*, Segelfisch, 110 Kilometern in der Stunde, schnellste Schwimmerin, 6,8 km/h, schnellste Mann, 7,6 km/h – *Gewichtheben*, Rhinozeros-Käfer, Körpergewichts, 850-fache, stärkste Gewichtheber, 2-fache seines Körpergewichts – *Mensch*, Sieger in der Kombination von Laufen, Springen, Schwimmen und Heben

6 a Der Text beantwortet die Frage, welches Tier die längsten Ohren hat.
●●● b Sinnvolle Schlüsselwörter:
tierischen Schönheitswettbewerb, längsten Ohren, Elefanten, zwei Meter, Platz zwei, Hase, zwölf Zentimetern Länge

Seite 8

7 Richtig ist Antwort C.

8 Der Floh siegt im Springen. (Oder: Der Floh ist der Sieger in der Disziplin „Springen".)

9 Mögliche Überschriften: 2. Sinnabschnitt (Z. 12–24): Floh bester Springer – 3. Sinnabschnitt (Z. 25–34): Gepard schnellster Läufer – 4. Sinnabschnitt (Z. 35–41): Segelfisch schnellster Schwimmer – 5. Sinnabschnitt (Z. 42–52): Rhinozeros-Käfer am stärksten – 6. Sinnabschnitt (Z. 53–56): Mensch als Gesamtsieger

10 Richtig ist Antwort C.
●●●

Seite 9

11 Unwichtiges gestrichen: Der schnellste Mensch läuft ~~knapp~~ 40 km/h ~~(Stundenkilometer)~~. Der Gepard, ~~bei dem schon~~ 110 km/h ~~gemessen wurden, hängt ihn locker ab~~.
Mögliche Zusammenfassung: Der Gepard läuft 110 km/h und der Mensch 40 km/h.

12 Mögliche Zusammenfassung: Der schnellste Sprinter ist der Gepard und der langsamste Läufer das Faultier.

13 a + b

Disziplin	Floh	Gepard	Segelfisch	Rhinozeros-Käfer	Mensch
Springen (Z. 12–24)	0,5 m	–	–	–	7,5 m
Laufen/Sprinten (Z. 25–34)	–	110 km/h	–	–	ca. 40 km/h
Schwimmen (Z. 35–41)	–	–	110 km/h	–	ca. 7 km/h
Gewichtheben (Z. 42–52)	–	–	–	850-faches Körpergewicht	2-faches Körpergewicht

14 A Gepard und Segelfisch   B der Mensch

15 Mögliche Textzusammenfassung:

Menschen stellen gern Rekorde auf. Bei sportlichen Wettbewerben wie den Olympischen Spielen würden wegen ihrer Schnelligkeit und Kraft allerdings Tiere gewinnen, wenn sie mitspielen dürften. Wäre ein Floh so groß wie ein Mensch, würde er 340 Meter weit springen, eine Frau schafft 7,5 Meter. Viele Tiere laufen schneller als der Mensch, der bis zu 40 km/h schnell ist. Der Gepard, das schnellste Tier, läuft 110 km/h. 110 km/h schwimmt auch der schnellste Fisch, ein Segelfisch. Die besten menschlichen Schwimmer schaffen ungefähr 7 km/h. Der Rhinozeros-Käfer wäre Sieger im Gewichtheben. Er trägt das 850-Fache seines Körpergewichts. Der stärkste Gewichtheber schafft ungefähr das 2-Fache seines Körpergewichts. Der Mensch ist zwar Verlierer in den einzelnen Sportarten, aber anders als die Tiere beherrscht er viele Disziplinen.

Ein Erlebnis spannend erzählen

Seite 10

1 Das könntest du überlegt haben:
Die Klasse 5c ist ins Zeltlager gefahren. Die Schüler machen ein Lagerfeuer, grillen und spielen Gitarre. Ein Gewitter mit heftigem Regen kündigt sich an. Die Zelte werden unter Wasser gesetzt, alles wird nass. Die Kinder flüchten in das Haus des Kanu-Klubs.

2
Einleitung:	A	Zeltlager, Wiese beim Kanu-Klub, Klassenlehrer, zwei Mütter als Begleitung
	U	Wetterbericht: sonnig
1. Erzählschritt:	F	abends: Lagerfeuer mit Würstchengrillen, Gitarrespielen, todmüde ins Bett
2. Erzählschritt:	R	mitten in der Nacht aufgeschreckt, Donner und Blitze
Höhepunkt:	E	sintflutartiger Regen, Zelte unter Wasser
	G	Flucht ins Kanu-Klub-Haus
Spannung lösen:	U	alles nass, Zelte beschädigt, Kinder gesund
Schluss:	N	Gewitter abgezogen, Lehrer beruhigt alle
	G	nächster Morgen, Sonnenschein

Seite 11

3 **Wer?** Figuren: Klasse 5c, Klassenlehrer, zwei Mütter – **Wo?** Ort: Zeltlager am See, Wiese beim Kanu-Klub – **Wann?** Zeit: Sommer (Juni), Abend, Nacht, nächster Morgen

4 A beantwortet die W-Fragen „Wo?" und „Wann?". Nicht beantwortet wird die W-Frage „Wer?".
Was macht neugierig? Der Satz „Das Feuer gut ablöschen ..." legt eine falsche Fährte – bricht vielleicht ein Feuer aus? Der letzte Satz deutet an, dass es anders kommt als erwartet.

B beantwortet die W-Fragen „Wer?" und „Wann?". Nicht beantwortet wird die W-Frage „Wo?".
Was macht neugierig? Die Wiederholung von „noch" – sie deutet an, dass sich das Geschehen ändern wird.

5 war – frühstückten – fuhren – badeten – tollten ... herum – dämmerte – räumten ... auf – entfachten

Seite 12

6 a Unsere Mütter hatten <u>müde</u> Würstchen eingepackt und wir formten Teig zum Stockbrotbraten. Wir waren alle <u>gruselig</u> und schlugen zu, als alles fertig gegrillt war. Inzwischen war es <u>sorgfältig</u> geworden. Das Feuer loderte und wir musizierten ein bisschen. Max hatte seine Gitarre mitgebracht und wir sangen dazu. Dann erzählte unser Lehrer uns von Seegeistern und es wurde recht <u>nachdrücklich</u>. Gegen Mitternacht meinte er <u>brav</u>: „Morgen ist auch noch ein Tag. Löscht das Feuer <u>gemütlich</u>! Im Sommer kann es leicht zu Bränden kommen. Geht jetzt schlafen, ich will nichts mehr hören. Gute Nacht!" Da wir alle recht <u>lecker</u> waren, murrte auch keiner und wir machten <u>leicht</u>, was er gesagt hatte. In den Zelten war es <u>hungrig</u> und nach einigem Flüstern und Kichern hörte man hier und da ein <u>dunkles</u> Schnarchen.

b So sollten die Adjektive richtig eingesetzt sein:

Unsere Mütter hatten **leckere** Würstchen eingepackt und wir formten Teig zum Stockbrotbraten. Wir waren alle **hungrig** und schlugen zu, als alles fertig gegrillt war. Inzwischen war es **dunkel** geworden. Das Feuer loderte und wir musizierten ein bisschen. Max hatte seine Gitarre mitgebracht und wir sangen dazu. Dann erzählte unser Lehrer uns von Seegeistern und es wurde recht **gruselig**. Gegen Mitternacht meinte er **nachdrücklich**:

„Morgen ist auch noch ein Tag. Löscht das Feuer **sorgfältig**! Im Sommer kann es leicht zu Bränden kommen. Geht jetzt schlafen, ich will nichts mehr hören. Gute Nacht!" Da wir alle recht **müde** waren, murrte auch keiner und wir machten **brav**, was er gesagt hatte. In den Zelten war es recht **gemütlich** und nach einigem Flüstern und Kichern hörte man hier und da ein **leichtes** Schnarchen.

7 a Blitze, zucken – Regen, peitschen – Windböen, toben/pfeifen – Tausende von Tropfen, prasseln – Wind, aufkommen/pfeifen – Donner, grollen – Sturm, aufkommen/toben – Bäume, rauschen

b Mögliche Stichworte: Gedanken: Was tun, wenn Blitz einschlägt? Sind Zelte sicher? Blitz und Wasser = doppelt gefährlich
Gefühle: mulmiges Gefühl, Angst, Panik, eiskalte Hände, zitternde Knie, steif wie ein Stock, Kloß im Hals, rasender Puls

c Mögliche Ausgestaltung der Überleitung A:

Als auf einmal schwere Regentropfen auf das Zeltdach prasselten, wurde mir ziemlich mulmig. Würde die Zeltplane halten? Ich hörte, dass ein starker Wind aufgekommen war, der an den Zeltwänden riss. Plötzlich wurde es taghell im Zelt. Unmittelbar darauf folgte ein Donner-schlag. Mein Puls raste. Ich saß steif wie ein Stock auf der Luftmatratze und presste die Hände auf meine Ohren. Hoffentlich schlug der Blitz nicht in einem der Zelte ein!

Mögliche Ausgestaltung der Überleitung B:

Auch ich musste rasch eingeschlafen sein. Plötzlich wurde ich von einem lauten Knall aufgeschreckt. Hatte da jemand geschossen? Mein Puls raste. Es knallte erneut. Nein, das war kein Schuss, das war ein furchtbarer Donnerschlag. Es wurde taghell im Zelt – über den Himmel musste ein Blitz zucken. Ich begann zu zählen – 21 ... 22 ... Da krachte der nächste Donner. Er dröhnte in meinen Ohren. Nun sah ich auch, dass ein starker Wind aufgekommen war und die Böen an den Zeltwänden rissen. Es blitzte erneut. Unmittelbar darauf folgte wieder ein Donnerschlag. Das Gewitter war nun ganz nah bei uns. Ich saß steif wie ein Stock auf der Luftmatratze und presste die Hände auf meine Ohren. Hoffentlich schlug der Blitz nicht in eines der Zelte ein!

Seite 13

8 Mögliche Ausgestaltung des Höhepunktes:

Plötzlich folgten Blitze und Donner unmittelbar aufeinander. Wir warfen ängstliche Blicke aus den Zelten und sahen schon erste Tropfen. Doch dann ergoss sich wie aus dem Nichts ein geradezu sintflutartiger Regen. Er peitschte gegen die Zeltwände. Das Wasser stieg und stieg und lief in die Zelte. Wir schöpften es mit unseren Trinkbechern hinaus, aber das half nichts. Es dauerte nicht lange und die Zelte standen komplett unter Wasser. Sekunden später brach das erste Zelt plötzlich zusammen wie ein Kartenhaus. Die anderen folgten unmittelbar danach. Es war nichts mehr zu retten.

9 a+b Richtig zugeordnet werden: A: 3 – B:4 – C: 1 – D: 2 – E: 6 – F: 5

c Mögliche Redebegleitsätze: A „...!", rief Herr Ziegel. – B „...?", fragte Frau Siebke aufgeregt. – C „...", schlug Herr Ziegel vor. – D Jemand schrie: – E „...", meldete sich Max.

Seite 14

10 a Möglichkeit 1 wurde gewählt.

b Mögliche Ausgestaltung des Schlusses:

Am nächsten Morgen ging strahlend die Sonne auf, als wäre in der Nacht nichts geschehen. Aber der Zeltplatz war völlig verwüstet. Und alles, was wir nicht mit in das Klubhaus genommen hatten, war patschnass. Das Auf-räumen dauerte Stunden. Am Ende waren wir uns alle einig: Nie wieder Zeltlager! Bei der nächsten Tour würden wir in einer Jugendherberge übernachten.

11 Mögliche Wahl und Begründung: Ich habe die Überschrift D gewählt, weil sie neugierig macht und nicht zu viel verrät.

12 Mögliche Ausgestaltung der Geschichte:

Noch mal Glück gehabt

Zum Schuljahresausklang hatte unser Klassenlehrer Herr Ziegel eine hervorragende Idee: Zelten mit der ganzen Klasse 5c von Freitag bis Sonntag. Wir jubelten, zwei Mütter wollten uns begleiten. Der Wetterbericht war sommerlich, noch war pure Sonne angesagt. Noch ...
Am Morgen des ersten Tages frühstückten wir zunächst ausgiebig. Anschließend fuhren wir Tretboot. Und dann badeten wir im See. Wir tollten den ganzen Tag herum. Als es dämmerte, räumten wir auf und entfachten ein Lagerfeuer.
Unsere Mütter hatten leckere Würstchen eingepackt und wir formten Teig zum Stockbrotbraten. Wir waren alle hungrig und schlugen zu, als alles fertig gegrillt war. Inzwischen war es dunkel geworden. Das Feuer loderte und wir musizierten ein bisschen. Max hatte seine Gitarre mitgebracht und wir sangen dazu. Dann erzählte unser Lehrer uns von Seegeistern und es wurde recht gruselig. Gegen Mitternacht meinte er nachdrücklich: „Morgen ist auch noch ein Tag. Löscht das Feuer sorgfältig! Im Sommer kann es leicht zu Bränden kommen. Geht jetzt schlafen, ich will nichts mehr hören. Gute Nacht!" Da wir alle recht müde waren, murrte auch keiner und wir machten brav, was er gesagt hatte. In den Zelten war es gemütlich und nach einigem Flüstern und Kichern hörte man hier und da ein leichtes Schnarchen. Auch ich musste rasch eingeschlafen sein. Plötzlich wurde ich von einem lauten Knall aufgeschreckt. Hatte da jemand geschossen? Mein Puls raste. Es knallte erneut. Nein, das war kein Schuss, das war ein furchtbarer Donnerschlag. Es wurde taghell im Zelt – über den Himmel musste ein Blitz zucken. Ich begann zu zählen – 21 ... 22 ... Da krachte der nächste Donner. Er dröhnte in meinen Ohren. Nun sah ich auch, dass ein starker Wind aufgekommen war und die Böen an den Zeltwänden rissen. Es blitzte erneut. Unmittelbar darauf folgte wieder ein Donnerschlag. Das Gewitter war nun ganz nah bei uns.

Ich saß steif wie ein Stock auf der Luftmatratze und presste die Hände auf meine Ohren. Hoffentlich schlug der Blitz nicht in eines der Zelte ein!
Gegen jede Vorhersage folgten Blitze und Donner unmittelbar aufeinander. Da hörte ich die Stimme von unserem Klassenlehrer. „Bleibt weg von allen Metallstäben! Da kann der Blitz einschlagen!", warnte Herr Ziegel. Wir warfen ängstliche Blicke aus den Zelten und sahen schon erste Tropfen. Doch dann ergoss sich wie aus dem Nichts ein geradezu sintflutartiger Regen. Er peitschte gegen die Zeltwände. Das Wasser stieg und stieg und lief in die Zelte. Wir schöpften es mit unseren Trinkbechern hinaus, aber das half nichts. Es dauerte nicht lange, und die Zelte standen komplett unter Wasser. Sekunden später brach das erste Zelt plötzlich zusammen wie ein Kartenhaus. Die anderen folgten unmittelbar danach. Es war nichts mehr zu retten.
„Lasst alles stehen und liegen! Lauft!", forderte Frau Siebke uns auf. „Aber meine Gitarre ist noch im Zelt!", jammerte Max. „Und was ist mit meinem MP3-Player?", wollte Isa wissen. „Beeilt euch!", schrie meine Mutter wieder und wieder. „Ich kann nicht so schnell", stöhnte ich. „Ins Klubhaus! Rasch! Ich hab den Schlüssel!", rief Herr Ziegel. Wir rasten los. „Sind alle da? Fehlt jemand?", fragte Frau Siebke aufgeregt. „Lasst uns durchzählen", schlug Herr Ziegel vor. Ich rief: „Max fehlt!" „Ich bin doch da", meldete sich Max. Er dachte wohl immer noch an seine Gitarre. Wir waren jedenfalls froh, dass wir schließlich im Trockenen waren. Donner, Blitz und Regen konnten uns hier nichts anhaben.
Am nächsten Morgen bot sich ein Bild der Verwüstung: ungezählte Pfützen und eingestürzte Zelte. Der Zeltplatz war durch das Unwetter völlig zerstört worden. Nun war Aufräumen angesagt. Wir arbeiteten Hand in Hand und schließlich fanden wir, dass es doch noch ein gelungenes Wochenende mit der Klasse war.

13 Mögliche Textüberarbeitung:
●●●

Ich träumte gerade von einer riesigen Bratwurst, die über dem Lagerfeuer brutzelte, als ich von einem furchtbaren Krach aufwachte. Ich rollte mich aus meinem Schlafsack und sah vorsichtig aus dem Zelt. Das Herz klopfte mir bis zum Hals. Auf einmal wurde es ganz hell – Blitze zuckten über dem See. Entgegen der Vorhersage des Wetterberichts war urplötzlich ein Gewitter aufgezogen. Nun begann es auch stark zu regnen. Der Regen trommelte auf das Zeltdach, nur schwach vernahm ich Stimmen. Schließlich konnte ich die kräftige Stimme von Herrn Ziegel hören: „Schnell, alle ins Klubhaus! Lasst alles stehen und liegen!" Inzwischen war auch Max wach geworden, mit dem ich das Zelt teilte. Zitternd krochen wir beide aus dem mittlerweile vollkommen nassen Zelt und begannen, Richtung Klubhaus zu laufen. Da rief Max auf einmal: „Ich habe meine Gitarre vergessen, ich hole sie noch schnell!" Doch da hatte er nicht mit Frau Siebke gerechnet. Sie ließ niemanden umkehren. Auch mein MP3-Player musste so in den Fluten untergehen. Wir waren glücklich, als wir schließlich das Klubhaus erreichten und im Trockenen waren. Hier konnte uns nichts mehr passieren.

Nach Bildern erzählen

Seite 15

1 Richtig ist Antwort C.

2 Einleitung B passt zur Aufgabenstellung von Aufgabe 1.

3 Mögliche Ausgestaltung der Einleitung:

Wenn ich am letzten Freitag, dem 13., gewusst hätte, was mich erwartet, wäre ich gar nicht erst in den Keller gegangen. Aber ich musste in den Keller, weil dort die Waschmaschine steht. Meine Schwester Sophie und ich hatten uns beim Fußballspielen so richtig schmutzig gemacht und wollten unsere Jeans waschen.

Seite 16

4 Mögliche Notizen und Ergänzungen:
Bild 2: Ben steckt Jeans in Waschmaschine, Sophie füllt Waschpulver ein – davor: Ben und Sophie gehen vom Spielplatz nach Hause, ziehen Jeans aus – danach: Ben will Trommel schließen
Bild 3: große Spinne krabbelt aus Trommel auf Ben zu – danach: Ben springt zurück, schreit, Sophie bleibt ruhig, guckt sich nach Behälter um
Bild 4: Ben steht ängstlich auf Stuhl, Sophie lässt Spinne in Eimer krabbeln – danach: sie beraten, was zu tun ist, rufen Polizei an, die holt Spinne ab, bringt sie in Zoo

5 a Diese Sätze solltest du eingekreist haben: Ich war starr vor Schreck. Mein Herz schlug bis zum Hals. Ich dachte, mein Herz bleibt stehen. Ich war zur Salzsäule erstarrt. Ich wünschte mich ans andere Ende der Welt!
b Mögliche Ausgestaltung des Höhepunktes der Erzählung:

Während das ekelige Tier mir entgegenkrabbelte, jagte eine Schreckensfantasie nach der anderen durch meinen Kopf ... Was, wenn mich dieses Ungetüm ansprang und sich direkt auf meine Nase setzte? Ich war starr vor Schreck. In Sekundenschnelle würde ich mit klebrigen Fäden überzogen sein und nie mehr aus diesem Netz herauskommen ... gefangen für immer – leichte Beute. Aber da ... ich dachte, mein Herz bleibt stehen - kamen da nicht noch mehr Spinnen hinterher? ... immer mehr ... Hunderte ... Ich konnte nur noch schreien und schreien.

Seite 17

6 Das könnte Sophie zu Ben sagen:
„Alles wird gut, keine Sorge", beruhigte mich Sophie. „Das haben wir gleich", fügte sie ermunternd hinzu.
„Die Spinne hat wahrscheinlich viel mehr Angst vor dir als du vor ihr", tröstete sie mich.

7 a Am nächsten Tag ~~titelt~~/titelte die Zeitung: „Vogelspinne guckt dumm aus der Wäsche!"
Gut, dass sie nicht ~~berichten~~/berichteten, wie dumm ich erst ~~dreinblicke~~/dreinblickte.
Aber etwas Gutes ~~gibt~~/gab es – ich ~~lerne~~/lernte viel über Vogelspinnen!
b Mögliche Ausgestaltung des Schlusses (passend zum Zeitungstext auf S. 15):

Als die Spinne sicher im Eimer saß, riefen wir die Polizei an. Wir hatten ja keine Ahnung, was wir mit dem Tier anstellen sollten. Eine halbe Stunde später standen zwei Polizisten und ein Herr vom Tierschutzverein vor der Tür. Er nahm den Eimer entgegen, spähte ganz kurz hinein und sagte: „Das ist ja ein Prachtexemplar von Vogelspinne! Dafür finden wir bestimmt ein tolles Plätzchen." Ich war einfach nur froh, dass er dieses Prachtexemplar mitnahm. Als wir am nächsten Morgen einen Blick in die Zeitung warfen, konnte ich es kaum glauben – da stand eine Meldung über uns und die Spinne! Ich war richtig stolz auf Sophie. Und ich schämte mich natürlich ein bisschen, weil ich in Panik geraten war. Da zwinkerte Sophie mir zu und antwortete: „Ich würde gern in den Zoo gehen und mir das neue Reptilien- und Spinnenhaus ansehen."

8 So könnte ein Schlussteil zum Bild auf S. 17 gestaltet sein:

Die Spinne saß nun sicher im Eimer, und wir überlegten, was wir tun sollten. Wohin mit dem Tier? Sollten wir die Polizei anrufen, die Feuerwehr oder den Tierschutzverein? Da hatte ich eine Idee. „In der Uferstraße ist doch diese Tierhandlung. Ich habe mal durch das Schaufenster geguckt – die verkaufen nicht nur Vögel und Kaninchen, sondern auch außergewöhnliche Tiere wie Echsen und Schlangen. Lass uns hingehen und fragen, ob sie uns helfen können." Zwanzig Minuten später standen wir in der Tierhandlung und erklärten dem Besitzer, was geschehen war. Er nahm den Eimer entgegen, lüpfte kurz den Deckel und warf einen Blick auf die Spinne. Sofort begannen seine Augen zu leuchten. „Das ist ja die Taran- tella!", rief er ganz aus dem Häuschen. Sophie und ich schauten einander fragend an. „Ich hatte sie vor zwei Wochen einem guten Kunden verkauft", fuhr der Besitzer fort, „aber der rief mich letzte Woche an und erzählte völlig aufgelöst, Tarantella sei aus ihrem Terrarium ver- schwunden. Einfach weg. Er konnte sie nirgendwo fin- den."

„Wo wohnt denn dieser Kunde?", wollte ich wissen.

„In der Friedrichstraße", antwortete der Besitzer. Da war mir alles klar, denn wir wohnen gleich um die Ecke. Tarantella war also ausgebüxt und hatte sich ein nettes, gut riechendes Plätzchen in unserem Keller gesucht. „Ihr Kunde wird sich bestimmt sehr freuen, wenn er erfährt, dass Tarantella wieder aufgetaucht ist", sagte ich. Da warf Sophie ein: „Aber wenn sie noch einmal abhaut und wieder zu uns kommt, behalten wir sie, nicht wahr, Ben?" Sie grinste mich schelmisch an, und nach einer Schrecksekunde begann ich zu lachen.

9 Mögliche eigene Überschrift:
Unverhoffte Begegnung im Waschkeller

10 Mögliche Ausgestaltung einer vollständigen Erzählung zu den Bildern auf S. 15 (Ich-Erzähler, Schluss von S. 15):

Freitag, der 13! Pfui Spinne!

Letzten Freitag, es war der 13., spielte ich mit Sophie auf dem Bolzplatz Fußball. Der Boden war regennass, wir rutschten ständig aus, aber das Spiel war klasse! Als wir nach Hause kamen, waren unsere Jeans schwarz vor Dreck. Das gibt oft Ärger mit den Eltern, darum schlug ich vor, die Sachen schnell in die Waschmaschine zu ste- cken.

Sophie und ich gingen in den Keller, wo die Waschma- schine steht, und zogen unsere Hosen aus. Während So- phie das Waschpulver in den Behälter füllte, stopfte ich die Jeans in die Trommel. Als ich sie gerade schließen wollte, kam mir plötzlich etwas Ekelhaftes entgegen. Ich sah unzählige behaarte Beine und einen furchtbar haari- gen Körper. Eine riesenhafte Vogelspinne! Während das ekelige Tier mir entgegenkrabbelte, jagte eine Schre- ckensfantasie nach der anderen durch meinen Kopf ... Was, wenn mich dieses Ungetüm ansprang und sich di- rekt auf meine Nase setzte? Ich war starr vor Schreck. In Sekundenschnelle würde ich mit klebrigen Fäden über- zogen sein und nie mehr aus diesem Netz herauskom- men ... gefangen für immer – leichte Beute. Aber da ... ich dachte, mein Herz bleibt stehen - kamen da nicht noch mehr Spinnen hinterher? ... immer mehr ... Hunderte ... Ich konnte nur noch schreien und schreien. Ich sprang zurück und auf den nächsten Stuhl.

Zum Glück behielt Sophie die Nerven. „Alles wird gut, keine Sorge", beruhigte sie mich. Sie blickte sich suchend um und nahm schnell einen Eimer aus dem Regal. „Das haben wir gleich", fügte sie ermunternd hinzu. „Die Spin-

ne hat wahrscheinlich viel mehr Angst vor dir als du vor ihr", tröstete sie mich. Sie wusste genau, dass ich Spin- nen einfach furchtbar fand. Nun hielt sie den Eimer vor die Spinne. Mit einer Pappe half sie etwas nach, sodass das Tier in den Eimer hineinkroch. Obwohl das nur ein paar Sekunden dauerte, kam es mir vor wie eine Ewig- keit. Dann schloss Sophie den Eimer mit der Pappe und die Vogelspinne war gefangen.

„Danke!", keuchte ich erleichtert und stieg noch etwas zittrig vom Stuhl.

Die Spinne saß nun sicher im Eimer, und wir überlegten, was wir tun sollten. Wohin mit dem Tier? Sollten wir die Polizei anrufen, die Feuerwehr oder den Tierschutzver- ein? Als die Spinne sicher im Eimer saß, riefen wir die Polizei an. Wir hatten ja keine Ahnung, was wir mit dem Tier anstellen sollten. Eine halbe Stunde später standen zwei Polizisten und ein Herr vom Tierschutzverein vor der Tür. Er nahm den Eimer entgegen, spähte ganz kurz hin- ein und sagte: „Das ist ja ein Prachtexemplar von Vogel- spinne! Dafür finden wir bestimmt ein tolles Plätzchen." Ich war einfach nur froh, dass er dieses Prachtexemplar mitnahm. Als wir am nächsten Morgen einen Blick in die Zeitung warfen, konnte ich es kaum glauben – da stand eine Meldung über uns und die Spinne! Ich war richtig stolz auf Sophie. Und ich schämte mich natürlich ein bisschen, weil ich in Panik geraten war. Da zwinkerte So- phie mir zu und antwortete: „Ich würde gern in den Zoo gehen und mir das neue Reptilien- und Spinnenhaus an- sehen.".

11 a Mögliche Ausgestaltung der Erzählung aus Sophies Sicht:

Freitag, der 13! Pfui Spinne!

Letzten Freitag, es war der 13., spielte Sophie mit Ben auf dem Bolzplatz Fußball. Der Boden war regennass, die beiden rutschten ständig aus, aber das Spiel war klasse! Als sie nach Hause kamen, waren ihre Jeans schwarz vor Dreck. Das gab oft Ärger mit den Eltern, darum schlug Sophie vor, die Sachen schnell in die Waschmaschine zu stecken.

Sie ging mit Ben in den Keller, wo die Waschmaschine stand, und sie zogen ihre Hosen aus. Während Sophie das Waschpulver in den Behälter füllte, stopfte ihr

Bruder die Jeans in die Trommel. Plötzlich stieß er einen Schrei aus. Mit einem Satz sprang er auf einen Stuhl. Jetzt konnte auch Sophie sehen, was ihn so erschreckt hatte. Eine Vogelspinne krabbelte langsam aus der Waschtrommel. „Alles wird gut, keine Sorge", beruhigte Sophie Ben erst einmal. Dann blickte Sophie sich su- chend um. Aus einem Regal nahm sie schnell einen Ei- mer. „Das haben wir gleich", fügte sie ermunternd hinzu. „Die Spinne hat wahrscheinlich viel mehr Angst vor dir als du vor ihr", versuchte sie ihren Bruder zu trösten, denn sie wusste, dass er Spinnen einfach furchtbar fand. Nun hielt das Mädchen den Eimer vor die Spinne. Mit einer Pappe half sie etwas nach, sodass das Tier hineinkroch. Obwohl das nur ein paar Sekunden dauerte, wurde Ben immer unruhiger. Sophie legte die Pappe darüber und die Vogelspinne war gefangen.

„Danke!", keuchte Ben erleichtert und stieg noch etwas zittrig vom Stuhl.

Die Spinne saß nun sicher im Eimer, und beide überlegten, was sie tun sollten. Wohin mit dem Tier? Sollten sie die Polizei anrufen, die Feuerwehr oder den Tierschutzverein? Offenbar beruhigte sich Ben langsam und konnte wieder klare Gedanken fassen, denn er hatte eine gute Idee. „In der Uferstraße ist doch diese Tierhandlung. Ich habe mal durch das Schaufenster geguckt – die verkaufen nicht nur Vögel und Kaninchen, sondern auch außergewöhnliche Tiere wie Echsen und Schlangen. Lass uns hingehen und fragen, ob sie uns helfen können." Zwanzig Minuten später standen beide in der Tierhandlung und erklärten dem Verkäufer, was geschehen war.

Er nahm den Eimer entgegen, lüpfte kurz den Deckel und warf einen Blick auf die Spinne. Sofort begannen seine Augen zu leuchten. „Das ist ja die Tarantella!", rief er ganz aus dem Häuschen. Sophie schaute Ben fragend an. „Ich hatte sie vor zwei Wochen einem guten Kunden verkauft", fuhr der Verkäufer fort, „aber der rief mich letzte Woche an und erzählte völlig aufgelöst, Tarantella sei aus ihrem Terrarium verschwunden. Einfach weg. Er konnte sie nirgendwo finden."

„Wo wohnt denn dieser Kunde?", wollte Ben wissen. „In der Friedrichstraße", antwortete der Verkäufer. Da war Sophie alles klar, denn sie wohnten gleich um die Ecke. Tarantella war also ausgebüxt und hatte sich ein nettes, gut riechendes Plätzchen in ihrem Keller gesucht. „Ihr Kunde wird sich bestimmt sehr freuen, wenn er erfährt, dass Tarantella wieder aufgetaucht ist", sagte Ben. Da warf Sophie ein: „Aber wenn sie noch einmal abhaut und wieder zu uns kommt, behalten wir sie, nicht wahr, Ben?" Sie grinste ihn schelmisch an, und nach einer Schrecksekunde begann ihr Bruder zu lachen.

 b Mögliche Ausgestaltung der Erzählung aus der Sicht der Spinne:

Vor ein paar Tagen hatte mich der Verkäufer meiner Tierhandlung an einen Spinnenfreund verkauft. Allerdings gefiel es mir in meinem neuen Zuhause gar nicht. So schlüpfte ich bei der nächsten Gelegenheit unbemerkt aus dem Terrarium und suchte mir eine gemütlichere Behausung, gleich um die Ecke. In einem Kellerraum fand ich eine wunderbar dunkle Höhle, die geradezu einladend offen stand. Hier machte ich es mir bequem, bis ich plötzlich von Stimmen aufgeschreckt wurde. Ein Kind

hätte mich in meiner Höhle fast erdrückt. Ich war starr vor Angst. Dann hielt mir das andere Kind einen Eimer hin und ich krabbelte widerwillig hinein. Schon war ein Deckel drauf und ich im Dunkel gefangen. Die Kinder berieten offenbar, was sie nun mit mir machen sollten. Und als der Deckel das nächste Mal geöffnet wurde, blickte ich ins strahlende Gesicht des Verkäufers aus der Tierhandlung.

Ein Tier beschreiben

Seite 18

b **Tiersteckbrief**

Rasse	Meerschweinchen (Cavia porcellus), Rosetten-Meerschweinchen
Aussehen	Größe/Gewicht (ungefähr): ca. 25 cm lang, ca. 900 g schwer Farbe/Fell: rötlich und cremefarben gescheckt, Rosetten (= Wirbel) in beiden Farben Körperbau: rundlich, kompakt
Lebensweise/Verhalten	lebt gern zu mehreren, tagaktiv, Nagetier, nagt und frisst gern Heu, braucht immer frisches Wasser, döst gern
besondere Merkmale	empfindliche Schnurrhaare, die bei der Orientierung im Dunkeln helfen, mehrere Rosetten (Wirbel)

Seite 19

 1 = C – 2 = A – 3 = D – 4 = B

 3 + 4

(Notizen zu Aufgabe **6 a** von S. 20)

A	Paul ist so niedlich, weil er so viele Wirbel im Fell hat.	zu ungenau
C	Hilfe, mein Lieblingsmeerschweinchen Paul ist heute Nachmittag entwischt!	zu ungenau
D	Eigentlich ist Paul sehr schüchtern, aber wenn man ihn mit Löwenzahn lockt, kommt er meist sofort.	(unwichtig)
A	Besonders auffällig sind die Rosetten und sein süßes, weißes Schnäuzchen.	zu ungenau
D	Jeder, den er mit seinen Knopfaugen ansieht, hat ihn sofort gern.	(unwichtig)
A	Übrigens hat sein Fell verschiedene Farben.	zu ungenau

Seite 20

5 Du könntest A oder C angekreuzt haben. Ilkas Angaben sind zu ungenau, um sicher zu entscheiden, welches Tier es ist.

6 a Vgl. Lösung zu Aufgabe 3 + 4 von Seite 19.

b Mögliche Adjektive für **Meerschweinchen A:** – **Farbe:** weiß, fuchsrot, dunkelbraun – **Fell:** flauschig, gescheckt, mehrfarbig, verwirbelt – **Besonderheiten:** gut sichtbare, etwas ausgefaserte Ohren, lässt sich mit Löwenzahn locken

7 Mögliche Beschreibung (Paul = **Meerschweinchen A**):

Paul ist ein mehrfarbiges Rosettenmeerschweinchen. Seine Länge beträgt ca. 25 cm, und er wiegt ungefähr 900 g. Sein kurzes Fell ist an der Schnauze weiß, am Kopf und Oberkörper fuchsrot und am Hinterteil dunkelbraun. Es weist acht Wirbel auf und fühlt sich sehr flauschig an. Paul verfügt über einen länglichen Körperbau. Er besitzt große, etwas ausgefaserte, fuchsrote Ohren und schwarze Knopfaugen. Wenn man ihn mit Löwenzahn lockt, kommt er sofort. Falls ihr Paul findet, meldet euch bei Ilka (Familie Hamster), Nummer 0221/765432. Wer Paul gesund und munter zurückbringt, erhält natürlich eine Belohnung..

8 a Möglicher Steckbrief für **Meerschweinchen B:**

Rasse	Meerschweinchen, Kurzhaarmeerschweinchen
Aussehen	Größe/Gewicht (ungefähr): 25 cm lang, 900 g schwer Farbe/Fell: kurzhaarig, weiß, rötlich und schwarz gescheckt Körperbau: länglich
Lebensweise/Verhalten	lebt gern zu mehreren, tagaktiv, Nagetier, nagt und frisst gern Heu, braucht immer frisches Wasser
besondere Merkmale	weiße Schnauze, schwarze, auffallende runde Ohren, rund um das rechte Auge rötliches Fell, rund um das linke Auge schwarzes Fell, schwarzer Fleck auf rötlichem Hinterteil

b Mögliche Suchmeldung (Meerschweinchen B):

Am 9.10.20.. ist unser Meerschweinchen Fritzi in der Emilstraße (Heudorf-West) entlaufen.
Fritzi ist ein Kurzhaar-Meerschweinchen. Er ist ca. 25 cm lang und wiegt ungefähr 900 g. Sein Fell ist rund um die Schnauze und an der Stirn weiß, an Kopf und Körper rötlich und schwarz gescheckt. Fritzi ist eher schlank, er verfügt über einen länglichen Körperbau. Er besitzt große, runde, schwarze Ohren. Sein Kopf weist rund um das linke Auge schwarzes Fell und rund um das rechte Auge rötliches Fell auf. Auf seinem ansonsten rötlichen Hinterteil befindet sich ein schwarzer Fleck.
Wenn Sie Fritzi finden, bitte sofort die Nummer 0175/16 02 78 65 (Familie Ernst) anrufen. Sie bekommen eine Belohnung: Eine selbstgebackene Sahnetorte!

Einen Vorgang beschreiben

Seite 21

1 Foto 1: c – Foto 2: d – Foto 3: f – Foto 4: g – Foto 5: a – Foto 6: b – Foto 7: e

Seite 22

2 + 3 **Überschrift:** Ein Meerschweinchen ~~locken~~ und hochheben — tragen

Einleitung: Manchmal möchte man ein Meerschweinchen aus dem Käfig heben. ~~Meerschweinchen sind so süß, dass man sie gern streichelt und trägt. Ich mache das am liebsten mit meiner kleinen Merle. Zum Hochheben benötige ich viel Zeit und gute Laune, weil Merle dann immer wegrennen will. Das macht sie, weil sie ein Fluchttier ist, aber nett ist es trotzdem nicht.~~ — Dazu benötigt man ein Stückchen Gurke.

Schluss: Wenn ~~du~~ genau so ~~vorgehst~~, kann man das Meerschweinchen sicher und ohne es zu verletzen tragen. ~~Du kannst auch versuchen, es zu streicheln. Aber leider~~ kuscheln Meerschweine nicht gern und lassen sich nicht gern hochheben, weil sie Fluchttiere sind, ~~aber das sage ich nicht zum ersten Mal.~~ Manchmal muss man sie aber dennoch aus dem Käfig heben, z. B. wenn ~~du~~ mit dem Tier zum Arzt gehen ~~willst~~. — man ... vorgeht / Übrigens — man ... will

4 Richtig ist Antwort B.

Seite 23

5 Mögliche Ausarbeitung des Hauptteils in der „du-Form":

Als Erstes nimmst du ein Stückchen Gurke in die Hand und lockst das Meerschweinchen vorsichtig an.
Danach fasst du das Tier behutsam unter der Brust an.
Nun hebst du es leicht an.
Im Anschluss legst du die zweite Hand sofort unter das Hinterteil und stützt gleichzeitig die Brust ab.

Jetzt greifst du das Meerschweinchen fester und unterstützt dabei die Pfoten.
Dann drehst du die Hand, damit das Meerschweinchen bequem sitzt und das Hinterteil am tiefsten Punkt gehalten wird.

6 Mögliche Ausgestaltung der vollständigen Vorgangsbeschreibung (hier in der „man-Form"):

Ein Meerschweinchen richtig hochheben

Manchmal möchte man ein Meerschweinchen aus dem Käfig heben. Dazu benötigt man ein Stückchen Gurke. Zunächst geht man in die Hocke und lockt das Meerschweinchen vorsichtig mit einem Stückchen Gurke an. Danach fasst man das Tier behutsam unter der Brust an. Nun hebt man es leicht an. Im Anschluss legt man die zweite Hand sofort unter das Hinterteil und stützt gleichzeitig die Brust ab. Jetzt greift man das Meerschweinchen fester und unterstützt dabei die Pfoten.

Dann dreht man die Hand, damit das Meerschweinchen bequem sitzt und das Hinterteil am tiefsten Punkt gehalten wird. Wenn man genau so vorgeht und das Meerschweinchen eng vor die Brust hält, kann man es sicher und ohne es zu verletzen tragen. Übrigens kuscheln Meerschweine nicht gern und lassen sich nicht gern hochheben, weil sie Fluchttiere sind. Manchmal muss man sie aber dennoch aus dem Käfig heben, z. B. wenn man mit dem Tier zum Arzt gehen will.

7 **Zunächst** einmal benötigen die Meerschweinchen ständig frisches Heu. **Als Erstes**, also morgens, **fütterst** du entweder Grün- oder Saftfutter. Achte bitte darauf, dass das Grünfutter nicht feucht **ist**, sonst werden die Meerschweinchen krank. Reste des Saftfutters musst du **anschließend** entfernen. **Danach** wechselst du das Wasser. Dazu **nimmst** du den Wassernapf aus dem Käfig, spülst ihn **dann** unter fließendem Wasser aus und **setzt** ihn **am Schluss** gefüllt mit frischem Wasser wieder in den Käfig. **Später**, nämlich mittags und nachmittags, **benötigen** die Meerschweinchen noch einmal frisches Grün- oder Saftfutter, du kannst die Mahlzeiten etwas abwechseln. **Abends** bekommen sie eine letzte Mahlzeit. **Im Anschluss** an das Füttern solltest du noch ein zweites Mal für frisches Wasser sorgen. Einmal in der Woche **darfst** du anstelle einer anderen Mahlzeit auch Obst füttern.

Argumentieren – Schriftlich Stellung nehmen

Seite 24

1 Mögliche Formulierungen:Ich finde es gut, wenn man mittags etwas Warmes in einer Schulkantine zu essen bekommt.
Ich denke, dass es nicht gut ist, wenn eine Lehrerin/ein Lehrer die Sitzordnung regelt, ohne die Schüler zu fragen.
Ich bin der Ansicht, dass Samstagsunterricht überhaupt nicht gut ist.

2 a Es klingelt – die sechste Stunde ist geschafft! Riko, Pauline und Lilly packen ihre Sachen ein und schlendern langsam aus der Klasse. „Meine Frühstücksdose ist ganz und gar leer – totales Vakuum!", seufzt Riko. „Ich schlage vor, wir gehen in die Schulkantine!" „Das finde ich doof, ich habe keine Lust auf warmes Essen", antwortet Pauline. „Ich auch nicht", stimmt Lilly zu, „mir wäre es lieber, heute Abend zu Hause mit meinen Eltern zu essen. Ich mag das Essen hier nicht." „Also, ich finde, ihr könntet Mitleid haben mit einem armen hungrigen Wolf! Was soll ich denn jetzt essen?" „Okay, ich denke, wir gehen mit dir in die Kantine und leisten dir Gesellschaft. Was meinst du, Lilly?", fragt Pauline. Lilly lacht: „Meiner Meinung nach ist das ein ziemlich tierlieber Vorschlag – also komm, du armer, hungriger Wolf, bevor du uns noch in die Beine beißt!"
  b Riko möchte in die Kantine gehen, weil er Hunger und nichts mehr zu essen hat. Lilly möchte nicht in die Kantine gehen, weil sie lieber abends mit ihren Eltern essen möchte und das Essen in der Kantine nicht lecker findet.
  c Möglicher Grund: Pauline möchte nichts Warmes essen, weil sie einfach keinen Appetit darauf hat.

Seite 25

1 a + b
    „Tanzen darf meiner Ansicht nach auf keinen Fall gestrichen werden, denn das ist das einzige Angebot mit Musik!"
    „Mir persönlich ist die Fußball-AG nicht so wichtig, ich spiele nämlich sowieso im Verein."
    „Ich halte Ballspiele für besser als Fußball, da man dann verschiedene Spiele ausprobieren kann, ..."
    „Meiner Meinung nach bietet sich Leichtathletik nicht an, weil man das doch nur im Sommer draußen machen kann."
  c Mögliche Meinung und Begründung:
    Ich wünsche mir eine Badminton-AG, weil ich in den Ferien ganz viel Spaß beim Federballspielen hatte.

2 Mögliche Argumente:

An jeder Schule sollte es einen Schulchor geben, **weil** ein solcher Chor die Schulfeiern musikalisch mitgestalten kann.

Auch eine Theater-AG ist ein wünschenswertes Angebot, **da** viele Kinder und Jugendliche Freude am Theaterspielen haben.

Beim Schulorchester können nicht alle Schüler mitspielen, **denn** nicht jeder Schüler beherrscht ein Instrument.

Eine Kunst-AG ist eine gute Ergänzung, es gibt **nämlich** nicht in jedem Schuljahr Kunst als Unterrichtsfach.

3 A Malte meint: „Ich will unbedingt in eine Sport-AG, weil mich alle anderen Sachen nicht interessieren."

B Nina entgegnet: „Ich will auf keinen Fall Sport machen, das ist mir nämlich viel zu anstrengend."

C „Ich finde, AGs sind überflüssig, denn ich habe nachmittags schon andere Hobbys", sagt Amal.

D „Ihr sollt aber an der Schule die Möglichkeit nutzen, nicht nur im Unterricht etwas zusammen zu machen. Deshalb finden wir es richtig, dass alle an einer AG teilnehmen", erklärt der Lehrer.

Seite 26

1 a 1 Thema: – (kann man aber nur aus dem Zusammenhang erschließen, wird nicht ausdrücklich genannt)

2 Meinung: gegen Samstagsunterricht

3 Begründung: Geschwister und andere haben frei

4 Zusammenfassung: – (die Meinung wird wiederholt, aber kein Vorschlag oder keine Bitte als Zusammenfassung geäußert)

b **trifft zu:** zu 2 – **trifft nicht zu:** zu 1, zu 3, zu 4

Seite 27

2 a Mögliches Argument: Für Familien mit mehreren Kindern an verschiedenen Schulen kann Samstagsunterricht problematisch sein, weil die Unterrichtszeiten unterschiedlich sein können und gemeinsame Familienunternehmungen erschweren können.

b Gemeint ist Argument C.

c Mögliches weiteres Argument: Gegen Samstagsunterricht spricht, dass man sich viel besser erholen kann, wenn man zwei freie Tage hintereinander (Samstag und Sonntag) hat und nicht nur den Sonntag.

3 Mögliche Verbesserung:

Meinung	wir, die Klasse 5c, sind der Meinung, dass es keinen Samstagsunterricht geben soll.
Begründung 1	Gegen Samstagsunterricht spricht, dass man sich viel besser erholen kann, wenn man zwei freie Tage hintereinander (Samstag und Sonntag) hat und nicht nur den Sonntag.
Begründung 2	Wir finden die Idee auch deshalb nicht gut, weil einige Geschwister in anderen Schulen haben. Für Familien mit mehreren Kindern an verschiedenen Schulen kann Samstagsunterricht problematisch sein, weil die Unterrichtszeiten unterschiedlich sein können und gemeinsame Familienunternehmungen erschweren können.
Begründung 3	Außerdem verkürzt sich die Unterrichtszeit an den übrigen Schultagen durch den Samstagsunterricht nur wenig.
Zusammenfassung: Bitte oder Wunsch	Die Abstimmung in unserer Klasse hat diese Argumente gegen den Samstagsunterricht eindeutig bestätigt. Bitte berücksichtigt dieses Ergebnis bei eurer Stellungnahme auf der Konferenz.

4 Mögliche vollständige Begründung:

Liebe Schülervertreterinnen und Schülervertreter,

wir sind der Meinung, dass es Samstagsunterricht geben soll.

Wir befürworten ihn, weil die langen Schultage für viele von uns zu anstrengend sind. Samstagsunterricht entlastet die langen Tage während der Woche, denn der Unterricht könnte später beginnen.

Ein weiterer Grund für unsere Ansicht ist, dass wir momentan nachmittags kaum noch Möglichkeiten haben, unseren Hobbys nachzugehen.

Wir fänden es allerdings besser, wenn der Samstagsunterricht nur alle vierzehn Tage stattfinden würde.

Wir würden uns sehr freuen, wenn ihr unseren Vorschlag, den Samstagsunterricht einzuführen, unterstützen würdet.

Mit freundlichen Grüßen

Klasse 5a

Einen Sachtext lesen und verstehen

Seite 28

1 b Mögliche Stichworte: Vulkanausbruch, Lavaströme, Feuer, Aschewolke, Lawinen

2 b Mögliche Lösung: Thema des Textes ist der Ausbruch des Vulkans Montagne Pelée auf der Insel Martinique als Beispiel für die Gefährlichkeit von Stratovulkanen.

c Mögliche unbekannte Wörter:

Bimssteinstaub (Z. 22): Staub aus Bimsstein, Bimsstein: vulkanisches Glas aus Lava
Grubenottern (Z. 25): Grubenottern gehören zu den gefährlichen Schlangen mit tödlichem Gift (vgl. Z. 26–27)
Eruptionsgewitter (Z. 31): Eruptionsgewitter entstehen, wenn beim Ausbruch (= Eruption) eines Vulkans feinste Ascheteilchen durch die Luft gewirbelt werden
Stratovulkane (Z. 35): steile, spitze Vulkane, die aus abwechselnden Schichten von Lavaströmen und Vulkanstaub aufgebaut sind

Magma (Z. 41): geschmolzenes Gestein (vgl. Z. 38–40)
Vulkanschlot (Z. 42): Schacht in der Erdkruste, Kamin
zerbirst (Z. 45): zerbersten = mit großer Gewalt auseinanderbrechen
pyroklastischer Strom (Z. 48): glühend heiße Wolke aus Gas und Asche (siehe Textzusammenhang Z. 48–50)
Verhängnis (Z. 52): unausweichliches Unheil
Vulkanologe (Z. 52): Vulkanforscher

3 a Weitere wichtige Schlüsselwörter: 1902, Saint-Pierre, Hauptstadt der Karibikinsel Martinique, 28 000 Einwohner, tot, Stadt, Hafen, verbrannt, zerstört, glühend heiße Ascheschicht

b Mögliche Schlüsselwörter: **Sinnabschnitt 2:** Vulkan, unterschätzt, Anzeichen, Ascheregen, Rauchwolke, Erdbeben, Schlammlawinen, giftiger Grubenottern, Eruptionsgewitter – **Sinnabschnitt 3:** gefährlichen Typ der Stratovulkane, Magma verstopft, Vulkanschlot, hoher Druck aus Gasen, Explosion, Magmagase, Vulkanasche, glühend heißen Wolke, pyroklastischer Strom, unglaublicher Geschwindigkeit – **Sinnabschnitt 4:** Stratovulkane, gut erforscht, hochgefährlich, unberechenbar, 2010, Indonesien, Mount Merapi, starben, mehr als 100 Menschen

Seite 30

4 Mögliche Zwischenüberschriften: **Z. 15–32:** Unterschätzte Anzeichen für den Vulkanausbruch – **Z. 33–50:** Gefahr durch Stratovulkane/Der pyroklastische Strom – **Z. 51–59:** Stratovulkane bis heute unberechenbar

5 Mögliche Zusammenfassungen: **Sinnabschnitt 2:** Die Einwohner hatten die Anzeichen für den Ausbruch nicht beachtet. Ascheregen, Erdbeben, Schlammlawinen, fliehende Schlangen und Gewitter hatten den Ausbruch angekündigt. **Sinnabschnitt 3:** Der Vulkan gehört zu den gefährlichen Stratovulkanen. Vor einem Ausbruch baut sich in ihrem Inneren großer Druck aus Gas auf. Der Ausbruch gleicht einer Explosion. Dabei mischen sich Magmagase mit Vulkanasche zu einer glühend heißen Wolke, die den Berg hinunterrast und alles auf ihrem Weg zerstört. Diese Wolke nennt man pyroklastischer Strom. **Sinnabschnitt 4:** Stratovulkane sind gut erforscht, bleiben aber bis heute gefährlich. Im Jahr 2010 starben in Indonesien über 100 Menschen beim Ausbruch des Mount Merapi.

6 **A:** Orts- bzw. Lageangabe – **B:** Vorgang

7 **Grafik A:** Ereignisse: Ausbrüche des Montagne Pelée vom 8. Mai und vom 30. August 1902; Auswirkungen: durch die Vulkanausbrüche zerstörtes Gebiet – **Grafik B:** Diese Informationen gibt die Grafik über den Text hinaus: Lavakugeln, heiße Lawinen aus Gesteinsbrocken, Lavastrom, Regen von Steinchen, Rauchwolke (Gas, Asche)

Einen Erzähltext lesen und verstehen

Seite 32

2 Mögliche unbekannte Wörter und Wendungen: **Geselle** (Z. 6): Handwerker, der seine Ausbildung durch eine Prüfung vor der Handwerkskammer erfolgreich abgeschlossen hat – **Meerkatze** (Z. 20): eine Affenart – **Semmel** (Z. 26): Brötchen

3 1: E – 2: U – 3: L – 4: E – 5: N   Lösungswort: Eulen

4 Mögliche Zusammenfassung:

In der Einleitung der Schelmengeschichte erfährt man, dass Till Eulenspiegel sich einmal in einem Handwerk erproben will. Als er nach Braunschweig kommt, trifft er auf einen Bäckermeister, der ihn sofort als Gesellen einstellt. Im Hauptteil wird erzählt, dass Till schon am dritten Tag vom faulen Bäckermeister den Befehl erhält, allein zu backen. Till versteht den Befehl mit Absicht falsch und backt etwas anderes, als der Bäckermeister erwartet hat. Dieser ist wütend und bestraft Till: Till wird entlassen und muss sein Gebäck mitnehmen. Der Schluss zeigt, dass Till derjenige ist, der zuletzt lacht: Er verkauft das Gebäck mit Gewinn.

Seite 33

5 a + b + c

Till Eulenspiegel	**Till legt den Bäcker herein, weil es ihm Spaß macht.**	**Bäckermeister**
– gibt sich als Bäckergeselle aus		– Bäckerei in Braunschweig
– geschäftstüchtig und geschickt		– Bäckermeister sucht einen Gesellen
– einfallsreich, listig, schlagfertig	**Der Bäckermeister behandelt Till herablassend und ärgert sich über ihn.**	– arbeitet nicht gern, ist faul
		– streng und ungerecht
		– ist launisch

6 Mögliche Beschreibung der Figuren: In dieser Schelmengeschichte gibt es zwei Hauptfiguren, nämlich Till Eulenspiegel und den Bäckermeister. Über den Bäcker wird schon am Anfang der Geschichte gesagt, dass er launisch und faul ist. Till ist ein Schelm und führt den Bäcker an der Nase herum.

7 a

Der Bäcker sagt:	Der Bäcker meint:	Das macht Till daraus:
„Du bist ein Bäckerknecht und fragst noch, was du backen sollst? Was pflegt man denn zu backen? Eulen und Meerkatzen." (Z. 18–20)	Till soll Brot, Brötchen (Semmeln) und Brezeln backen, so wie es sich für einen Bäcker gehört.	„Ich will etwas Außergewöhnliches backen, nämlich kleine Brote, die aussehen wie Eulen und Meerkatzen."

b Mögliche Beschreibung der Komik: Till nimmt die Anweisung des Bäckers wörtlich. Er backt so viele Eulen und Meerkatzen, dass die Backstube voll davon ist. Lustig ist außerdem, dass sich die Braunschweiger Kinder um das außergewöhnliche Gebäck reißen und somit Till der Gewinner ist.

8 Das könnte Till seinem Freund erzählt haben:

„Junger Mann, was für ein Geselle bist du?" Ich ergriff die Gelegenheit und schwindelte ihm vor, ich wäre ein Bäckerknecht. Er war so froh, dass er mich sofort mit in sein Haus nahm. Aber schon nach zwei Tagen wollte er sich auf die faule Haut legen und mich die ganze Arbeit tun lassen. Ich fragte ihn: „Ja, was soll ich denn backen?" Da ärgerte er sich und verspottete mich mit den Worten: „Du bist ein Bäckerknecht und fragst noch, was du backen sollst? Was pflegt man denn zu backen? Eulen und Meerkatzen." In dem Moment beschloss ich, diesem ungerechten, launischen und faulen Mann eine Lehre zu erteilen und ihn absichtlich falsch zu verstehen. Sobald er fort war, formte ich aus dem Teig Eulen und Meerkatzen und backte den ganzen Tag nichts anderes. Schließlich war die Backstube von oben bis unten voll mit Eulen und Meerkatzen. Du hättest mal das Gesicht des Bäckers sehen sollen, als er am nächsten Morgen wiederkam! Erst fand er keine Worte, aber dann wurde er richtig wütend.

Ich erklärte ihm, dass ich doch bloß das getan hatte, was er mir befohlen hatte. Der grobe Kerl packte und schüttelte mich und wollte, dass ich ihm den Teig bezahle. Ich antwortete, ich würde ihm Geld geben, dafür aber die Eulen und Meerkatzen mitnehmen. Der Bäcker war einverstanden, er glaubte nämlich, seine Kunden würden ihn wegen solcher Backwaren sowieso nur auslachen. Der hatte wirklich keine Ahnung! Mit meinem Korb voller Eulen und Meerkatzen schritt ich schnurstracks zum Marktplatz. Es war gerade Schulschluss. Die Kinder umringten mich und waren ganz wild auf mein Gebackenes. Sie stürmten nach Hause und zerrten ihre Eltern herbei, die ihnen Eulen und Meerkatzen kaufen sollten. Nach zehn Minuten hatte ich keinen Krümel mehr im Korb und gutes Geld verdient. Ich hoffe, der faule Bäcker hat davon erfahren und vor Ärger in einen Sack Mehl gebissen!

Ein Gedicht gestaltend vortragen

Seite 34

1 b Mögliche Adjektive:
1. Vers: bewegungslos, wachsam
2. Vers: aufmerksam, konzentriert
3. Vers: angespannt
4. Vers: aufgeregt
5. Vers: wehleidig, verärgert, verletzt
6. Vers: schlecht gelaunt, enttäuscht

c + d Bei deinem Gedichtvortrag sollte der Stimmungsunterschied zwischen der ersten und zweiten Strophe gut hörbar sein. Du könntest die erste Strophe leiser lesen, weil sich die Katze darin auch leise verhält, um ihre Beute nicht zu verjagen. Durch eine lange Pause vor „der Igel" kannst du die Schlusspointe des Gedichts betonen.

Auf der Mauer sitzt die Katze

auf der Lauer, hebt die Tatze |

da | im Gras | bewegt sich was | |

Von der Mauer sprang die Katze

ist jetzt sauer, leckt die Tatze |

da im Gras | | der Igel saß

3 Mögliche Zusammenfassung: Strophen 1 + 2: Der Dichter beschreibt das aufgeregte Hin und Her, Drunter und Drüber der quicklebendigen Küken auf einem Bauernhof.
Strophe 3: Die Glucke (Hühnermutter) kommt zur Ruhe und die Küken kuscheln sich unter sie.

Seite 35

4 a Sprechtempo Strophen 1 + 2: schnell, sehr bewegt – Sprechtempo Strophe 3: langsamer, ruhig

b + c + d Die Reimwörter sind in derselben Art unterstrichen. In diesem Gedicht werden die Reime nicht so häufig am Versende eingesetzt, sondern eher im Vers bzw. über das Versende hinweg. Oft folgen die Reimwörter ganz dicht aufeinander. Du kannst die Wirkung der Reimwörter verstärken, indem du sie besonders deutlich aussprichst und betonst. Außerdem solltest du darauf achten, dass du die Reimwörter innerhalb eines Sprechbogens sprichst.

Das huschelt und kuschelt
Und trippelt und kippelt
Und kribbelt und wibbelt,
Das pickt und das piept,
Das huselt und wuselt.
Man wird ganz beduselt
Wenn man auf dem Hofe
Die Küken erblickt.

Aufs Picken und Nicken
Der Küken zu blicken
Macht Kinder nicht minder
Wie Große konfus.
Das schlägt sich, verträgt sich,
Das ziept sich, das liebt sich
Und kommt mit Gerenne
Zur Henne am Schluss.

Doch friedlich und niedlich
Hockt schließlich gemütlich
Die flauschige, bauschige,
Lauschige Schar,
Geborgen vor Sorgen,
Im Schutze der Glucke,
Die früher genauso
ein Kükenkind war.

e Beispiel:

Das huschelt und kuschelt Und trippelt und kippelt Und kribbelt und wibbelt, Das pickt und das piept, Das huselt und wuselt.

Versuche, diesen Satz in einem einzigen langen Atemzug, sehr schnell, aber mit ganz deutlich ausgesprochenen Reimwörtern zu lesen.

5 a Mögliche Vorbereitung:

Zwischen ein Uhr
und halb zwei
tönt aus dem Garten
groß Geschrei.

Meint der Spargel:
„Ich bin teuer."
Und die Zwiebel:
„Brenn wie Feuer."

„Und was wäre
der Mensch wohl
ohne mich?!",
knurrt der Kohl.

„Uns isst man roh
sowie gesotten",
plappern fröhlich
die Karotten.

„Ich bin würzig!",
ruft die Bohne.
„Und ich auch!",
schreit der Lauch.

Sagt die Gurke
noch genauer:
„Mich genießt man
süß und sauer."

Brummt die Rübe:
„Und von mir
nährt sich der Mensch
und auch das Tier!"

Piept die Erbse:
„Ich schmeck lecker ..."

„Schluss mit dem Gemecker!",
schreit
das Radieschen
Lieschen
laut:
„Ob Schote, Knolle, Kraut,
ob oberirdisch,
unterirdisch,
ob mit, ob ohne Kern –
uns alle hat man gern.

In einem sind wir alle gleich:
Wir sind an Vitaminen reich:
und darum sind wir
nämlich
auch alle gleich (oder)
bekömmlich."

Was kannst du schon? – Grammatik

Seite 36

1   **Nomen:** Tasche, Sport – **Verb:** gewinnen, springen – **Adjektiv:** schnell – **Artikel:** das, ein – **Pronomen:** wir, mir   9 Punkte

2   der Stab, die Stäbe – die Stoppuhr, die Stoppuhren – das Fest, die Feste – das Ergebnis, die Ergebnisse   4 Punkte

3   a + b Die **interessanteste** Frage ist, wer in diesem Jahr die **berühmte** Schulfrisbeescheibe **am weitesten** wirft.   9 Punkte

Positiv	Komparativ	Superlativ
interessant	interessanter	am interessantesten
berühmt	berühmter	am berühmtesten
weit	weiter	am weitesten

4   Die folgenden Verben im Präteritum gehören in die Lücken: 8 Punkte
passierte – wollte – nahm – schlenderte – rannte – prallte – war – saß

Seite 37

5   Richtig sind die Antworten B, C, D, E. – Falsch sind die Antworten A, F, G, H, I.   9 Punkte

6   a   A Fragesatz (?) – B Aussagesatz (.) – C Ausruf (!)   6 Punkte
b   A Komm mit zum Weitsprung! – B Wo ist meine Sporttasche? – C Du machst die Flasche am besten wieder zu.

Wortarten

Seite 38

1   Diese Wörter finden sich im Gitterrätsel: **waagerecht:** Hitze – Windhose – Thermometer – Gewitter – Regenbogen
senkrecht: Sturm – Wärme – Wolke – Nebel – Winter – Schnee

2   die Wolke – der Hagel – die Hitze – das Unwetter – das Gewitter

3   **Von Wettermachern (die Wettermacher) und Wetterforschern (die Wetterforscher)**

Schon immer wollten sich die Menschen natürliche Erscheinungen (die Erscheinungen), wie das Wetter, erklären können.
Was wir nicht verstehen, macht uns oft Angst (die Angst). Deshalb ordneten früher viele Völker (die Völker) natürlichen
Gegebenheiten (die Gegebenheiten) wie der Sonne, dem Mond, dem Donner oder auch dem Blitz Götter (die Götter) zu.
Die Griechen glaubten in der Antike, dass das Wetter von den Göttern im Olymp (der Olymp) bestimmt wurde. Für Gewitter
(die Gewitter) war der Göttervater Zeus zuständig. Er schleuderte Blitze (die Blitze) auf die Erde und ließ es mächtig donnern.

4   a + b Je mehr die Menschen sich für naturwissenschaftliche Forschungen interessierten, desto mehr veränderten sich
Erklärungen und Wissen in der Wetterkunde, genannt Meteorologie.

Seite 39

5   Folgende Nomen solltest du markiert haben:
Maskulinum (blau): der Mensch – der Strahl – der Körper – der Regen – der Schnee
Femininum (grün): die Streiterei – die Sonne – die Wonne – die Natur – die Nässe – die Zeit – die Hände
Neutrum (gelb): das Wetter (mehrfach) – das Ende

6

Wetter	Neutrum	Wetterleuchten	Neutrum
Wetterfahne	Femininum	Wetterbericht	Maskulinum
Wetterhahn	Maskulinum	Wettervorhersage	Femininum
Wetterkarte	Femininum	Wetterfrosch	Maskulinum
Wetterwechsel	Maskulinum	Sauwetter	Neutrum
Wetterstation	Femininum	Wetterwarte	Femininum

7   ~~das Mädchen – das Kind – das Männchen – das Huhn – das Ferkel – das Reh~~

●●●

Seite 40

8   **Nomen im Singular (grün):** Gewitter – Schlossberg – Gewusel – Stadt (mehrfach) – Kaufhaus Dronten – Blitz – Schein –
Alleebaum – Donner – Kommando – Welt – Platzregen – Stadt – Wasserfall – Sonne
Nomen im Plural (blau): Wolken (mehrfach) – Mäuse – Riesen – Elefanten – Ungeheuern – Tanten – Drachen – Katzen –
Stubenecken – Wildbäche – Gassen – Dächer

9 a So lauten die Pluralformen:
  die Wolken – die Unwetter – die Wasserstände – die Regentonnen – die Blitze – die Pfützen – die Tropfen
  b Im Plural lautet der Artikel immer „die". Einige Nomen (Unwetter, Tropfen) ändern sich im Plural nicht.

Seite 41

10 B der kleinen Hexe: Wem? Dativ – C seine Meinung: Wen oder was? Akkusativ – D das Regenmachen: Wen oder was?
●●● Akkusativ – E Abraxas: Wer? Nominativ – F Frösche: Wen oder was? Akkusativ – G deines Zauberstabes: Wessen? Genitiv –
  H dem Raben: Wem? Dativ – I Walpurgisnacht: Wer oder was? Nominativ
  Es ergibt sich folgender **Lösungssatz:** Trotz Abraxas' Ermahnungen will die kleine Hexe zum Blocksberg reiten.

Seite 42

1 Professor Taranis unterrichtet Zaubertrankkunde. **Er** ist ein strenger Lehrer. Heute sollen die Schüler einen Gewittertrank
  herstellen. „**Ich** ermahne **euch** nur einmal, **ihr** müsst zunächst gründlich eure Kessel reinigen, bevor **ihr** anfangen könnt."
  Luna schrubbt ihren Kessel voller Hingabe mit einer Bürste, **sie** hat vor lauter Anstrengung schon Schweißperlen auf der
  Stirn. „**Du** musst noch gründlicher sein!", ermahnt Mr Taranis **sie** streng.

2 „**Ihr** benötigt drei Tropfen Krötenschleim, vier Esslöffel Schlangenzähne, fünf Fliegenpilze und eine Prise Spinnenbein.
  Ich erwarte, dass keine Zutaten verschwendet werden, **sie** sind sehr kostbar." Anschließend verkündet Mr Taranis:
  „Nun wollen **wir** den richtigen Zauberspruch üben, sprecht **mir** nach: Krötenschleim und Schlangenzahn, es gebe Stürme
  und Orkan, Fliegenpilz und Spinnenbein, schwarz soll jetzt der Himmel sein!"

3 a + b Leider hat <u>Astor</u> Mr Taranis' Anweisungen nicht befolgt. Statt der Spinnenbeine hat **er** Rattenfüße in den Trank
●●● gemischt. Das Gebräu hat <u>den Kessel</u> zur Explosion gebracht. Nun kann man **ihn** zu nichts mehr gebrauchen. <u>Die Zutaten</u>
  von Astors Trank haben sich im ganzen Klassenraum verteilt, **sie** kleben teilweise sogar unter der Decke. <u>Ein Fliegenpilzhut</u>
  ist direkt auf dem Kopf von <u>Mr Taranis</u> gelandet. „**Er** steht **ihm** wirklich gut!", flüstert Luna ihrer Nachbarin ins Ohr.
  Astor muss zur Strafe ein Stundenprotokoll schreiben.

Seite 43

4 a + b Wieder steht „Gewittermachen" auf dem Plan. Vor der Stunde bahnt sich in den hinteren Bänken ein Streit an:
  „Das ist **mein** Zauberstab, gib ihn zurück!", flüstert Leila. „Da hast du **deinen** blöden Zauberstab!", zischt Luna, „dann gibst
  du **mir** aber auch **mein** Zauberbuch wieder." „Ruhe dahinten!", donnert Mr Taranis, „<u>wir</u> wiederholen heute den Gewitterzauber. **Eure** kläglichen Versuche in der letzten Stunde haben <u>mich</u> noch nicht überzeugt." Aber o Schreck: Luna hat für
  ihren Trank zu viel Fliegenpilz verwendet, sodass aus **ihrem** Kessel ununterbrochen ein übel riechendes Gebräu schäumt.
  Pollux hat **seinem** Trank statt der Schlangenzähne Mäusedreck hinzugefügt, mit dem Erfolg, dass der ganze Klassenraum
  von Mäusen nur so wimmelt. Erst Mr Taranis kann mit Hilfe **seiner** Zauberkunst das Chaos beenden. Was für ein Trubel!

5 a Mr Taranis zeigte den Schülern in der letzten Stunde, wie <u>Schüler</u> ein Gewitter machen können. Zunächst musste jeder
  Schüler den Kessel <u>des Schülers</u> gründlich säubern. Nachdem Mr Taranis mit dem Ergebnis zufrieden war, erklärte
  <u>Mr Taranis</u> den Schülern, dass <u>die Schüler</u> die Zauberbücher <u>der Schüler</u> aufschlagen sollten. Die Zutaten für den Gewittertrank standen im Buch, <u>die Zutaten</u> mussten jetzt nur noch richtig abgemessen und in den Kessel gefüllt werden.
  Mr Taranis forderte anschließend die Klasse auf, <u>Mr Taranis</u> den passenden Zauberspruch nachzusprechen.
  Leider hatte ein Schüler das Rezept nicht genau genug gelesen: <u>Der Schüler</u> verwechselte Spinnenbeine mit Rattenfüßen,
  daher explodierte unglücklicherweise der Kessel <u>des Schülers</u>. Mr Taranis war über diesen Schüler so wütend, dass
  <u>Mr Taranis</u> <u>dem Schüler</u> auftrug, ein Stundenprotokoll zu verfassen, welches der Protokollant hiermit vorlegt.

  b Mr Taranis zeigte den Schülern in der letzten Stunde, wie **sie** ein Gewitter machen können. Zunächst musste jeder Schüler
  seinen Kessel gründlich säubern. Nachdem Mr Taranis mit dem Ergebnis zufrieden war, erklärte **er** den Schülern, dass **sie**
  ihre Zauberbücher aufschlagen sollten. Die Zutaten für den Gewittertrank standen im Buch, **sie** mussten jetzt nur noch
  richtig abgemessen und in den Kessel gefüllt werden. Mr Taranis forderte anschließend die Klasse auf, **ihm** den passenden
  Zauberspruch nachzusprechen.
  Leider hatte ein Schüler das Rezept nicht genau genug gelesen: **Er** verwechselte Spinnenbeine mit Rattenfüßen, daher
  explodierte unglücklicherweise **sein** Kessel. Mr Taranis war über diesen Schüler so wütend, dass **er ihm** auftrug, ein
  Stundenprotokoll zu verfassen, welches der Protokollant hiermit vorlegt.

Seite 44

1 kleiner – grüner – gutes – schlechtes – alten – durchsichtigen – kleine – schönem – schmalen – freien – herrlichen – richtige –
  freundliche – gutem – leckeren – wahren – bessere – armen – enge – süßen – kleinen

2 A In Peru haben Wissenschaftler **eine neue Froschart** entdeckt. – B **Der kleine Winzling** passt bequem auf eine Fingerkuppe. –
  C Man kam **dem zwergenhaften Tier** durch sein Quaken auf die Spur. – D Die „Größe" **des winzigen Frosches** beträgt gerade
  einmal 11,4 Millimeter.

3 Die Größe eines Laubfrosches beträgt 3 bis 4,5 cm, er wiegt selten mehr als 4 g. Damit gehört er zu den kleinen X Fröschen in Deutschland. Der Laubfrosch hat eine glatte X , grasgrüne X Haut, einen weißen X Bauch und an den Seiten befindet sich jeweils ein dunkler X Streifen. Die Laubfrösche sind gute X Kletterer. Sie leben an einheimischen X Waldrändern, in feuchten X Wiesen oder an pflanzenreichen X Teichen und ernähren sich von kleinen X Insekten. In der freien X Natur werden die Tiere kaum mehr als fünf Jahre alt.

Seite 45

4 Mögliche Sätze: B Der Laubfrosch ist genauso schwer/leicht wie der Blaue Pfeilgiftfrosch. – C Der Krallenfrosch wird älter/er lebt länger als der Laubfrosch. – D Der Blaue Pfeilgiftfrosch ist leichter als der Goliathfrosch. (auch möglich: … wiegt weniger als …) – E Der Flugfrosch kann weiter springen als der Ochsenfrosch. – F Der Wasserfrosch wird genauso alt wie der Laubfrosch.

5 Mögliche Formulierungen: **Alter:** Der Krallenfrosch wird am ältesten./… lebt am längsten. – **Größe:** Der Goliathfrosch wird … am größten. – **Gewicht:** Der Goliathfrosch wird am schwersten./… wiegt am meisten.

6 Ein Frosch sah auf einer Wiese einen Ochsen stehen. „Warum bin ich nicht wenigstens so **groß** wie der Ochse? Ich will von allen am **größten** sein", dachte der **kleine** Frosch. „Aber wenn ich mich ordentlich aufblase, kann ich wohl so **groß** werden wie der Ochse!" Gesagt, getan, der **kleine** Frosch begann, sich aufzublähen, so **stark** er nur konnte. Dann rief er den anderen Fröschen zu: „Nun, bin ich jetzt so **groß** wie der Ochse?" „Nein, noch lange nicht, du bist noch viel, viel **kleiner**." Da blies er sich weiter auf und fragte wieder: „Und jetzt?" Die anderen Frösche lachten nur. „Euch werd ich es zeigen", schrie der Frosch erbost, mit aller Kraft blähte er sich noch **stärker** auf, bis er schließlich platzte.

Seite 46

1 Eine Maus sitzt **auf** einem Baum. Die Füchse lagern **am/auf** dem Boden (oder: **vor** dem Baum). Eine Eule hockt **auf** einem Baumstumpf. Eine Spinne krabbelt **über** einen (oder **auf** einem) Baumstamm. Ein Salamander ruht **auf** einem Baumpilz.

2 **Fink und Frosch**

Auf leichten Schwingen frei und flink
Zum Lindenwipfel flog der Fink
Und sang **an** dieser hohen Stelle
Sein Morgenlied so glockenhelle.

Ein Frosch, ein dicker, der **im** Grase
Am Boden hockt, erhob die Nase,
Strich selbstgefällig seinen Bauch
Und denkt: Die Künste kann ich auch.

Alsbald **am** rauen Stamm der Linde
Begann er, wenn auch nicht geschwinde,
Doch **mit** Erfolg emporzusteigen,
Bis er zuletzt von Zweig zu Zweigen,
Wobei er freilich etwas keucht,
Den höchsten Wipfelpunkt erreicht
Und hier sein allerschönstes Quaken
Ertönen lässt **aus** vollen Backen.

Der Fink, dem dieser Wettgesang
Nicht recht gefällt, entfloh und schwang
Sich **auf** das steile Kirchendach.

Wart', rief der Frosch, ich komme nach.
Und richtig ist er fortgeflogen,
Das heißt, nach unten hin im Bogen,
Sodass er schnell und **ohne** Säumen,
Mit mehr als zwanzig Purzelbäumen,
Zur Erde kam mit lautem Quak,
Nicht ohne großes Unbehagen.

Er fiel **zum** Glück **auf** seinen Magen,
Den dicken, weichen Futtersack,
Sonst hätt' er sicher sich verletzt.

Heil ihm! Er hat es durchgesetzt.

Seite 47

1 a + b Sicher **kennt** ihr alle das lustige Volk der Schlümpfe! Eines Tages in ihrem Dorf: Missmutig **muss** der Bastelschlumpf nach dem Aufstehen feststellen, dass es draußen schon wieder wie aus Eimern **schüttet.** Auch die anderen Schlümpfe **haben** schlechte Laune wegen des Wetters: „Verschlumpft, es schlumpft schon wieder." Der Bastelschlumpf **denkt** bei sich: „Jeder **schlumpft** über das Wetter, aber keiner schlumpft etwas dagegen. „Jetzt **schlumpfe** ich eine Maschine dagegen!" Gesagt, getan, gleich **macht** sich der Bastelschlumpf an die Arbeit. Nachdem er alle Materialien gesammelt **hat**, **setzt** er die Teile zusammen und nach vielen Stunden ermüdender Arbeit ist das Werk vollendet: „Jetzt **kann** ich die Maschine in Betrieb schlumpfen." Kurz darauf **hört** man einen Jubelschrei im Dorf: „Hurra, sie schlumpft!" Aufgeregt **eilen** die anderen Schlümpfe herbei und **lassen** sich die neue Maschine vorführen. Alle sind ganz beeindruckt. Der große Schlumpf ordnet gleich an: „Zur Einweihung **schlumpfst** du die Maschine auf ‚Schönwetter' und wir **schlumpfen** ein Fest!"

Seite 48

2 schreiben: schreib(e)! schreibt! – waschen: wasch(e)! wascht! – rechnen: rechne! rechnet! – bleiben: bleib(e)! bleibt!

3 Der Große Schlumpf befiehlt: „**Packt** die Picknickkörbe und **vergesst** die Sonnenschirme nicht!" Der Gärtner- und der Dichterschlumpf bleiben im Dorf zurück. „Ich **schreibe** ein Gedicht über die Sonne." Der Gärtnerschlumpf sorgt sich um seinen vertrocknenden Salat. Die Lösung ist schnell gefunden: „Ich **stelle** die Maschine einfach auf Regen." Gesagt, getan: Es regnet. Der Dichterschlumpf tobt und stellt die Maschine jetzt auf ‚pralle Sonne'! Erbost eilt der Gärtnerschlumpf herbei, ein Riesenstreit entbrennt: „Was **machst** du denn hier? **Verschwinde!** Mein Salat **braucht** Wasser!" „**Halt(e)** den Mund. Ich **wünsche** mir Sonne, **beweg(e)** ja nicht den Hebel!" Beide Schlümpfe reißen an den Hebeln: In Blitzesschnelle wechseln Hagel, Schnee, Sturm und sengende Hitze einander ab. Auch auf dem Fest wird es recht ungemütlich, der Große Schlumpf befiehlt: „**Lauft** jetzt sofort ins Dorf zurück und **schaut**, was da vor sich **geht**!" Die Wettermaschine wird zerstört. Und die Moral von der Geschicht': „Man muss das Wetter nehmen, wie es ist!"

Seite 49

Teste dich! – Wortarten

1 A Präposition – B (Personal)Pronomen – C Adjektiv – D Nomen –
E Artikel – F Verb – G (Possessiv)Pronomen – H Präposition

8 Punkte

2 **Personalpronomen:** mir, mich – **Possessivpronomen:** seinen, mein

4 Punkte

3 A: Infinitiv – B: Imperativ Singular

2 Punkte

4 A: Kasus – B: Genus

2 Punkte

Insgesamt zu erreichende Punktzahl:

16 Punkte

Die Tempora (Zeitformen) des Verbs

Seite 50

1 a betrachtet – verbinden – verwenden – dazugehören – sind – einteilen – kennst
b siehe Bild rechts

2 Im Osten **geht** die Sonne **auf**, im Süden **nimmt** sie ihren Lauf, im Westen **muss** sie untergehen, im Norden **ist** sie nie zu sehen.

Seite 51

3 a + b Diese Sätze mit Futurformen musst du in dieser Reihenfolge durchlaufen:
Ich **werde** zum ersten Mal die Erde **betreten**. Meine Kinder **werden** mich jetzt drei Wochen nicht **sehen**. In einem der Ozeane **werde** ich **baden**. Ich habe meinem Sohn versprochen, dass ich einen Seestern **mitbringen werde**. **Wird** der Himmel wirklich blau **aussehen**, wie es in den Büchern steht?

4 Im farbigen Licht des Sonnenuntergangs werde ich am Strand sitzen. Wenn ich zur Erde reise, werde ich auch in türkisblauem Wasser schwimmen und das Meer wird meterhohe Wellen schlagen. Beim Schnorcheln werde ich große Fischschwärme und vielleicht sogar einen Rochen entdecken. Nachts wird der helle Schein unseres Mondes auf der Wasseroberfläche funkeln.

Seite 52

1 In dieser Reihenfolge hat sich Johannes' Erlebnis ereignet: **1**: Johannes liegt im Bett. – **2**: Er klettert mit dem Fernglas auf das Fensterbrett. – **3**: Er sitzt auf dem Fensterbrett. – **4**: Er betrachtet den Mond. – **5**: Der Hund kommt und zieht an Johannes, dieser erschrickt. – **6**: Johannes fällt aus dem Fenster. – **7**: Er landet im Gebüsch und ruft um Hilfe.

2 Hier findest du ein Beispiel für Johannes' Erzählung in wörtlicher Rede:

„Ich habe lange in meinem Bett wach gelegen, weil der Vollmond so hell in mein Fenster geschienen hat. Da habe ich eine Idee gehabt: Ich habe mir mein Fernglas geholt und habe aus dem Fenster geschaut. Dann bin ich auf das Fensterbrett geklettert, um den Mond besser sehen zu können. Und wirklich: Ich habe die Mondkrater genau erkannt. Den Hund habe ich gar nicht bemerkt. Er hat mich plötzlich am Schlafanzug gepackt, er hat wohl versucht, mich zurückzuziehen. Da bin ich erschrocken, habe das Gleichgewicht verloren und bin ins Gebüsch gefallen. Ich habe dann um Hilfe gerufen, was ihr zum Glück gehört habt."

3 Mögliche Erweiterung des Satzes: Ich bin nachts mit nackten Füßen und dem Fernglas in der Hand verrückterweise auf das Fensterbrett in meinem Zimmer geklettert.

Seite 53

4

Infinitiv	Präsens	Präteritum
nehmen	du nimmst	du nahmst
aufgehen	er/sie/es geht auf	er/sie/es ging auf
begreifen	wir begreifen	wir begriffen
beobachten	ihr beobachtet	ihr beobachtetet
schweigen	sie schweigen	sie schwiegen

5 Die einzutragenden Wörter im Präteritum: betrat – sagte – startete – benötigte – verlief – wechselten – trug – meldete

Seite 54

6 a **Sätze im Präsens:** Das Sternbild Skorpion erkennt man an seinen zwei Scheren und dem lang gezogenen Schwanz. Der hellste Stern in diesem Tierkreiszeichen heißt Antares und ist 600 Lichtjahre von uns entfernt. Das Licht dieses Sterns leuchtet rötlich. Zudem gehören noch 17 weitere Sterne zu diesem Sternbild. Sogar einen Stachel besitzt das astronomische Krabbeltier.
Sätze im Futur: Am Winterhimmel wird man das Sternbild Stier entdecken. Im Sternbild Stier wird die gut sichtbare Sternengruppe der Plejaden erscheinen. Sie wird wie eine kleine Silberwolke, aufgespießt auf einem Horn des Stieres, aussehen. Der hellste Stern im Stier, der Aldebaran, wird nicht zu übersehen sein. Wenn er einmal erloschen sein wird, dann werden wir sein Licht noch 68 Jahre sehen.
Sätze im Perfekt: Die Jungfrau am Himmel hat die Menschen immer fasziniert. Sie haben ihren hellsten Stern Spica, das heißt Kornähre, genannt. Das Sternbild hat zum Zeitpunkt der Ernte am Himmel geleuchtet. Das Kornmädchen hat seinen Platz zwischen dem Löwen und der Waage gefunden. Das weibliche Sternzeichen haben auch Jungen erhalten, die zwischen dem 24. August und dem 23. September zur Welt gekommen sind.
Sätze im Präteritum: Lea mochte als Kind ihr Sternzeichen nicht besonders. Die himmlischen Tiere gefielen ihr besser. Ihr Sternbild war nicht im Gleichgewicht. In der einen Waagschale lagen zwei, in der anderen dagegen lag ein Stern. Früher wanderte die Sonne vom 24. September bis zum 23. Oktober durch das Sternbild der Waage.
b Skorpion: Präsens – Jungfrau: Perfekt – Stier: Futur – Waage: Präteritum
c Leas Sternbild ist die Waage.

Seite 55

7 Nachdem ein winziger Punkt im Nirgendwo **begonnen hatte**, sich plötzlich auszudehnen, **entstand** das Universum. Bevor dann aber die ersten Sterne als verdichtete Gase **leuchteten**, **hatte** das Universum wie eine heiße Suppe vor sich hin **gekocht**. Nachdem diese ersten Sterne **ausgebrannt waren**, **schleuderten** sie kleinere Teile ins Weltall. Aus diesen Sternresten **bildeten** sich stabilere Sterne. So **entstand** auch unsere Sonne.

8 a B Die Menschen ließen sich von Navigationssystemen leiten.
B Es wurden ausreichend Satelliten ins All geschickt.
C Viele Tierarten waren bereits ausgestorben.
C Es wurden Regelungen zum Artenschutz entwickelt.
D Viele Menschen flogen in den Weltraum.
D Raketenfahrten ins All wurden bezahlbar.

b B Nachdem ausreichend Satelliten ins All geschickt worden waren, ließen sich die Menschen von Navigationssystemen leiten.
C Nachdem viele Tierarten bereits ausgestorben waren, wurden Regelungen zum Artenschutz entwickelt.
D Nachdem Raketenfahrten ins All bezahlbar worden waren, flogen viele Menschen in den Weltraum.

Seite 56

Teste dich – Zeitformen

1 nahmen ... an (Präteritum) – existieren (Präsens) – glaubte (Präteritum) – wissen (Präsens) – beflügelt hat (Perfekt) – hat ... erbracht (Perfekt) – gibt (Präsens) – wussten (Präteritum) – beobachtet hatten (Plusquamperfekt) – wegtauen (Präsens) – bedeckt (Präsens)   11 Punkte

2 seiten → waren – bringten → brachten – sind ... gewesen → werden ... sein – hatten ... berücksichtigt → haben ... berücksichtigt   8 Punkte

Insgesamt zu erreichende Punktzahl: **19 Punkte**

Satzglieder erkennen – Die Umstellprobe

Seite 57

1 a + b + c

1. Satz: Viele Kinder reisen zu einem internationalen Fest. – Zu einem internationalen Fest reisen viele Kinder.

2. Satz: Sie erzählen beim Fest begeistert von ihren Schätzen. – Beim Fest erzählen sie begeistert von ihren Schätzen.

Sie erzählen begeistert von ihren Schätzen beim Fest. (Umstellung falsch, da sinnverändert)

Von ihren Schätzen erzählen sie begeistert beim Fest. (stilistisch nicht gelungen)

2 a **1. Satz:** Viele Kinder, reisen   **2. Satz:** Sie, erzählen.

●●● b Diese Satzglieder heißen Subjekt (viele Kinder, sie) und Prädikat (reisen, erzählen).

Seite 58

3 B │Dieses Kind│ │wohnt│ │seit seiner Geburt│ │am Nil.│

C │Seit Langem│ │begeistert│ │der Nil│ │Ahmed│ │besonders.│

A │Ahmed│ │kommt│ │aus Ägypten.│

4 a Mögliche Überarbeitung: Unser größter Schatz ist der Nil. Er ist der längste Fluss der Welt. Aus der Wüste macht der Nil fruchtbaren Boden. Wie ein grünes Band durchzieht er das Land. Fast alle Menschen leben in der Nähe dieses großartigen Flusses. Früher hat der Nil auch die Arbeit der Bauern bestimmt. Während der Überschwemmung des Nils konnten die Bauern nicht arbeiten.

b Wenn deine Sätze so umgestellt wurden, wie im Text oben, sind die Satzanfänge abwechslungsreich und der Text ist verständlich.

Seite 59

1 a + b Die Satzglieder sind │umrahmt│, die Prädikate **fett** gedruckt.

│Elefanten│ **atmen** │durch den Rüssel.│ │Zum Trinken│ **saugen** │sie│ │Wasser│ │in den Rüssel.│ │Dann│ **spritzen** │die Tiere│ │das Wasser│ │in ihr Maul.│ │Kein Elefant│ **trinkt** │durch seinen Rüssel.│ │Das auffällige Körperteil│ **dient** │auch│ │zum Riechen und Tasten.│ │Nun│ **weißt** │du│ │einiges│ │über die besondere Elefantennase│.

2 a + b

Uns ist kein größeres lebendes Landsäugetier als der Afrikanische Elefant bekannt.

Durch Wilderei und Zerstörung des Lebensraumes sind die Elefanten aus großen Teilen Afrikas verschwunden.

Vor 30 Jahren hat man für 2010 sogar das Aussterben der Art vorhergesagt.

Dank der Einrichtung von Nationalparks hat der Elefantenbestand erfreulich zugenommen.

In der Nähe von Nairobi ist sogar ein Elefanten-Waisenhaus vorhanden.

Dort werden die Elefantenkälber auf ein Leben in der Wildnis vorbereitet.

Seite 60

1 Wer oder was rankt sich um den Uluru? viele Geschichten – Wer oder was wird in diesen Geschichten erklärt? Aussehen und Entstehung des Berges – Wer oder was zählt zu den heiligen Plätzen am Uluru? Felsbecken mit Wasser – Wer oder was darf die heiligen Orte nicht sehen? Touristen – Wer oder was erlaubt den Besuchern den Aufstieg zum Gipfel? die Ureinwohner

2 Die Subjekte sind unterstrichen, die Prädikate **fett** gedruckt.

Felsenzeichnungen in den Höhlen des Uluru **zeigen** Riesenkängurus. (3. Pers. Pl.) – Im Laufe von Jahrtausenden **verblasste** die Farbe. (3. Pers. Sg.) – Heute **bewahren** wir die Bilder mit Hilfe von Computertechnik auf. (1. Pers. Pl.)

Seite 61

1 a + b Akkusativobjekte sind unterstrichen, Dativobjekte gestrichelt.

Guo Shuang erzählt den anderen Kindern eine spannende Geschichte. – **Wem** erzählt Guo Shuang etwas? den anderen Kindern – **Wen oder was** erzählt er den Kindern? eine spannende Geschichte

In China baute ein Lehrer den Fischerkindern am Hongze-See ein Schulschiff. – **Wem** baute ein Lehrer ein Schulschiff? den Fischerkindern – **Wen oder was** baute ein Lehrer? ein Schulschiff

2 A: Er lädt die Familien in die neue Schule ein. –
A: Fischerboote bringen die Schüler zum Schulschiff. –
D: Ein Koch liefert den Schülern mit seinem Ruderboot das Mittagessen. –
D: Das leichte Schaukeln gefällt den Kindern. –
A: Beim Schreiben stört es die Kinder allerdings ein bisschen. –
D: Die Schüler sind dem Lehrer dankbar für ihre Schiffsschule. –
A: Aber sie fürchten den Lehrer auch, weil er sehr streng ist.

Seite 62

1 adverbiale Bestimmung der Zeit: 6 Wann brauchen sie besonders viel Körperkontakt? – 7 Wann werden sie zurück in die Savanne gebracht?
adverbiale Bestimmung des Ortes: 2 Wo sind die Tiere zu sehen? – 8 Wohin werden die Elefanten gebracht?
adverbiale Bestimmung des Grundes: 3 Warum haben sie ihre Mutter verloren? – 9 Warum erkennen sie ihre Pfleger wieder?
adverbiale Bestimmung der Art und Weise: 4 Wie leben die kleinen Elefanten? – 5 Wie wollen sie spielen?

Seite 63

2 **Gelb – Adverbiale Bestimmungen des Ortes:** vor den vielen Kindern aus aller Welt (2), auf der Insel Sumatra (3), in der ganzen Welt (4), In den Wäldern Sumatras(6), In einem unberührten Regenwald (8), bis auf den Boden (10), In diesem Baumkronendach (13), auf dem Boden (16)
Orange – Adverbiale Bestimmungen der Zeit: Das ganze Jahr über (12), die meiste Zeit (14), Jetzt (18), Am Ende von Susilos Vortrag (21)
Schwarz – Adverbiale Bestimmungen des Grundes: Wegen seines Reichtums an Tieren und Pflanzen (5), Aufgrund der dichten Baumkronen (11), Wegen ihrer langen Arme (15)
Braun – Adverbiale Bestimmungen der Art und Weise: Mit klopfendem Herzen (1), Mit Glück (7), so dicht (9), nur unbeholfen (17), besonders stark (19), mit aller Kraft (20)

Seite 64

1 a + b In Brasilien gibt es viele Schätze. **In Brasilien** gibt es auch den Kautschukbaum. Ohne **den Kautschukbaum** gäbe es keine Autoreifen. Kautschuk ist ein anderes Wort für Gummi. Es kommt aus dem Indianischen und bedeutet übersetzt „Baumtränen". Die Kautschukbauern ritzen mit einem Messer die Rinde an und fangen die weiße Flüssigkeit mit einem Schälchen auf. Damit ~~aus der weißen Flüssigkeit~~ das Gummi herauskommt, muss man ein wenig Säure **in die weiße Flüssigkeit** geben. Dadurch gerinnt die **Flüssigkeit** und das Gummi kann in Brocken herausgenommen werden. **Die Brocken** werden dann zu dünnen Lappen ausgewalzt oder zu dicken Blöcken gepresst. **Die Lappen** ~~werden getrocknet~~ und **die Blöcke werden getrocknet**. So ist der Kautschuk zwar schon dehnbar und stabil, er ist aber noch nicht sehr haltbar. Deshalb wird **der Kautschuk** vulkanisiert, das heißt, **der Kautschuk** wird mit Schwefel erhitzt. Obwohl es heutzutage viele künstliche Materialien gibt, die auch dehnbar und doch stabil sind, wird das Gummi aus den Bäumen immer noch gebraucht.
c Mögliche Verbesserung des Textes:
In Brasilien gibt es viele Schätze. **Dort** gibt es auch den Kautschukbaum. Ohne **ihn** gäbe es keine Autoreifen. Kautschuk ist ein anderes Wort für Gummi. Es kommt aus dem Indianischen und bedeutet übersetzt „Baumtränen". Die Kautschukbauern ritzen mit einem Messer die Rinde an und fangen die weiße Flüssigkeit mit einem kleinen Schälchen auf. Damit das Gummi herauskommt, muss man ein wenig Säure **hineingeben**. Dadurch gerinnt die Flüssigkeit und das Gummi kann in Brocken herausgenommen werden. **Diese** werden zu dünnen Lappen ausgewalzt oder zu dicken Blöcken gepresst und getrocknet. So ist der Kautschuk zwar schon dehnbar und stabil, er ist aber noch nicht sehr haltbar. Deshalb wird **er** vulkanisiert, das heißt, **er** wird mit Schwefel erhitzt. Obwohl es heutzutage viele künstliche Materialien gibt, die auch dehnbar und doch stabil sind, wird das Gummi aus den Bäumen immer noch gebraucht.

2 danach, als Nächstes, nun, darauf, später, im Anschluss, zuletzt, am Schluss, am Ende

Seite 65

3 Seit drei Jahren lebt Paula in Köln.
Auf ihrem Schulweg kommt sie täglich am Kölner Dom vorbei. – Am Kölner Dom kommt sie auf ihrem Schulweg täglich vorbei. – Täglich kommt sie auf ihrem Schulweg am Kölner Dom vorbei.
Über den Dom weiß Paula inzwischen viele interessante Einzelheiten. – Inzwischen weiß Paula über den Dom viele interessante Einzelheiten.

4 Diese adverbialen Bestimmungen könntest du dem Cluster entnommen haben:
wo? in Köln – weswegen? wegen des langen, roten Gewandes mit schwarzem Samtbesatz – wie? aufmerksam –
wo? im Dom – auf welche Weise? freundlich – wo? hinter dem Hauptaltar – wie? mit über 1000 Edelsteinen und Perlen –
welche? der Heiligen Drei Könige – wozu? zur Aufbewahrung der Gebeine der Heiligen Drei Könige, die 1164 in Mailand gestohlen wurden – warum? weil die Vorderseite aus reinem Gold gefertigt ist

Seite 66

Teste dich! – Satzglieder

1 Oscar – Subjekt/Wer oder was? – die Bauern; Wegen der großen Hitze – Adv. Best. des Grundes/Warum? – aufgrund der tropischen Hitze; werden gebraucht – Prädikat/Was wird getan? – verpacken; nach Deutschland – Adv. Best. des Ortes/Wo? Wohin? – in der Rösterei; mit Milch und Zucker – Adv. Best. der Art und Weise/Wie? Womit? – als Hase; Oscar – Subjekt/Wer oder was? – Die Kakaobohne   17 Punkte

2 Richtig sind C, D, F. – Falsch sind A, B, E.   6 Punkte

Insgesamt zu erreichende Punktzahl: **23 Punkte**

Satzarten unterscheiden

Seite 67

1 Der Kopf ist ein Körperteil. – Rede dich nicht um Kopf und Kragen! – Im Kopf sitzt der Verstand. – Leidest du unter Kopfschmerzen? – Kopfläuse sind lästig. – Hast du mal wieder nichts als Unsinn im Kopf? – Ich spiele gern Kopfball. – Hast du schon einmal über Redewendungen mit dem Wort „Kopf" nachgedacht? – Benutze mal deinen Kopf!

2 b Mögliche Satzarten zu jeder Verszeile:

sich etwas in den Kopf setzen
Was hast du dir jetzt wieder in den Kopf gesetzt?
Setz dir das bloß nicht in den Kopf!
Ich habe mir das jetzt in den Kopf gesetzt.

den Kopf hängen lassen
Lass den Kopf nicht hängen!
Lässt du etwa den Kopf hängen?

jemandem den Kopf verdrehen
Hat dir jemand den Kopf verdreht?
Sie hat ihm den Kopf verdreht.

sich den Kopf zerbrechen
Ich habe mir schon den Kopf darüber zerbrochen.
Zerbrich dir nicht den Kopf darüber!
Zerbrichst du dir darüber den Kopf?

Hals über Kopf davonlaufen
Dann bin ich Hals über Kopf davongelaufen.
Lauf nicht Hals über Kopf davon!
Bist du dann Hals über Kopf davongelaufen?

sich etwas aus dem Kopf schlagen
Schlag dir das aus dem Kopf!
Ich habe es mir schon aus dem Kopf geschlagen.
Hast du es dir aus dem Kopf geschlagen?

jemandem den Kopf waschen
Ich habe ihm ordentlich den Kopf gewaschen.
Hast du ihm den Kopf gewaschen?
Wasch ihr mal ordentlich den Kopf!

ein Brett vor dem Kopf haben
Ich hatte ein Brett vor dem Kopf.
Hast du ein Brett vor dem Kopf?
Du hast wohl ein Brett vor dem Kopf!

nicht auf den Kopf gefallen sein
Ich bin nicht auf den Kopf gefallen.
Bist du auf den Kopf gefallen?
Du bist wohl auf den Kopf gefallen!

Seite 68

1 Mögliche Satzreihen: Ein schlauer Kopf benötigt auch ein gutes Frühstück, denn mit leerem Magen kann keiner gut lernen. – Kein Kind sollte mit leerem Magen zur Schule gehen, aber einer Umfrage des Issgut-Instituts zufolge geht jedes siebte Kind ohne Frühstück aus dem Haus. – Mit einem Frühstück sind Kinder im Schulalltag konzentrierter (,) und sie sind auch weniger nervös und reizbar.

2 Es gibt viele Gründe für ein fehlendes Frühstück, **aber/doch** am häufigsten werden Appetitlosigkeit und Zeitmangel genannt. Man kann niemanden zum Essen zwingen, **doch/aber** jeder sollte sich wohl zu einem Glas Milch oder Fruchtsaft bewegen lassen. In den Schulpausen essen manche vor lauter Heißhunger Schokoriegel, **denn** diese Süßigkeiten sind schnell verfügbar, **aber/doch** man hat schon bald erneut Hunger.

3 Mögliche Lösung: Morgens frühstücke ich Müsli mit Milch, denn das schmeckt gut und hält lange vor. In den großen Pausen habe ich meistens nicht so viel Hunger, aber ich esse mindestens ein Butterbrot mit Käse oder Wurst. In den kleinen Pausen knabbere ich gern rohe Karotten, und ich mag auch Äpfel und Pfirsiche.

Seite 69

1 a + b + c Die Personalform des Verbs ist im Hauptsatz unterstrichen und im Nebensatz gestrichelt unterstrichen.
Ein Professor bat seine Zuhörerinnen und Zuhörer, | dass sie sich mit geschlossenen Augen Tiere vorstellen. Als der Saal sozusagen voller Tiere war, | öffnete das Publikum die Augen wieder. Das Publikum erkannte erstaunt, | dass man auch am Tag träumt. Wie Tagträume auch beim Lernen helfen, | das erklärte der Professor auch. Manchmal schweift das Gehirn in Tagträume ab, während es neue Eindrücke ordnet.

2 Träume wirken häufig sehr wirklich, **weil sie in Bildern ablaufen.** Traumbilder zeigen unterschiedliche Orte und Zeiten, **die oft völlig wirr durcheinanderlaufen.** In Traumszenen spielt der Träumende, **der vielleicht plötzlich etwas ganz Tolles kann,** die Hauptrolle.

3 Träume wirken oft sehr wirklich, weil sie in Bildern ablaufen.

——————— HS ——————— ' Konj. ——— NS ——— .

Traumbilder zeigen unterschiedliche Orte und Zeiten, die oft völlig wirr durcheinanderlaufen.

——————— HS ——————— ' Relativpron· ——— NS ——— .

In Traumszenen spielt der Träumende, der vielleicht plötzlich etwas ganz Tolles kann, die Hauptrolle.

——————— HS ——————— ' Relativpron. ——— NS ——— , —— HS —— .

Seite 70

4 A: V – B: E – C: E – D: N

5 Wenn ich meinen Traumberuf ausüben <u>kann</u>, <u>werde</u> ich sehr glücklich sein. Meine Trauminsel, auf der ich gern Urlaub machen <u>würde</u>, <u>ist</u> Rügen. Erst um 10 Uhr <u>fängt</u> meine Traumschule, die direkt am Meer <u>liegt</u>, an. Ich <u>träume</u> davon, dass ich später einmal auf einem Leuchtturm wohnen <u>kann</u>.

Im Nebensatz steht die Personalform des Verbs immer **am Ende**.

6 b Als „Leuchtturm" wird in der Seefahrt ein etwa 15 bis 40 Meter hoher Turm bezeichnet, der an wichtigen oder gefährlichen Punkten der Schifffahrt als weithin sichtbares Seezeichen dient. Durch seine Lichtsignale, die man auch Leuchtfeuer nennt, weist er Schiffen den Weg. Sie ermöglichen das Umfahren gefährlicher Stellen, sodass Leuchttürme wahre Lebensretter sind. Weil viele Leuchttürme beeindruckende Bauwerke sind, bilden sie ein beliebtes Fotomotiv für Urlauber. Da Leuchttürme nachts Licht spenden und die Heimkehr ermöglichen, sind sie ein ermutigendes Symbol.

7 Mögliches Satzgefüge: Leuchttürme sind wichtig für alle Schiffskapitäne, weil sie mit ihrem Leuchtfeuer vor gefährlichen Stellen warnen und den Schiffen den Weg zeigen.

Seite 71

Teste dich! – Satzarten unterscheiden

1 A Ein Satzgefüge besteht aus mindestens einem Hauptsatz und einem Nebensatz.   3 Punkte
B Zwischen Hauptsatz und Nebensatz muss immer ein Komma gesetzt werden.
C Die Personalform des Verbs steht im Nebensatz immer an letzter Stelle.

2 a Satz A ist ein Hauptsatz.   1 Punkt
b Die Sätze B und C sind Satzreihen.   2 Punkte
c **Satz B**: Satzreihe – **Satz C**: Satzreihe + Aufzählung   3 Punkte
d D **Wenn** jemand beim Spinnen oder Weben den Faden verliert, kann er erst einmal nicht weiterarbeiten.
  E Jemand weiß beim Reden den Gedanken nicht mehr, **den** er ausdrücken wollte.
  F Dahinter steckt die Vorstellung vom Lebensfaden, **den** die griechischen Schicksalsgöttinnen spinnen.
  G **Falls** der Lebensfaden zu dünn ist, könnte er reißen.   8 Punkte
e Falls der Lebensfaden zu dünn ist, könnte er reißen.   1 Punkt

Konj. ——— NS ——— , —— HS —— .

Insgesamt zu erreichende Punktzahl: **18 Punkte**

Was kannst du schon? – Rechtschreibung

Seite 72

1 Trink | glas – Tee | kanne – Toast | scheibe – Honig | glas   4 Punkte

2 Falsch getrennt sind: Haar-bür-ste – Dus-che – Wasch-bec-ken   3 Punkte
Richtige Trennung: Haar-bürs-te – Du-sche – Wasch-be-cken

3 Gebäude (**bau**en) – Häute (H**au**t) – ängstlich (**A**ngst) – Plätzchen (Pl**a**tz) – Säugetier (s**au**gen)   5 Punkte

4 Hemd, Hemden – Zelt, Zelte – Urlaub, Urlauber – Trab, traben–   8 Punkte
halb, halbieren – lustig, lustiger – Wink, winken – Spuk, spuken

5 Im Sommer ist ein<u>f</u>ach alles <u>v</u>iel be<u>ss</u>er: Ma<u>n</u> braucht kei<u>n</u>en Pullover und mu<u>ss</u> sich nicht <u>i</u>m <u>Z</u>immer langwei<u>l</u>en.   16 Punkte
Man ka<u>nn</u> Fußball <u>sp</u>ielen und schwimmen gehen.

6 Straßenbahnen fahren mit Strom, den sie durch den Stromabnehmer aus der Oberleitung bekommen. Ihre Elektromotoren geben keine Abgase ab. Straßenbahnen sind ein sehr bequemes Verkehrsmittel. Man kann während der Fahrt frühstücken oder lesen. 　　20 Punkte

7 Biene – Stier – Igel – Fisch – Spinne – Tiger – Fliege – Ziege 　　8 Punkte

Seite 73

8 **Wörter mit ß:** draußen – schießen – Straße – außerdem; **Wörter mit ss:** müssen – Schluss – interessant – Wissen 　　8 Punkte

9 **Ein Fehler** findet sich in den Sätzen B, C und D. – **Kein Fehler** findet sich in den Sätzen A, E und F. 　　6 Punkte

10 Der Kindersitz gibt kleineren Kindern im Auto mehr Sicherheit. Sie sitzen geschützter, sind angeschnallt und haben auch seitlich einen guten Halt. Das ist wichtig, wenn ein Kind einschläft. Für Größere genügt der Junior-Autositz (auch möglich: Juniorautositz). Ein Kind darf erst ohne Kindersitz mitfahren, wenn es mindestens 12 Jahre alt oder 1,50 Meter groß ist. 　　12 Punkte

11 Die meisten Kinder fahren gern Fahrrad**,** lieben Ballspiele und schauen fern. Manche sitzen zu lange vor dem Fernseher oder dem Computer und treiben zu wenig Sport. Meist sind Kinder am liebsten draußen im Garten**,** auf dem Bolzplatz oder auf der Straße. 　　3 Punkte

12 „Eigentlich wollte ich heute draußen spielen", seufzt Clemens. – „Und warum", fragt sein Bruder, „machst du es nicht?" – „Dumme Frage!", antwortet Clemens. „Es regnet und meine Gummistiefel haben ein Loch." 　　5 Punkte

Fehler vermeiden – Tipps zum Rechtschreiben

Seite 74

1 Ein Poesiealbum ist eine Art **Erinnerungsbuch**. Es gilt als **Freundschaftsbeweis**, sich mit einem lustigen oder **besinnlichen** Spruch oder Gedicht verewigen zu dürfen. Viele **Poesiealbumsprüche** beinhalten einen Treueschwur oder ein „**Vergissmein-nicht**". Poesiealben gibt es seit mehreren **Jahrhunderten**. Heute sind **Freundschaftsbücher** beliebt, in denen man sich mit seinen Lebensdaten, Vorlieben, Hobbys und einem Foto **präsentiert**.

2 Tipp: Achte beim Abschreiben besonders auf Doppelkonsonanten, s und ß! Vergleiche anschließend Wort für Wort, Buchstabe für Buchstabe mit der Vorlage.

Seite 75

1 b der Ses-sel, der Ofen, das Bett, das Kis-sen, die De-cke, der Ted-dy-bär, das Fens-ter, der Blu-men-topf, die Pflan-ze, der Schreib-tisch, der Schreib-tisch-stuhl, der Com-pu-ter, der Klei-der-schrank, die Ta-sche, die Ja-cke, der Ho-cker, der Pa-pier-korb, das Bü-cher-re-gal, die Zeit-schrif-ten, das Aqua-ri-um, die Fi-sche, die Zei-tung

2 a + b bit-te – Verstoß gegen Tipp A – bit-te; drec-kig – Verstoß gegen Tipp B – dre-ckig; ü-ber – Verstoß gegen Regel Nr. 3 – über (nicht trennbar); Schmu-tz – Verstoß gegen Regel Nr. 2 – Schmutz (nicht trennbar); Fettfing-er – Verstoß gegen Regel Nr. 1 – Fett-fin-ger; umsch-meißen – Verstoß gegen Regel Nr. 1 – um-schmei-ßen; kle-bri-ge – Verstoß gegen Tipp A – kle-bri-ge
　c be-ach-ten – un-be-dingt – Un-ord-nung – will-kom-me-ner – Tisch-de-cke – öli-ge – mat-schi-ge – Es-sens-res-te – ver-streu-en – fest-tre-ten

Seite 76

3 Spiegel-glatt-eis-gefahr-warnung – Sommer-schluss-verkauf-schnäppchen-jäger – Schul-haus-tür-rahmen-holz-band-wurm-loch

4 **Wörter mit Vorsilbe ver-/Ver-:** ver-nehmen – das Ver-trauen – ver-schreiben – ver-mutlich – ver-sorgen – der Ver-teiler
Wörter mit f-/F-: das Ferkel – fertig – die Ferien – der Fernseher

5 Kaufladen: Kauf | laden – Haustier: Haus | tier – Talentwässerung: Tal | entwässerung – beinhalten: be | inhalten – Nachteilzug: Nacht | eilzug

Seite 77

1 Mögliche verwandte Wörter: **schreiben**: ab-schreib-en – ver-schreib-en – auf-schreib-en – Schreib-tisch – schreib-faul – Kugel-schreib-er – Schreib-schrift; **hängen**: auf-häng-en – ab-häng-en – zu-häng-en – ver-häng-en – fest-häng-en – Auf-häng-er – an-häng-lich – An-häng-er – Ver-häng-nis; **trocknen**: ab-trock-nen – ver-trock-nen – staub-trock-en – Trock-ner – Trock-enheit

2 a + b + c **sehen:** die Sehkraft, der Sehtest, du siehst, das Fernsehprogramm; **geschehen:** es geschieht, das Geschehnis, was geschah?; **gehen:** die Herangehensweise, es geht, der Gehweg, gehst du?; **stehen:** das Stehcafé, ihr steht, die Stehleiter, das Stehaufmännchen

Seite 78

3 der Schädling, schaden – die Wäsche, waschen – häufig, der Haufen – die Läuse, die Laus – färben, die Farbe – aufräumen, der Raum – häuslich, das Haus – wählen, die Wahl

4 In der vierten Spalte musst du ein zusammengesetztes Wort eintragen. Es sind auch viele andere Wortzusammensetzungen möglich: die Gans – die Gänse – das Gänschen – der Gänsebraten; der Baum – die Bäume – das Bäumchen – das Baumhaus; der Ast – die Äste – das Ästchen – das Astloch; das Blatt – die Blätter – das Blättchen – der Blattsalat; das Schaf – die Schafe – das Schäfchen – die Schafherde

5 hausen – Schaden – Schaum – handeln – stark

6 Die richtigen Wörter findet man durch Rückwärtslesen der Buchstaben:
rückwärts – Bär – Geländer – Lärm – sägen – Käse – täuschen – spät – gähnen – März – Käfer – Träne

Seite 79

1 die Pferde, die Hüte, die Räder, die Monde, die Kleider, die Zelte, die Münder, die Zwerge, die Bänke, die Brote, die Siebe

2 klug, klüger, klügsten – grob, gröber, gröbsten – lieb, lieber, liebsten – flink, flinker, flinksten –
wild, wilder, wildesten – kalt, kälter, kältesten

3 alt, älter, am ältesten – bunt, bunter, am buntesten – krank, kranker, am kranksten –
breit, breiter, am breitesten – jung, jünger, am jüngsten – fremd, fremder, am fremdesten

4 biegt – Zwei Autos biegen um die Ecke./hält, hupt – Sie halten und hupen./hinkt, steigt – Zwei alte Damen hinken herbei und steigen ein.

Seite 80

5 Kor?sessel → Kor?|sessel → Körbe → Korbsessel – Schwieri?keiten → Schwieri?|keiten → schwieriger → Schwierigkeiten – Strei?fall → Strei?|fall → streiten → Streitfall – Tausen?füßler → Tausen?|füßler → Tausende → Tausendfüßler – Köni?reich → Köni?|reich → Könige → Königreich – Gesun?heit → Gesund?|heit → gesünder → Gesundheit – Ban?angestellter → Ban?|angestellter → Banken → Bankangestellter

6 a + b versüßen – Süßigkeit – süß – Süßstoff, felsig – Felsbrocken – Felsen – Fels, Eis – eisig – vereisen – Eisschicht

Seite 81

1 a Butter, Chips, Dattel, Erbsen, Folienkartoffel, Gemüse, Honig, Ingwer, Johannisbeeren, Kakao, Limonade, Mandeln, Nüsse, Orangensaft, Puddingpulver, Quark, Radieschen, Sonnenblumenöl, Toast, Vanille, Weintraube, Zucker
b U, X, Y

2 **Reihe 1** (das Alphabet ohne Vokale): B, C, D, F, G, H, J, K, L, M, N, P, Q, R, S, T, V, W, X, Y, Z
Reihe 2 (jeder dritte Buchstabe fehlt): A, B, D, E, G, H, J, K, M, N, P, Q, S, T, V, W, Y, Z
Reihe 3 (von hinten jeder dritte Buchstabe des Alphabets): Z, W, T, Q, N, K, H, E, B

3 **Richtig sind:** Zucchini, Italienisch – Croissant, Französisch – Zaziki und Tsatsiki, Griechisch – Paella, Spanisch – Borschtsch, Russisch – Kuskus und Couscous, Arabisch

Seite 82

Teste dich! – Tipps zum Rechtschreiben

1

	Rundfunk	schäumend	Volkslied	gräbt	dauernd	Päuschen	6 Punkte
Verlängerungsprobe	X (funken)		X (Lieder)	X (graben)	X (dauernde)		
Ableitungsprobe		X (Schaum)		X (graben)		X (Pause)	

2 a Richtig sind die Antworten A, B, C und D. – Falsch ist Antwort E. — 5 Punkte
b 1 Wald → Wälder – gehört zu Aussage B/2 Käfer, Käfig, Käse, Känguru – gehört zu Aussage D/ — 5 Punkte
3 Kleid → Kleider, Fuß → Füße – gehört zu Aussage B/4 Schmaus → schmausen, Gras → Gräser – gehört
zu Aussage A/5 verbieten, Verkauf, verloren, vormals, vorsagen, Vorhof – gehört zu Aussage C

3 Rund|weg|weiser – Flug|zeug|träger – Wind|hund|rennen – Heiß|luft|ballon – — 8 Punkte
Nacht|blind|flug – Halb|zeit|pause – Hand|staub|sauger – Wand|maß|band

Insgesamt zu erreichende Punktzahl: — 24 Punkte

Üben macht sicher – Regeln zum Rechtschreiben

Seite 83

1 a Zufall – Wenn – statt – jemand – anderer – Welt – gekommen – Schwester – irgendein – fremdes – Welt – dann – mich – Und – denn – dann – ich – Und – würd' – mich – irgendwer – vermissen – es – von – wissen – Statt – ganz – anderes – Kind – würde – Eltern – und – hätte – ganzes – im Spind – hätten

b + c Wörter mit **zwei oder mehr verschiedenen Konsonanten** nach dem betonten, kurzen Vokal: jem<u>and</u> – <u>and</u>erer – We<u>lt</u> – Schwe<u>st</u>er – irgendein – fremdes – We<u>lt</u> – <u>und</u> – würd' – irgendwer – ga<u>nz</u> – <u>and</u>eres – Kind – ga<u>nz</u>es – Spind

Wörter mit **verdoppeltem Konsonanten** nach dem betonten, kurzen Vokal: We<u>nn</u> – sta<u>tt</u> – geko<u>mm</u>en – da<u>nn</u> – de<u>nn</u> – da<u>nn</u> – vermi<u>ss</u>en – wi<u>ss</u>en – Sta<u>tt</u> – hä<u>tt</u>e – hä<u>tt</u>en

Seite 84

2 a Suppe → Puppe → Pappe → Mappe – Tasse → Rasse → Risse → Bisse – Kelle → Helle → Felle → Falle

b Mögliche Wörter: **Puppe:** Püppchen, puppenhaft, Puppenmutter – **Pappe:** pappen, pappig, Pappdeckel – **Mappe:** Mäppchen – **Tasse:** Tässchen, Tassenrand – **Rasse:** rassig, Rassekatze – **Risse:** rissig, rissfest, gerissen – **Bisse:** bisschen, bissig, Bissspur, verbissen – **Kelle:** Suppenkelle, Kellenstiel – **Helle:** hell, hellauf, Helligkeit, aufhellen – **Halle:** Hallenbad, Hallenturnier, Freilufthalle – **Falle:** Fallensteller, fallen, verfallen

3 a Sauerstoff – Ballett – Brenn – Schluss – Bett – Flasche – Stoff – Strich – Woll – Fahrt – Schiff – Lappen – Fetzen – Tuch – Tänzerin – Nessel

b B Stofffetzen – C Betttuch – D Balletttänzerin – E Schlussstrich – F Wolllappen – G Schifffahrt – H Brennnessel

Seite 85

4 Wörter mit **ck:** Dackel – erschrecken – wecken – knacken – pflücken – ducken – Socke – spucken – Glocke – ersticken

Wörter mit **tz:** Schatz – Tatze – Spatz – hetzen – kratzen – wetzen – verletzen – Gemetzel – Katze

5 Fußball – Fußball – meckert – Wohnzimmerecke – stinkt – will – Ball spielen – offensichtlich – kann – schmutzig – verletzen – manchmal – kaputt – Fall – begriffen – Welt – eröffnen – kann – kommst – kannst – zerkratztes – tolle – spannende – Vernetzung

6 Mögliche Fortsetzung: „Natürlich kann ich den Kindern spannende Spiele bieten! Außerdem ist Fußballspielen gesund, weil der Körper trainiert wird und dieses Spiel an der frischen Luft stattfindet", entgegnet der Fußball. „Bei dir hocken die Kinder den ganzen Tag still genau wie vor der Glotze!" „Motz ruhig", sagt der Computer, „letzten Endes entscheiden die Kinder."

Seite 86

1 Buch – malen – Ton – Besen – haben – Dose – suchen – Vase – wenig – Schnake – Bote – lesen – Wut

2 **Waagerecht:** Wohnung – Bezahlung – Gefühl – Ruhm; **Senkrecht:** Wahn – Wahl

Mögliche verwandte Wörter: **Wahn:** wahnsinnig, Wahnvorstellung; **Bezahlung:** bezahlen, bezahlbar; **Gefühl:** fühlen, einfühlsam; **Ruhm:** rühmen, berühmt; **Wahl:** wählen, wählerisch

3 Mögliche Reimwörter: **prahlen:** strahlen – zahlen – mahlen; **lahm:** Rahm – zahm – nahm; **Hahn:** Kahn – Zahn – Bahn; **verwahren:** fahren – bewahren – aufbewahren

Seite 87

4 Lokomotive – Vorlage – Lokomotive – sehr – oder – nun – mehreren – beklebe – damit – Fahrzeug – Führerhaus – Räder – Schlot – betont – Nadel – Faden – Führerhaus – Schlot – verknote

5 stehlen – ich stehle – er/sie/es stiehlt – er/sie/es stahl – sie stahlen/fahren – ich fahre – sie fährt – sie fuhr – sie fuhren/ bohren – ich bohre – er bohrt – er bohrte – sie bohrten/fühlen – ich fühle – er/sie/es fühlt – sie fühlten

6 a A Puder – B Rahm – C Stuhl – D Leder – E Regen – F Kohl – G Quaken – H Huhn – I Fegen

b **Lösungswort:** Dauerlauf

Seite 88

7 Mögliche Reimwörter:
gehen: drehen – sehen – stehen – flehen; **mähen:** nähen – krähen – blähen; **blühen:** glühen – bemühen – brühen

8 **gehen** – ich gehe – er/sie/es geht – er/sie/es ging – sie gingen; **mähen** – ich mähe – er mäht – er mähte – sie mähten; nähen – ich nähe – sie näht – sie nähte – sie nähten; **flehen** – ich flehe – er/sie/es fleht – er/sie/es flehte – sie flehten; **drohen** – ich drohe – er/sie/es droht – er/sie/es drohte – sie drohten; **sehen** – ich sehe – es sieht – es sah – sie sahen

9 Mögliche verwandte Wörter: **gehen: Geh**schule – **Geh**weg – **geh**end – **Geh**er; be**müh**en: **Mühe** – **Müh**sal – **müh**sam; **Ruhe: ruh**en – **Ruh**ekissen – **ruh**ig – ge**ruh**sam

10 der Schuh, die Schuhe – das Reh, die Rehe – froh, froher, am froh(e)sten – zäh, zäher, am zähesten – nah, näher, am nächsten

Seite 89

1

H	A	A	R	B	Z	B	U	L	R	S	T	A	A	T	X
A	H	E	M	O	O	S	L	E	I	A	E	A	L	E	U
U	L	L	I	O	T	E	F	E	F	A	E	S	P	E	T
M	O	O	R	T	B	E	E	R	E	L	P	V	P	R	D
C	H	K	F	L	G	H	R	I	E	F	I	J	U	L	R
S	C	H	E	E	L	X	M	S	A	A	T	Y	Z	O	O

-aa-:
Haar – Staat – Saat – Saal – Aas

-ee-:
Beere – leer – Fee – Tee – Teer – See – scheel

-oo-:
Moos – Moor – Boot – Zoo

2 See|pflug – Mittel|waage – Aas|bad – Blumen|meer – Personen|beet – Seelen|räuber – Tee|blatt – Schnee|beutel – Klee|ruhe – Moor|geier
Seeräuber – Mittelmeer – Aasgeier – Blumenbeet – Personenwaage – Seelenruhe – Teebeutel – Schneepflug – Kleeblatt – Moorbad

3 A Püree – B Moschee – C Frottee – D Armee – E Gelee – F Idee   **Lösungswort:** Porree

Seite 90

1 a **Die einfältige Glucke**

Dass Küken wachsen mit den Tagen
Nein, das konnt' **sie** nicht ertragen.

Solang **sie** klein und **niedlich blieben**
Ja, da waren **sie die Lieben**.

Da saß **sie** mit dem breiten Hintern
Die meiste Zeit auf ihren Kindern.

Sie hatte es am **allerliebsten**
Wenn **sie** nur ganz leise **piepsten**

Sodass **sie** jedes **niederdrückte**
Das sich nicht mehr zum Küken bückte.

Die ließen sich das nicht gefallen
Und **sie** war sehr enttäuscht von allen
Worauf **sie** nur noch Eier mochte

Die Ruhe **hielten** und keiner kochte:

Sie saß mit ihrem kleinen Grips
Froh und **zufrieden** auf Eiern aus Gips.

b sie – sie – niedlich – blieben – sie – die – Lieben – sie – Die – Sie – allerliebsten – sie – piepsten – sie – niederdrückte – Die – ließen – sie – sie – Die – hielten – Sie – zufrieden

2 raten – ich riet, rufen – du riefst, halten – er hielt, scheinen – sie schien, schlafen – ich schlief, bleiben – er blieb, weisen – ich wies, laufen – du liefst, meiden – wir mieden

Seite 91

3 Musik – musizieren, Telefon – telefonieren, Protest – protestieren, Nummer – nummerieren, Diktat – diktieren, Frisur – frisieren, Kontrolle – kontrollieren, Studium – studieren

4 Ruine – Praline – Rosine – Violine

5 Säuget**ie**re, bel**ie**bte, d**ir**, Haust**ie**r, d**ir**, l**ie**st, d**ir**, d**ie**se, Verl**ie**ben, Kan**in**chen, pr**i**ma, sp**ie**len, poss**ie**rliche, T**ie**rchen, T**ie**r, kr**ie**gt, ruh**i**ge, Ferien, H**ie**rbei, n**ie**mand, N**ie** wieder

Seite 92

1 Sommerurlaub
In diesem Jahr verbringt die Familie von Sebastian die Sommerferien an der Nordsee. Mittags in der Ferienwohnung angekommen, findet Familie Hesse einen Riesenschlamassel vor: In seinem Bett entdeckt Sebastian Salatschüsseln, in der Badewanne stößt er auf einen Wasserkessel. Ums Sofa herum riecht es leicht säuerlich, Schwester Susi zieht eine Essigflasche darunter heraus. Gemeinsam sucht Familie Hesse alles ab, doch es findet sich nichts Seltsames mehr. Anschließend geht es an den Sandstrand. Zum Essen sind von der Reise Käsebrote übrig, Sebastian packt noch Süßigkeiten ein, Nussschokolade und etwas Kuchen. Susi nimmt das Buch mit, in dem sie gerade liest. Vater Hesse will Wattwürmer suchen und Muscheln sammeln. Am Strand ist es heiß, die Hesses verkriechen sich flugs unter dem Sonnenschirm.

2 a **S**ommerurlaub – **S**ebastian (3x) – **S**ommer – die**s**em – **S**ommerferien – Nord**s**ee – Rie**s**enschlamassel – **s**einem – **S**alatschüsseln – **S**ofa – **s**äuerlich – **S**usi (2x) – Gemein**s**am – **s**ucht – **s**ich – **S**eltsames – **S**andstrand – **s**ind – Rei**s**e – Kä**s**ebrote – **S**üßigkeiten – **s**ie – **s**uchen – **s**ammeln – **s**ich – **S**onnenschirm

b **Wörter mit ß:** Anschließend – Süßigkeiten – heiß
Wörter mit ss: Riesenschlama**ss**el – Salatschü**ss**eln – Wa**ss**erke**ss**el – E**ss**igflasche – He**ss**e – E**ss**en – Nu**ss**schokolade –
He**ss**e – He**ss**es
Wörter mit stimmlosem s: Sebastian – Mittag**s** – Um**s** – e**s** – Schwe**s**ter – herau**s** – alle**s** – e**s** – nicht**s** – Seltsame**s** – e**s** –
etwa**s** – da**s** – lie**s**t – e**s** – i**s**t – flug**s**

Seite 93

3 nervöser – nervös, Preise – Preis, böse – Bosheit, Ausweise – Ausweis, sausen – er saust, Gräser, grasen – Gras,
Hinweise, weisen – Hinweis

4 a + b grüßen, Grüße – sie grüßt; weiße – wei**ß**; Füße – Fu**ß**; fließen – es flie**ß**t; fleißig – Flei**ß**

5 A Gemüschen (Gemüse) – B Großmutter (größer) – C Dornröschen (die Rose) – D heiß' (heißen) – E Geißlein (die Geißen)

Seite 94

6 A fassen, Tassen – B Kuss, muss – C Posse, Flosse – D isst, frisst – E Kissen, wissen – F Schluss, Fluss

7 **Wörter mit ß nach langem Vokal oder Diphthong:** Schwei**ß** – drei**ß**ig – drau**ß**en – Stra**ß**e – au**ß**erdem
Wörter mit ss nach kurzem Vokal: er lässt – Adresse – ein bisschen – besser – interessant – nass

Seite 95

8 So sind die Wörter richtig mit ß bzw. ss ergänzt: müssen, einlassen, Gießkannen, Wasser, beißt, Biss, bisschen, Schließlich,
schmeißt, Gießkannen, reißt, Wasser, genießen, Genuss, vergessen, lässt, ergossen, blassroten, Füßen, großen

9 So sind die Wörter richtig mit ß, s bzw. ss ergänzt:
Als, morgens, draußen, sein, Maus, Straße, flugs, rechts, links, Es, sehen, allerdings, Bus, Maus, sauste, bis, Bushaltestelle, bis,
Bus, aus, Maus, grinste, etwas, niemals, lassen, Bus, wissen, was, süße, Maus, alles, vergaß, anders, passte, heraus, musste

Seite 96

1 a Es ist Viertel vor vier. Veronika hat Unterricht im Violinenspiel. Ihr Vater hat Visionen. Er hofft, dass die Tochter vielleicht
einmal Violinistin wird. Veronika interessiert sich viel mehr für Viecher, sie hätte vor allem gern einen Vogel, nämlich einen
Papagei. Im Unterricht versucht sie, das verflixt schwere Stück vorzuspielen. Die Lehrerin lauscht vergnügt. „Beginne lieber
von vorn!", ermutigt sie. „Vielleicht gelingt es dir dann besser!"
b **Wörter mit v/V gesprochen wie f:** Viertel, vor, vier, Vater, viel, vor, versucht, verflixt, vorzuspielen, vergnügt, von, vorn,
Vielleicht – **Wörter mit v/V gesprochen wie w:** Veronika, Violinenspiel, Visionen, Violinistin, Veronika

2 Mögliche Verben:
ver-: versehen, verbleiben, verändern, verlaufen, verfallen, vergeben, verbitten, verblühen, verlassen, verbrauchen, verlegen,
verbergen, verbringen, verkommen, verärgern, verstellen
vor-: vorsehen, vorlaufen, vorfallen, vorgeben, vorlassen, vorlegen, vorbringen, vorkommen, vorliegen, vorstellen

Seite 97

3 **Wörter links:** Nixe, Fax, Text – **Wörter rechts:** Taxi, Hexe, Examen, mixen

4 Fuchs – sechs – wachsen – Lachs – Wachs – Ochse

5 Faxen – wechseln – Sachse – Axt – Flachs – Lexikon – Explosion – Xylophon

6 unterwegs – Wege/du weckst – wecken, der Wecker/Klecks – kleckern/tagsüber – die Tage/du denkst – denken/
anfangs – anfangen/links – die linke Seite/zwecks – der Zweck/du lenkst – lenken

Seite 98

Teste dich! – Kurze und lange Vokale, s-Laute und schwierige Laute

1 b A **Ti**eren: Das ist die „normale" Schreibweise. Mehr als drei Viertel aller Wörter mit lang gesprochenem i   4 Punkte
werden mit **ie** geschrieben.
B **Lö**we: In den meisten Wörtern wird der betonte lange Vokal nur mit einem Buchstaben geschrieben.
Danach folgt meist nur ein Konsonant (hier **w**).
C Tsad**see**: Wörter mit Doppelvokal sind Merkwörter.
D Künstlerm**äh**ne: Bei einer kleinen Gruppe von Wörtern folgt nach dem betonten langen Vokal ein **h**.
Das h steht häufig vor den Konsonanten **l**, **m**, **n** oder **r**.

2 Die Giraffe Leopold st**and** mit gespreizten Beinen am W**ass**er **und** tr**and** in kleinen h**a**stigen Schl**uc**ken. D**ann** meinte sie: „Schr**ec**kliche Leute! **Und** sie k**önn**ten's so h**übsch** haben! Sie tauchen wie die F**isch**e, sie laufen wie wir, sie segeln wie die **Ent**en, sie kl**ett**ern wie die G**äm**sen **und** fliegen wie die Adler, **und** was br**ing**en sie mit ihrer T**ücht**igkeit zust**and**e?"

21 Punkte

3 Ref/w/volutionen, Strei~~chs~~/ks/~~gs~~, f/~~w~~/vollendete, ~~F~~/W/~~V~~üste, län~~kst~~/~~xt~~/gst

5 Punkte

4 bloß, ließ, müssen, sagen, Großen, alles, es, besser, was

9 Punkte

Insgesamt zu erreichende Punktezahl: **39 Punkte**

Groß- und Kleinschreibung

Seite 99

1 die Sicherheit – die Sicherung – das Brauchtum – die Beschäftigung – die Bescheidenheit – das Ärgernis – die Gesundheit – die Gesundung – die Bitternis – die Bitterkeit – die Versteinerung – die Freundin – die Freundschaft – die Wissenschaft – die Finsternis – die Finsterkeit – die Frechheit – das Geheimnis – die Lehrerin – die Lehrerschaft – das Ergebnis – die Ergebung – das Gleichnis – die Gleichung – die Gleichheit – die Höflichkeit – die Erzählung – die Beleidigung – die Dunkelheit

2 **Waagerecht:** die Überlegenheit – die Gesellschaft – die Verwandtschaft – die Verpflichtung – die Gemeinheit – die Bemerkung – das Eigentum – die Köchin – die Ratlosigkeit – die Geschicklichkeit
Senkrecht: das Heiligtum – die Begegnung – die Eitelkeit – das Bildnis – die Erlaubnis

Seite 100

3 a das tintenfisch-orakel paul aus dem sealife-aquarium im ruhrgebiet hat eine niederlage der deutschen nationalmann-schaft im halbfinale gegen spanien vorausgesagt. dem tintenfisch wurden zwei gläser mit muschelfleisch jeweils mit der deutschen und der spanischen flagge im wasser aufgestellt. nur wenige minuten später setzte sich paul auf den spani-schen behälter, öffnete den deckel und verspeiste genüsslich das muschelfleisch. die anwesenden erstarrten vor schreck, denn damit entschied sich der oktopus gegen die deutsche fußballmannschaft. das ist eine bittere nachricht für die deut-schen jungs, denn das tintenfisch-orakel gilt als sehr treffsicher. alle deutschen begegnungen der WM in südafrika hatte paul richtig vorhergeschmeckt.

b Das Tintenfisch-Orakel Paul aus dem Sea-Life-Aquarium im Ruhrgebiet hat eine Niederlage der deutschen Nationalmann-schaft im Halbfinale gegen Spanien vorausgesagt. Dem Tintenfisch wurden zwei Gläser mit Muschelfleisch jeweils mit der deutschen und der spanischen Flagge im Wasser aufgestellt. Nur wenige Minuten später setzte sich Paul auf den spa-nischen Behälter, öffnete den Deckel und verspeiste genüsslich das Muschelfleisch. Die Anwesenden erstarrten vor Schreck, denn damit entschied sich der Oktopus gegen die deutsche Fußballmannschaft. Das ist eine bittere Nachricht für die deutschen Jungs, denn das Tintenfisch-Orakel gilt als sehr treffsicher. Alle deutschen Begegnungen der WM in Südafri-ka hatte Paul richtig vorhergeschmeckt.

Seite 101

4 a + b Diese Satzteile solltest du verbunden und aufgeschrieben haben: Trug Tim eine so helle Hose nie mit Gurt? – In Nagold legen Hähne Geld, log Anni. – Nette Rehe retten. – Regal mit Sirup pur ist im Lager. – Nie grub Ramses Marburg ein.

5 a Ein|schell Fisch kam|her Angesch Wommen
und|mach Te|sich Gan Z|unbe Sonnen
Auf Den|we G|in Die|me Eresti Efe
Und|tat dan N|so, Als|o B|er sch Liefe,
wi E|immer, wen N|er|in|ge Fahr
und|e In|ha Ifisch|in Der|nä He|war.
Der|hai fisch|d Reh Te|se Ine|r und En,
u M|ap petit auf|f isch Zu|be Kunden.
Er|b iss|d Em|tin Tenfisch vom|Ib
Z Wei|ar Me, Nur|z Um|ze Itver Treib.
Der|t Intenfisch, Zwei|ar Me|we Niger,
be gab|sich des halb|viel zielstre biger,
Als|es|sei ne|ar T|war, Nach|ober hausen,
Ins|a Quarium, gan Z|ohne|meer Es br ausen.
Und|d Ort, Im|fer Nen|ruhrp Ott,
is St|er se Itdem Nur|mus Chelkom Pott.

b Ein Schellfisch kam herangeschwommen
und machte sich ganz unbesonnen
auf den Weg in die Meerestiefe
und tat dann so, als ob er schliefe,
wie immer, wenn er in Gefahr
und ein Haifisch in der Nähe war.
Der Haifisch drehte seine Runden,
um Appetit auf Fisch zu bekunden.
Er biss dem Tintenfisch vom Leib
zwei Arme, nur zum Zeitvertreib.
Der Tintenfisch, zwei Arme weniger,
begab sich deshalb viel zielstrebiger,
als es seine Art war, nach Oberhausen,
ins Aquarium, ganz ohne Meeresbrausen.
Und dort, im fernen Ruhrpott,
isst er seitdem nur Muschelkompott.

So|s Chwim Mt|der|tin Tenfi Sch|nun|hin und|her
im|Se E-Aqua Rium, nicht im|meer.
un D|dabe I|denk T|da s klu Ge|tier
oh N'|weh Mut|an Sein|al Tes|ja Gdre Vier.
Der|schellf Isch|ab er, Im|ti Efen|me Er,
Schwimm T|weiter Hin|noch hin|u Nd|her
und|sa gt Sich|ehr Lich|un D|of Fen:
„Zu M|glü Ck|hat es|Ni Cht|mi Ch|get Roffen."

So schwimmt der Tintenfisch nun hin und her
im See-Aquarium, nicht im Meer.
Und dabei denkt das kluge Tier
ohn' Wehmut an sein altes Jagdrevier.
Der Schellfisch aber, im tiefen Meer,
schwimmt weiterhin noch hin und her
und sagt sich ehrlich und offen:
„Zum Glück hat es nicht mich getroffen."

Seite 102

6 Sehr geehrte Damen und Herren bei Sea Life,

mit Freunden diskutierte ich über die Fußballprophezeiungen des Tintenfisches Paul. Ich persönlich halte das für einen Scherz. Meine Freunde meinten, dass Sie/sie als Mitarbeiter eines Sea-Life-Aquariums es doch genau wissen müssten. Meine Freunde sagen, dass Tintenfische sehr intelligent seien, da Sie/sie neun Gehirne hätten. Ich kann das aber nicht glauben, Sie/sie doch sicher auch nicht, oder? Weiterhin behaupten Sie/sie, also meine Freunde, dass Sie/sie, also die Tintenfische, drei Herzen hätten. Nun bitte ich Sie/sie, mir mit Ihrem/ihrem Wissen diese Behauptungen zu bestätigen. Falls Paul wirklich weissagen kann, empfehle ich Ihnen/ihnen, ihm ein Weibchen an die Seite zu geben. Dann gäbe es vielleicht bald kleine Tintenfische. Sie/sie könnten mit Ihren/ihren von den Eltern geerbten Fähigkeiten zum Beispiel die Aktienkurse vorhersagen oder das Wetter oder meine Zeugnisnoten. Das wäre doch ein gutes Geschäft für Sie/sie, oder?

Mit freundlichen Grüßen
Max Schlaumeier

7 Lieber Max,

gern beantworte ich deine/Deine Fragen: Kraken haben nur ein Herz und ihre acht Arme steuern sie mit einem einzigen Gehirn. Und du/Du hast Recht, Paul kann in Wahrheit nicht hellsehen. Aber stell dir/Dir vor: Kraken sind sehr intelligent, sie können den Weg durch ein Labyrinth finden und sogar Gläser öffnen!

Viele Grüße
Martin Wasserfreund

Zeichensetzung

Seite 103

1 a + b + c Eisbären sind **sowohl** an Land **als auch** im Meer zu Hause. Die ausgewachsenen Tiere haben breite Schultern, große Pfoten **und** kräftige Vorderbeine. Auffällig ist auch ihr **sowohl** langer **als auch** schmaler Kopf. Ihr Fell sieht weiß, cremefarben **oder** gelblich aus. Es ist außerdem ölig, kaum glänzend **und** wasserabweisend. Eisbären sehen jedoch nur aus der Ferne **und** in der Vorstellung vieler Menschen niedlich, kuschelig **sowie** freundlich aus. In Wirklichkeit können sie sehr gefährlich werden – für ihre Artgenossen, für andere Tiere **und** für Menschen. Während der Paarungszeit kämpfen die Eisbärmännchen um die Weibchen. Hierbei legen sie zunächst die Ohren an **und** senken ihren Kopf, um im nächsten Moment zu knurren, zu fauchen **und** den Gegner aktiv anzugreifen. Der Kampf endet **entweder** durch Aufgeben **oder** durch Flucht.

2 a + b Hinweis: Die falsch gesetzten Kommas sind fett und unterstrichen.
Die Weibchen bekommen alle drei Jahre Junge. Die Neugeborenen sind zunächst weder ansehnlich, noch flauschig. Vielmehr ähneln sie nackten Ratten, und sind beinahe federleicht. Erst nach etwa vier Wochen sieht man an Augen, Fell, und Zähnen einen deutlichen Entwicklungsfortschritt. Nach ungefähr acht Wochen raufen sie, tollen herum, und bewerfen sich mit Schnee. Manchmal klettern sie auf ihre Mutter, zupfen an ihrem Fell, oder rutschen an ihr herunter. Insgesamt gesehen ist das Eisbärleben für die Kleinen besonders gefährlich, denn sie können jederzeit von den Eisbärmännchen angegriffen oder aufgefressen werden.

Seite 104

3 Mögliche Sätze:
Der Zoodirektor berichtet den Journalisten: „Unser Eisbärweibchen ist trächtig." – „Ich freue mich schon auf den niedlichen Eisbärnachwuchs", schwärmt Simone. – „Eisbären sind Raubtiere", betont Tanja, „auch wenn sie niedlich aussehen."

4 a + b + c „Ich finde Eisbären ja sooo süß", schwärmt Tanja. „O ja, Eisbärbaby Knut hätte ich am liebsten als Haustier genommen", ergänzt Simone. Sie fragt nach: „Warst du damals im Berliner Zoo und hast dort Knut gesehen?" „Nein, leider nicht", bedauert Tanja, „aber ich habe anderen Eisbärkindern beim Spielen zugesehen. Das hat echt Laune gemacht." Markus spitzt die Ohren und gibt zu bedenken: „Habt ihr schon davon gehört, dass eure Lieblingstiere vom Aussterben bedroht sind?" „Erzähl` mal Genaueres!", fordert Tanja ihren Mitschüler interessiert auf. Markus führt aus: „Ich habe neulich gelesen, dass die Klimaerwärmung in der Arktis das Leben der Eisbären bedroht. Nach und nach verschwinden die Eismassen, die Jagdreviere der Tiere werden kleiner und die Kinderstuben der Eisbären verschwinden."

5 a + b Mögliche Vervollständigung: „Was kann man denn an der schwierigen Situation der Eisbären ändern?", fragt Tanja besorgt. „Vielleicht sollte man die Eisbärenjagd verbieten", erwidert Markus. Miriam wirft ein: „Jeder Einzelne kann etwas zur Rettung der Eisbären beitragen, denn der Klimawandel ist eine Angelegenheit, die sich auf die gesamte Erde bezieht." „Ich hoffe", betont Olaf, „dass alle mithelfen werden, die Klimakatastrophe zu verhindern."

Seite 105

Teste dich! – Großschreibung und Zeichensetzung

1 A Satzanfänge, Namen und Nomen werden **immer großgeschrieben**. 2 Punkte
B Eine Reihe von Nomen erkennt man an den typischen Endungen: -heit, -keit, -ung, -schaft (-nis, -tum, -in).

2 a in den letzten jahren ist der urlaub auf dem bauernhof für familien mit kindern (13 + 3 Satzanfänge) 16 Punkte
zum besonderen erlebnis geworden. sie mögen besonders die freiheit und die natur
auf dem land. aber auch spannende unternehmungen wie übernachtungen im heu
oder im stroh sind sehr beliebt.

b In den letzten Jahren ist der Urlaub auf dem Bauernhof für Familien mit Kindern
zum besonderen Erlebnis geworden. Sie mögen besonders die Freiheit und die Natur
auf dem Land. Aber auch spannende Unternehmungen wie Übernachtungen im Heu
oder im Stroh sind sehr beliebt.

3 Endlich sollte die lang ersehnte Reise für die nächsten großen Ferien (4-mal wörtliche Rede, 1 Aufzählung) 5 Punkte
geplant werden. Schon zweimal hatten Sandra und Tim ihre Eltern ermahnt:
„Wann setzen wir uns endlich zusammen und reden über die Reiseplanung?"
„Bisher sind wir ja immer gern nach Italien, Österreich oder in die Schweiz gefahren",
begann die Mutter das Gespräch. „Ach, nicht schon wieder", maulte Sandra,
„wir könnten doch mal einen Abenteuerurlaub machen." „Ohne mich!", rief
der Vater entsetzt. „Ich bevorzuge einen ruhigen Urlaub am Meer."

Insgesamt zu erreichende Punktzahl: **23 Punkte**

Ich teste meinen Lernstand

Seite 107

1 Richtig ist Antwort D. 1 Punkt

2 A 3 Hundeberufe im Wandel   B 1 Retter auf vier Pfoten 4 Punkte
C 4 Mit der Leine auf den Laufsteg   D 2 Freunde und Helfer

3 Richtig ist Antwort B. 1 Punkt

Seite 108

4 A: 4 – B: 1 – C: 5 – D: 2 – E: 3 5 Punkte

5 Richtig ist Antwort C. 1 Punkt

6 Richtig ist Antwort D. 1 Punkt

7 Mögliche Begründung: Schlittenhunde wurden durch Motoren ersetzt./Schlitten, die durch Hunde 1 Punkt
gezogen wurden, wurden durch Motorschlitten ersetzt.

8 Menschen, die Gebrauchsartikel gestalten, nennt man Designer. 1 Punkt

9 Richtig ist Antwort C. 1 Punkt

Seite 109

10 Überarbeite deine Stellungnahme zunächst, damit du sie leichter bewerten kannst. Gehe dabei die unten genannten Punkte nacheinander durch.
Vielleicht kann dir auch eine Mitschülerin oder Mitschüler bei der Beurteilung helfen.
Notiere dir zu jedem Bereich, den du als gelungen bewertest, die angegebene Punktzahl.

Hast du (max.) 20 Punkte
– einleitend das Thema genannt (Hundeberuf Model) und deine Meinung dazu formuliert
(„Ich bin der Meinung, dass...", „Ich bin für/gegen...", „Ich finde...")? → 2 Punkte
– mehrere Gründe aus der Liste für deine Meinung angegeben? → 2 Punkte je Begründung (maximal 6 Punkte)

– eine eigene Begründung für deine Meinung gefunden? → 4 Punkte
– Satzgefüge (Nebensätze) mit Wörtern wie *weil, da, denn, deshalb* geschrieben?   → Punkte je Wort (maximal 8 Punkte)

Hier findest du ein Beispiel für eine Stellungnahme zur Position B:
Ich bin der Meinung, dass man Hunde nicht als Models für Modenschauen arbeiten lassen sollte (Thema und Meinung). Ein Hund darf nicht wie ein Mensch behandelt werden, denn das widerspricht der Natur des Hundes (Begründung aus der Liste, Satzgefüge mit „denn"). Es ist nicht gut, wenn Hunde Kleider tragen müssen, weil man sie beim Anziehen quält (Begründung aus der Liste, Satzgefüge mit „weil"). Hundebesitzer sollten kein Geld für teure Hundemode verschwenden, da man es für sinnvollere Dinge wie z. B. den Tierschutz ausgeben kann (Begründung aus der Liste, Satzgefüge mit „da"). Menschen wollen mit teuren Hundekleidern nur angeben, deshalb sollten Tiere nicht als Models auftreten und Kleider wie Menschen tragen (eigene Begründung, Satzgefüge mit „deshalb").

Seite 110

11 Der Hundeführer (h hinter langem betonten Vokal) Andreas hat mir erzählt, wie er Leila zum Lawinenhund ausgebildet hat. Zunächst muss man den richtigen Hund aussuchen. Künftige Rettungshunde (Doppelkonsonant nach kurzem betontem Vokal) müssen mindestens 20 Monate alt sein. Sie müssen (Doppelkonsonant nach kurzem betontem Vokal) gern mit Menschen zusammen (Doppelkonsonant nach kurzem betontem Vokal) sein. Ihren Hundeführern (h hinter langem betontem Vokal) müssen sie aufs Wort gehorchen, damit sie im Ernstfall schnell (Doppelkonsonant nach kurzem betontem Vokal) reagieren können. Andreas hat Leila dann (Doppelkonsonant nach kurzem betonten Vokal) mit Hilfe von Testpersonen (Großschreibung von Nomen) darauf trainiert, Menschen (Großschreibung von Nomen) im Gelände unter Schneedecken zu erschnüffeln. Zur Belohnung bekam Leila immer einen Keks (Großschreibung von Nomen). Außerdem musste Leila lernen, dass sie sich nicht von anderen Tieren (Großschreibung von Nomen) und Geräuschen bei ihrer Aufgabe (Groß-schreibung von Nomen) stören lassen darf.   12 Punkte

12 verfolgte, verlor, zog, blieb, schnüffelte, sprang, bellte   7 Punkte

Seite 111

13 Verstärkung (Akkusativ), die Räuber (Akkusativ), vieler Blaulichter (Genitiv), Die eingetroffenen Polizisten (Nominativ), Handschellen (Akkusativ), sie (Nominativ), dem Holzstoß (Dativ), des Hundes (Genitiv)   8 Punkte

14

Satzglieder	Nummer	Satzglieder	Nummer	16 Punkte
Subjekt	2, 12	adverbiale Bestimmung des Ortes	5, 13	
Prädikat	3, 6, 10, 15	adverbiale Bestimmung der Zeit	14	
Dativobjekt	7, 16	adverbiale Bestimmung der Art und Weise	9	
Akkusativobjekt	4, 8, 11	adverbiale Bestimmung des Grundes	1	

Punkteverteilung

Nr.	Aufgabenstellung	Punkte
A 1	Art des Textes	1 Punkt für das richtig gesetzte Kreuz
A 2	Gliederung des Textes und Überschriften	4 Punkte (je 1 Punkt für die richtig gesetzte Nummer)
A 3	Thema des Textes	1 Punkt für das richtig gesetzte Kreuz
A 4	Hundeberufe zuordnen	5 Punkte (je 1 Punkt für die richtig gesetzte Ziffer)
A 5	Hunde in Fernsehserien	1 Punkt für das richtig gesetzte Kreuz
A 6	Hundemode und Geld	1 Punkt für das richtig gesetzte Kreuz
A 7	Schlittenhunde	1 Punkt für die richtige Antwort im ganzen Satz
A 8	Designer	1 Punkt für die richtige Antwort
A 9	Wortbedeutung	1 Punkt für das richtig gesetzte Kreuz
B 10	Stellungnahme	20 (Verteilung: siehe Hinweise S. 109 im Heft bzw. S. 31 hier)
C 11	Rechtschreibung	12 (1 Punkt je entdecktem Fehler)
D 12	Lückentext: Verben und Tempus	7 (je 1 Punkt für das passende Verb in der richtigen Tempusform)
D 13	Lückentext: Nomen und Kasus	8 (je 1 Punkt für die richtig gefüllte Lücke und für den richtigen Kasus)
D 14	Satzglieder	16 (je 1 Punkt für die richtige Nummer)
Summe		**79**

Bewertungsschlüssel

79–52 Punkte	51–27 Punkte	26–0 Punkte
Du liegst im guten bis sehr guten Bereich.	**Einiges gelingt dir gut, manches musst du aber noch einmal üben.**	**Du musst vieles wiederholen und noch einmal gründlich üben.**
Vielleicht siehst du dir trotzdem noch einmal die Stellen an, an denen du dich noch verbessern kannst.	Versuch anhand des Testes Fehler-schwerpunkte zu entdecken, damit du gezielt wiederholen kannst.	Vielleicht überlegst du auch gemeinsam mit deinem Lehrer oder deiner Lehrerin, wo besondere Fehlerschwerpunkte liegen und wie du vorgehen kannst, um dich zu verbessern.